二战风云人物

World War II
Figures

上将总统
艾森豪威尔

鸿儒文轩 编著

中国书籍出版社
China Book Press

图书在版编目（CIP）数据

上将总统——艾森豪威尔/鸿儒文轩编著 .—北京：
中国书籍出版社，2012.6
ISBN 978-7-5068-2798-0

I. ①上… Ⅱ . ①鸿… Ⅲ . ①艾森豪威尔，D.D.(1890~1969)–生平事迹 Ⅳ . ① K837.127=5

中国版本图书馆 CIP 数据核字 (2012) 第 090839 号

上将总统——艾森豪威尔

鸿儒文轩　编著

图书策划	崔付建　武　斌
责任编辑	牛　超
责任印制	孙马飞　马　芝
出版发行	中国书籍出版社
地　　址	北京市丰台区三路居路 97 号（邮编：100073）
电　　话	(010) 52257143（总编室）(010) 52257140（发行部）
电子邮箱	eo@chinabp.com.cn
经　　销	全国新华书店
印　　刷	三河市华东印刷有限公司
开　　本	710 毫米 × 1000 毫米　1/16
字　　数	252 千字
印　　张	17
版　　次	2012 年 11 月第 1 版　2018 年 5 月第 4 次印刷
书　　号	ISBN 978-7-5068-2798-0
定　　价	45.00 元

版权所有　翻印必究

前 言

第二次世界大战是人类历史上规模最大、战斗最为惨烈、影响最为深远的一场战争。在这场正义与邪恶的较量中，参战双方都涌现出了数以万计的风云人物。他们或为国家和民族的自由而奋战，成为了名传千古的英雄；或为了法西斯卖命，成为了遗臭万年的战争罪犯。

美国历史上第一个当上总统的五星上将艾森豪威尔无疑是第二次世界大战舞台上最富传奇性的风云人物之一。艾森豪威尔的一生充满了戏剧色彩。他出生在美国小镇阿比伦的普通人家，进入军界之后曾长期不得志，但在第二次世界大战爆发之后，却在很短的时间内神奇般地成为了一位令世界瞩目的重量级人物。他成功地指挥了北非登陆战役和诺曼底登陆战役，粉碎了德国法西斯企图在西线迫使英、美单独与其媾和的幻想。单凭这一点，他就足以名垂青史了。

战争结束之后，这位职业军人又迅速成长为一名政治家，成为美国历史上最成功的总统之一。在两届总统的任期内，他所推行的冷战政策和艾森豪威尔主义对世界格局产生了深远的影响。

不管如何，这位五星上将创造了多个"第一"。美军共授予10名五星上将，他晋升第一快；他出身第一穷；他是美军统率最大战役行动的第一人；他第一个担任北大西洋公约组织盟军最高统帅；他是美军退役高级将领担任哥伦比亚大学校长的第一人；他是美国唯一的一位当上总统的五星上将。

以往的传记作家在为其立传之时，往往仅写他的政治、军事生涯和重要功绩，而忽略了他的家庭背景、生活经历、恋爱婚姻，甚至故意剔除其性格上的瑕疵与人生的败笔。如此一来，就使得人物过于单薄，传记也有失客观公正。

  本书在大量考证历史资料和细节的基础上，以全新的视角，叙述了艾森豪威尔的成长轨迹和心路历程。希望他的成长经历以及编者的评论能给广大读者带来一些启发，引起广大读者的思考。由于编者的水平有限，书中难免存在谬误与不当之处，请广大读者批评指正！

·目 录·

第一章 阿比伦顽皮的少年

一、德国移民的后裔 ………………………… 2
二、小小的斗鹅英雄 ………………………… 7
三、顽皮的"小艾克" ………………………… 11
四、西部牛仔的影响 ………………………… 16
五、多彩的中学时代 ………………………… 21

第二章 西点军校的毕业生

一、阴差阳错进入西点 ……………………… 28
二、"操场上的小鸡" ………………………… 33
三、努力向榜样学习 ………………………… 38
四、"堪萨斯的旋风" ………………………… 42
五、成绩平平的毕业生 ……………………… 46

第三章 甜蜜的爱情与婚姻

一、一见钟情的女友 ………………………… 52

二、提前举行的婚礼 ·············· 56
三、与战争失之交臂 ·············· 61
四、突如其来的变故 ·············· 66

第四章　在海外服役的生涯

一、亦师亦友的康纳 ·············· 72
二、潘兴将军的赏识 ·············· 76
三、麦克阿瑟的助手 ·············· 80
四、与麦克阿瑟的分歧 ············ 84

第五章　最抢手的参谋人员

一、返回美国 ···················· 88
二、第十五团副团长 ·············· 92
三、最抢手的参谋长 ·············· 96
四、日军突袭珍珠港 ·············· 101
五、供职总参谋部 ················ 105

第六章　出任欧洲战区司令

一、急切地想上战场 ·············· 112
二、出任欧洲战区司令 ············ 117
三、努力协调两军关系 ············ 120

第七章 指挥"火炬"行动

一、发起"火炬"行动 …………………… 126
二、"火炬"行动受阻 …………………… 131
三、卷入一场政治风波 …………………… 135

第八章 大军横扫地中海

一、保住总司令的职务 …………………… 140
二、突尼斯战役的胜利 …………………… 144
三、西西里岛登陆战役 …………………… 150
四、意大利无条件投降 …………………… 155

第九章 指挥"霸王"行动

一、"霸王"行动的统帅 …………………… 162
二、积极做好战前准备 …………………… 166
三、顺利登上诺曼底 ……………………… 173
四、想方设法提高士气 …………………… 177
五、"霸王"行动的胜利 …………………… 182

第十章 纳粹德国的覆亡

一、将军之间的分歧 ……………………… 190
二、德军的疯狂反扑 ……………………… 195
三、向德国本土进军 ……………………… 199

四、纳粹德国的覆亡……………………………………… 205
五、声名显赫的总司令……………………………………… 211

第十一章　美国第三十四任总统

一、哥伦比亚大学校长……………………………………… 218
二、共和党的总统候选人…………………………………… 222
三、胜利当选为总统………………………………………… 227
四、签订朝鲜停战协定……………………………………… 231

第十二章　不得人心的外交政策

一、推行艾森豪威尔主义…………………………………… 236
二、小石城的种族冲突……………………………………… 241
三、推行扶蒋反共政策……………………………………… 246
四、美、苏之间的大竞赛…………………………………… 250

第十三章　晚年生活

一、微笑着告别白宫………………………………………… 256
二、退休后的悠闲生活……………………………………… 259
三、巨星的最后岁月………………………………………… 262

第一章

阿比伦顽皮的少年

艾森豪威尔

一

德国移民的后裔

美国是一个年轻的移民国家。在哥伦布发现这片新大陆之前,只有印第安人安静地生活在这片辽阔的土地上。伴随着新大陆的发现,大批欧洲人怀着狂热的"黄金梦"涌到北美。到18世纪中叶,这里已经形成了13个英国殖民地。来自欧洲各国的居民们经过长期的融合,逐渐形成了一个新的民族——美利坚民族。

18世纪40年代,一个姓艾森豪尔的德国家庭也加入到了这个新民族之中。艾森豪尔一家原先居住在德国的莱茵河地区,由于受到宗教迫害而不得不迁居瑞士。但在欧洲大行宗教迫害的背景下,瑞士也不是乐土。无奈之下,艾森豪尔家族只好随着移民大潮,漂洋过海,来到了新大陆的宾夕法尼亚。

或许是由于来自世界各地的移民在语言上有所差异,又或许是由于抄写员的疏忽,在殖民当局统计户口之时,艾森豪尔被写成了"艾森豪威尔"。从此,艾森豪威尔这个本意为"身披甲胄的骑士"的词语便成了这个家族的新姓氏。

随着民族意识的觉醒,美利坚人开始寻求民族独立之路。1774年,来自13个州的代表聚集在费城,召开了第一次大陆会议,试图以和平的方式摆脱英国的殖民统治。但英国岂会如此轻易让美国独立?于是乎,一场轰轰烈烈的战争爆发了。这场战争最终以美国的胜利而告终。美国也顺理成章地摆脱了英国的殖民统治,获得了独立的地位。美国独立后,艾森豪威尔一家便成了美利坚合众国的公民。

自独立之后,美国便以武力征服、和平购买等方式不断向西扩张。东部大批的居民在发财梦的驱使之下大举西进,掀起了美国历史上著名的"西进运动"。他们大多都是一些普通的劳动者，精力充沛，刚毅顽强。在他们的开发之下，原本荒凉的美国西部也逐渐呈现了生机。

到了19世纪中期，艾森豪威尔家族的雅克布·艾森豪威尔也产生了移民西部的想法。就在这时，美国历史上著名的南北战争爆发了，西迁的计划便搁置了下来。雅克布在宾夕法尼亚州的伊丽莎白维尔担任教派首领的职务。这个教派名叫"河上兄弟"。因为教派的大多数成员沿河而居。他们都是普通的农民，生活淳朴，视战争为深重的罪孽。

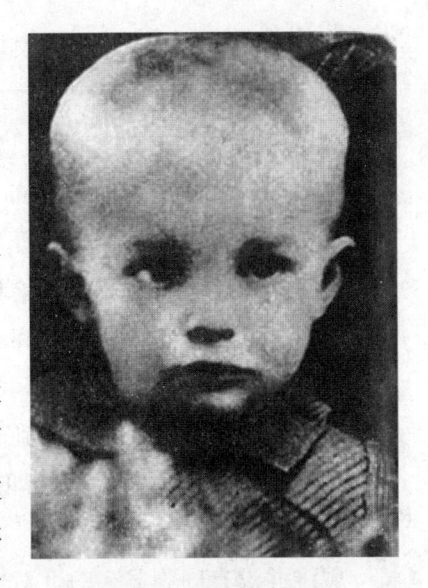

童年时期的艾森豪威尔

因此，雅克布和绝大多数"河上兄弟"的成员一样，没有参加参战的任何一方。

1863年夏季，南北战争正如火如荼地进行着。当南方军总司令罗伯特·爱德华·李率领弗吉尼亚北部的军队经过离艾森豪威尔家乡约30公里的地方向葛底斯堡挺进时，雅克布的妻子丽贝卡已有6个多月的身孕了。在罗伯特将军于葛底斯堡败北后的第12个星期，丽贝卡生下了儿子戴维。此后，雅克布和丽贝卡夫妇又陆续生了13个孩子。戴维是兄弟姐妹中最著名的一个。因为他的儿子便是在第二次世界大战中叱咤风云的盟军总司令，并在战后成为美国第三十四任总统的德怀特·艾森豪威尔。

南北战争结束后，雅克布开始重新筹划迁居西部的有关事宜。这时，向西部移民已经不像早先那样艰苦了，铁路线已经延伸到了西部广阔的大平原。1878年，雅克布一家终于动身了。数百名"河上兄弟"的成员也在雅克布一家迁居西部的前后动身了。在他们看来，西部俨然就是一块与世隔绝的世外桃源，没有战争，没有人与人之间的勾心斗角，有的只是安定与富足。

与大多数"河上兄弟"的成员一样，雅克布一家在堪萨斯州的斯莫基希尔河南岸、迪金森区肥沃的土地上定居了下来。雅克布用多年的积蓄买了一座占地60多公顷的农场，并造了一幢房子、一座谷仓和一架风车。

为了维持这个庞大家族的日常开支，雅克布不得不带着年龄稍大的儿子们日夜在农场劳作。雅克布对土地有着特殊的情结，他认为种地是上帝的活儿！与父亲不同，已经15岁的戴维非常厌恶这种没完没了的犁地、锄草的农活。农场里唯一能让他提起兴趣的恐怕就只有修理机器了。他立志成为一名工程师，以脱离农场。

有一天，戴维对父亲说："我想上学。"

雅克布这个朴实的农夫听到儿子的话顿时气不打一处来。他怒气冲冲地对戴维说："种地是上帝的活儿，世界上哪有比种地更光荣的职业呢？"

戴维并没有因为父亲的反对而放弃自己的理想。他白天帮助父亲在农场里干活，晚上就在如豆的油灯下温习功课，为将来进入大学学习做准备。1883年，年满20岁的戴维终于说服了父亲，考进了堪萨斯州兰康普顿的一所不大的学校。

这所学校是"河上兄弟"教派创建的，为的就是方便新移民子女的教育。学校虽然不大，但科目却十分齐全，既有传统的学科教育，也有职业培训。当地人骄傲地将其称为兰恩大学。戴维在学校里的课程都围绕着将来能成为一名工程师而进行的。他学习力学、数学、希腊文、修辞学以及书法等。

1884年，戴维认识了比他年长一岁的学妹艾达·斯多佛。艾达也是德国移民的后裔，而且同是"河上兄弟"教派的成员。18世纪30年代，她的祖先由德国的莱茵地区迁居到了宾夕法尼亚，而后又向南沿着谢南多亚河谷迁到弗吉尼亚的悉尼山。

艾达的童年很不幸，接连丧失了父母，是由叔父毕利·林克抚养长大的。当艾达21岁时，林克把她父亲遗留下来的一小笔财产交给了她。艾达用其中的一些钱买了火车票去堪萨斯，剩下的钱一部分用来支付兰恩大学的学费。

两个年轻人在大学里相识相知，并逐渐产生了爱情。炽热的爱情让艾达甘愿放弃学业，嫁给戴维。1885年9月23日，尚未毕业的艾达就在兰恩大学的教堂里和戴维举行了婚礼。性格开朗的艾达有着一头金黄色的秀发，丰满的嘴唇。她走到哪里都带着迷人的微笑，宛如堪萨斯的草原和阳光那样开阔明亮。婚后不久，艾达用遗产中剩下的最后一笔钱购置了一台乌木钢琴。她常常一边弹着钢琴，一边向上帝唱着赞美诗。开朗的艾达与沉静而严肃的戴维在性格上达成了互补，两人的生活和谐而又闲适。

雅克布给了儿子2000美元现金和一座60多公顷的农场作为新婚贺礼。因结婚而中断学业的戴维无心经营农场，他想像当时的一些富人那样，用这笔钱来做点生意。于是，年轻的戴维便将父亲赠予的农场卖掉了，与朋友古德合伙做起了生意。他们在小镇阿比伦开了一家名为"希望"的店铺。婚后一年，他们的第一个孩子阿瑟出生了。"希望"店铺的生意也不错，足以维持一家人的生活。这对年轻的夫妇带着一个孩子，生活得十分幸福。

幸福的时光总是那么短暂！1888年，一场经济萧条席卷了堪萨斯，农产品的价格一落千丈。当时，美国的大部分店铺都是将商品赊销给农民的，待农民销售完农产品再还账。戴维的店铺也是如此！由于经济不景气，农产品价格暴跌，很多欠账收不上来，"希望"店铺立即陷入窘境之中。

一天早晨，戴维一觉醒来，发现古德居然携带了大部分存货和余款逃跑了，仅留下一大堆没有付款的账单。戴维十分恼怒！开朗的艾达一边安慰着丈夫，一边研究法律书籍，希望有朝一日能把古德绳之以法。实际上，他们并没有起诉古德，因为他们很快就发现店铺的本钱已经蚀光了。古德跑不跑，"希望"店铺都逃脱不了倒闭的命运！

经商失败之后，戴维委托一名律师帮他收回所有拖欠的账款，并且偿还债务，余款不管多少都归律师。心地不善的律师将账款收齐之后，根本没有偿还"希望"店铺应偿还的债务，而是携款潜逃了。戴维再一次受到了沉重的打击！从此之后，他再也不想经商了！

店铺倒闭了，还有一大堆债务要还，但生活还要继续。戴维把艾达安排在一个朋友的家里暂住，自己则到了德克萨斯的铁路上找了一份工作，周薪10美元。戴维省吃俭用，靠着每周10美元的薪水，不但养活了妻子和儿子，还还清了债务。当然，这其中也有艾达的功劳，她在家庭最困难的时候也出去找了工作，努力帮助丈夫减轻负担。德怀特·艾森豪威尔后来回忆说："父亲两次破产，每次母亲只是微微一笑，便努力工作去了。正是母亲帮助父亲渡过了两次难关，才使得这只破败的小船没有沉沦下去。"

1889年1月，他们第二个儿子埃德加出生后不久，艾达便领着两个孩子到德克萨斯的丹尼森与戴维住在一起。他们在铁路旁租了一栋简易木板屋，过起了艰辛而又平静的生活。不久，艾达又怀孕了。艾达和丈夫都希望这次能生个女儿，因为他们已经有两个儿子了！

1890年10月14日，艾达又生下了一个男孩！当戴维听到这消息之后，大失所望，甚至有点伤心！他在初冬的夜晚久久徘徊，不愿回家去面对第三个儿子！他太想要一个女儿了！回到家里之后，戴维用自己的名字给孩子命了名，叫戴维·德怀特·艾森豪威尔。这个孩子便是日后叱咤风云的盟军总司令和美国第三十四届总统艾森豪威尔。由于艾森豪威尔与父亲同名，都叫戴维，为了加以区分，艾达便称呼儿子为德怀特或者小艾克（昵称）。

二

小小的斗鹅英雄

随着艾森豪威尔的降生，戴维肩上的担子更重了。在他们居住的小木板屋里，除了日常穿的衣服和一些简单的日用品外，几乎一无所有。此时，戴维那一周10美元的薪水已经不够家里的开支了。为了维持一家人的温饱，戴维请朋友帮忙，在阿比伦一家食品厂找到了一份机修工的工作，月薪50美元。找到了工作之后，戴维便带着全家又回到了小镇阿比伦。当他们踏上开往阿比伦的火车时，戴维的口袋里只剩下24美元了。

几年之中，阿比伦的变化不小。阿比伦曾经只是一个西部牛仔们落脚的集散地，在美国西部开发史上起过特殊的作用。当时，牛仔们把大批的畜群赶到这里，装进车厢，继续运往东部。牛仔们赚到钱之后往往会沉湎于粗犷与狂暴的娱乐方式之中。于是乎，酒馆和妓院便应运而生，并且通宵达旦地营业。酗酒、动刀子、手枪对射等疯狂的恶性事件在这里可谓是司空见惯。阿比伦也由此成为了亡命之徒的天堂。据阿比伦的地方志记载，镇上最早的几个警察局长都是被亡命之徒枪杀或赶跑的。

于是，在阿比伦的发展史上就出现了许多传奇人物和传奇故事。阿比伦曾有一个枪法精准的警察局长，此人名叫希科克，昵称比尔。在南北战争期间，他参加了北方军队，反对南方的奴隶主。战争结束后，他来到了阿比伦，被任命为当地的警察局长。据说，他能以极快的手法从腰间拔出手枪，击中抛向空中的硬币。比尔不但右手打枪很准，左手比右手更准，而且可以两只手同时开枪。

当时，阿比伦的居民经常可以看到比尔腰插两支左轮手枪，威风凛凛地在街头巡逻。有一次，他在街上发现了两个血债累累的匪徒。两名匪徒似乎知道比尔的大名，见到他便分头向大街的两边逃窜。比尔站在大街中央，向左右各看了一眼。突然，他掏出双枪，看也不看一眼，便扣动了扳机。目击者只听见了一声枪响，但两名匪徒却同时倒在了血泊之中。也就是说，两支枪是同时打响的，两响融成了一响。

一夜之间，比尔的大名便传遍了阿比伦镇的大街小巷。亡命之徒们更是闻风丧胆，再也不敢像往日一样嚣张了。在短短的几年之中，比尔就亲手击毙了50多名通缉犯。当然，他也招致了亡命之徒的仇恨！1870年，比尔在南达科特的一个赌场打牌时，一个来路不明的匪徒突然朝他的后脑开了一枪。比尔的一生是传奇的一生，就连他的死也是符合西部牛仔的风格的。

到1891年，阿比伦已经不是昔日的牛仔天堂了。随着经济、社会的发展，尤其是法律的健全，牛仔已经逐渐退出了历史舞台。小镇也日益安宁了下来。一条刚建成的铁路把这个有5000多居民的小镇一分为二。小镇的南部是贫民和新移民的聚居区，没有一间像样的屋子，全部是低矮的小木屋。北部的房屋要漂亮得多，而且公共设施也很完善。新建起来的宽敞的维多利亚式宅第看起来富丽堂皇，旁边则是高耸的杨树和一片片大草坪。当然，只有那些家境殷实的人，如医生、律师和商人才能住到这里。

艾森豪威尔一家自然不可能住到北部，他们在东南第二街租赁了一幢狭窄的木屋，继续过着简朴而又平静的生活。戴维的工资虽然比在德克萨斯的时候多了一些，但维持一家人的生活仍然十分吃力，因为家庭成员越来越多。在随后几年里，戴维夫妇又生了4个儿子，其中最小的儿子因为患了猩红热而夭折了。

为了维持一家人生活的开支，戴维不得不像镇上大多数人一样，不分日夜地辛勤工作。实际上，在闭塞的阿比伦，大家根本就没有失业或就业的概念，每个能够干活的人只要有活可干都要干活。不过，大多数人做的是艰苦的体力劳动。年纪小的孩子在宅子边上干，十来岁的孩子则到工厂里做些零工。

由于闭塞的原因，居民们有着强烈的地域观念。他们将世界划分为"我们"和"他们"。"我们"是指迪金森区阿比伦的居民，顶多把范围扩大至堪萨斯州。"他们"则是指美国其他地区和世界其他国家的所有人。整个阿比伦就像是一个大家庭一样，过着与世隔绝，而又自给自足的生活。

不过，阿比伦也在逐步现代化。人们铺设了街道，划分了车道和人行道，建起发电厂提供电力，用上了自来水，敷设了下水道，安装了电话，汽车也逐渐代替了马车。民主选举已经走进了阿比伦！由于镇上的居民大多都是欧洲移民的后裔，都是虔诚的基督教徒，因而在社会观点、宗教、政治和气质方面都谨小慎微，显得十分保守。每次选举，他们几乎都投共和党的票。

人们工作之余再也不像当年发了财的牛仔一样狂嫖滥赌了！教会每周都会举行交谊舞会，一些名人也会到镇上举行演讲。这些都丰富了居民的文化生活。不过，关于牛仔与警察们的传奇故事依然在坊间流传，而且越传越富有传奇色彩！

和镇上的大多数孩子一样，艾森豪威尔尚在襁褓之中就开始听大人们讲述牛仔们的传奇故事了。艾森豪威尔一天天地长大了，当他长到快5岁之时已经表现出了所有男孩子应有的顽皮与冒险精神。有一次，他跟随姑妈到堪萨斯州的首府托皮卡去做客。作为农业大州的首府，托皮卡的规模并不算大，不过是人口较多的一个小城镇而已！城区里偶尔还可以看到居民养殖的家禽。

托皮卡的一切对于不满5岁的艾森豪威尔来说都是陌生的，唯一能够吸引他的便是院子里踱着方步、伸着脖子、嘎嘎乱叫的一对大白鹅。大人们在客厅里谈话的时候，艾森豪威尔的视线始终没有离开过它们。大人们越聊越开心，渐渐把艾森豪威尔忘在了脑后。这对小艾森豪威尔来说，无疑是一件幸运的事情！他终于可以按照自己的意愿到院子里去跟那对大白鹅一起玩耍了。

艾森豪威尔扬着手，向大白鹅跑去。大白鹅并没有被艾森豪威尔的热情所打动，反而被激怒了。那只又高又壮的公鹅立即伸长了脖子，嘎嘎乱叫着，冲向了艾森豪威尔。它似乎是向这个冒冒失失地闯进自己领地的小男孩表示抗议！

艾森豪威尔并没有被大白鹅的进攻吓退，他一边躲着大白鹅的进攻，一边寻找可以抵抗的武器。他看到墙边躺着一把旧扫帚，便跑过去把它抓在手里！大白鹅并没有因为艾森豪威尔的手中多了武器而退去。它继续向眼前的这个红脸蛋、圆眼睛的小男孩进攻。它伸长了脖子，嘎嘎乱叫，扇动着双翅，向艾森豪威尔扑来。艾森豪威尔手握旧扫帚，双眼死死地盯着大白鹅，等它快到自己跟前的时候突然大叫一声，挥舞着旧扫帚就向大白鹅扑了过去。

公鹅被艾森豪威尔的气势吓坏了，转身就逃。艾森豪威尔哪里肯就此罢手，他不依不饶地追了上去，对着大白鹅的屁股就是一扫帚！大白鹅惨叫一声，逃窜到院子外面去了。

不知道什么时候，大人们停止了谈话，都饶有兴趣地看着艾森豪威尔与大白鹅战斗！当他把大白鹅赶出院子的时候，大人们都发出了爽朗的笑声！艾森豪威尔成了一个"小小的斗鹅英雄"。

再稍微大一些的时候，艾森豪威尔便开始热衷于玩"警察捉强盗"的游戏了！他跟着两个哥哥，带着三个弟弟，和街上的孩子们一起模仿从故事里听来的牛仔或警察，在大街小巷里追来追去！有时，他们还会到火车道旁的田野里去捉蚂蚱，到镇子外面的小河里去抓鱼。各种男孩子们玩的游戏，他们兄弟几个都十分感兴趣！

或许正是因为在这种环境下长大，才造就了艾森豪威尔坚毅、勇于冒险和敢于战斗的性格。或许正是因为深受西部牛仔传奇的影响，艾森豪威尔一生都十分钟爱那些被大多数人视为廉价而俗套的西部小说。

三

顽皮的"小艾克"

1898年,艾森豪威尔一家的生活发生了一个重要的变化。叔叔阿弗拉姆是一个有名的兽医,收入颇为丰厚,在阿比伦东南街有一幢两层楼的住宅。住宅的周围还有12000多平方米的空地可以作为菜地。在这一年,阿弗拉姆在西部的业务逐渐增多。于是,他便决定继续向西迁移,将住宅借给生活最为困难的大哥戴维一家居住。

迁入新居,大大改善了艾森豪威尔一家的生活条件。在年仅7岁的艾森豪威尔和他的兄弟看来,这幢两层小楼不亚于一座宫殿。小楼不但有一个地下室、两层住房,还有一个阁楼。善于持家的艾达将新家布置一新。客厅里摆着钢琴,屋后的牲口棚用来饲养他们的马匹和奶牛,牲口棚的上面还可以堆放草料。

艾达将住宅周围的空地全部开辟了出来,大部分都种上青饲料,用来饲养马匹和奶牛。其他的部分则被她划分成了几小块,让儿子们各自负责一块,种植蔬菜和水果。除此之外,她还养了鸡、鸭、猪、兔等,为全家提供蛋类和肉食。

在母亲的引导之下,艾森豪威尔和兄弟们从小就养成了热爱劳动的好习惯。如果孩子中有谁干活干得不好的话,母亲则会监督他重做,哪怕时间很晚了,母亲也会陪着他把事情干好。每当到了水果或蔬菜的收获季节,孩子们便推着车子挨家挨户去兜售。剩下的部分则由艾达负责装罐贮藏。除了像盐和面粉那些基本必需品外,小农场生产的东西基本上可以满足他们一家的生活了。渐渐地戴维不但还清了因两次破产而欠下的债务,生活也有了较大的改善。

和大部分受过良好教育的德国父亲一样,戴维做事认真负责,一丝不苟。他沉默寡言，但善于用自己的行为来教育孩子们。在孩子们的面前，他似乎从来没有笑过，给人一种望而生畏的感觉，但他从不打骂孩子。艾达也从来没有因为家庭、社会或经济问题而与丈夫发生过争论。因为，艾达对戴维作出的每一个决定都会全部接受，样样事都按他的要求办。

戴维是这个家中名副其实的中心，一家老小的生活都要围着他转。随着孩子们年龄的增长，他们的任务便逐渐多了起来。家中每天都有一个孩子值班。轮到值班的时候，必须5点起床，把厨房里的炉火生旺，给父亲准备早餐。父亲吃早餐的时候，值班者要去备马，准备送父亲去上班。中午，他还要把热气腾腾的午饭送到乳品厂。作为家中的老三，艾森豪威尔无疑很早就开始干这些活了！对他而言，干这些活是很勉强的，因为要他每天早晨早早醒来很费劲。

1898年春季，大雨滂沱，阿比伦不远处的大雾山暴发了山洪。山洪冲垮了河堤，将许多田地都淹没了。在洪水泛滥那一天，正好轮到艾森豪威尔去给父亲送午饭。考虑到艾森豪威尔的年龄太小，艾达便叫长子阿瑟陪着艾森豪威尔一起去。

阿瑟领着弟弟去给父亲送饭，但两个小家伙被洪水吸引了，他们绕道去到铁路防波堤上观看洪水。岸上停着一只破船，既没有桨，也不见船主。他们找了一块木板作船桨，跳到船上。他们划着桨，迎着混浊的洪水在漩涡里打转。

不久，另外的孩子也参加进来了。由于船太小了，容纳不下那么多人，船有些倾斜了。但孩子们丝毫没有意识到危险正悄悄向他们逼近。这时，有一个男孩高兴得忘乎所以了，竟然站在了船舷上。突然，小船翻了过来，孩子们全部掉进了水里。大家好不容易才挣扎着爬上了岸。他们满身泥污，样子十分狼狈。

这时，艾森豪威尔家的邻居沃尔克曼大叔来到了防波堤上，他看到孩子们的狼狈样，警告他们说："亲爱的大艾克（阿瑟的昵称）和小艾克，你们要知道你们的妈妈在找你们。现在下午已经过一半了，你们还没把饭给爸爸送去吗？"

这时，他们想起来自己是去给父亲送饭的。艾森豪威尔赶快去找饭盒。饭盒一直由他带在身上的，但现在却不见了。肯定是在沉船时丢掉了。怎么办呢？阿瑟也没了主意，他只能带着弟弟拖着沉重的步子慢慢地走回家。

母亲艾达已经在门前等候他们了。看到儿子的狼狈样，艾达又心疼又生气，但不能不给他们一点颜色看看。她怒气冲冲地说："把衣服脱了，到后门廊去。"

在他们脱衣服时，艾达到庭院砍了一根槭树条。接着，阿瑟和艾森豪威尔就结结实实地挨了一顿揍！因为艾达经常会惩罚犯了错误的孩子，儿子们都有些害怕她。艾森豪威尔的二哥埃德加后来回忆说："她用她那只开拓者能干的手，用力抽打我们。这让我们多少有些害怕！"

不过，孩子们可以理解母亲的难处，她肩上的担子实在太沉重了。她不但要努力经营住宅边上的那片小农场，还要一刻不停地操持家务。傍晚，戴维从工厂回到家里时，她已把晚饭准备停当了。大家吃晚饭，她便领着孩子们到厨房去洗刷碗碟。在孩子们很小的时候，她就告诉他们，自己的碗碟要自己洗刷，自己保管。戴维的碗碟则由她这个当妻子的代为洗刷！

一切准备停当之后，大家就围着父亲一起读《圣经》。艾森豪威尔一家笃信宗教，膜拜上帝是艾森豪威尔一家生活的中心。每天早晚两次，全家都双膝跪下祈祷。每次就餐前，由戴维朗读《圣经》，接着便祈求上帝降福。正餐后，戴维又拿出《圣经》来读。当孩子们都长大后，就由大家轮流读。

最后睡觉的时间到了！戴维站起来给墙上的那台时钟上发条，便吩咐儿子们各自回房间睡觉去了。

艾达和戴维都是受过教育的人，因而在镇上也相当受尊敬。他们每周都要腾出一点时间帮助更加困难的人们。艾达是读经班学生集会的组织者！每个星期天，她都会在自家的客厅里招待这些可爱的孩子们。她一边弹钢琴，一边领唱。

"河上兄弟"的成员经常有人在夜晚来敲艾森豪威尔家的大门，诉说发生的不幸，要艾达或戴维帮他们出出主意。艾达从不拒绝，总是给予他们力所能及的帮助。艾森豪威尔的二哥埃德加回忆说："我晚上起来过许多次，在暴风雪和下雨天，提着灯和母亲到患病或者需要帮助的邻居家里去。"

戴维和艾达从不吸烟或饮酒，不打牌，不骂人，也不赌博。不过，他们都是十分宽容的人！他们从不强求孩子们和他们一样。

随着艾森豪威尔一天天长大，他也和哥哥们一样，背起了书包，进入了当地的林肯小学读书。林肯小学就在他们家的对面，他每天都会跟在两个哥哥的屁股后面到学校去。他是一个典型的堪萨斯孩子，光着脚，穿着哥哥留下来的旧衣服。他的身材和年龄非常相称，一头浅棕色的头发，黑黝黝的面庞，让一双碧眼显得更加突出。

镇上的人都非常喜欢这个调皮的小男孩，并用他的昵称"小艾克"来称呼他。艾森豪威尔精力充沛，他老是闲不住，总是东看看，西跑跑，玩耍、干活、打架……

他不喜欢呆在屋里，他喜欢大自然，喜欢到山里去远足。1900年圣诞节前夕，父亲允许阿瑟和埃德加去远足，艾森豪威尔想跟他们一起，便苦苦恳求父亲。父亲害怕他年龄太小，根本无法照顾自己，便拒绝了他的要求。

脾气暴躁的艾森豪威尔当场便发起疯来。他冲到院子里，捏紧拳头就往苹果树上猛打。他一面哭一面打，直到双拳血肉模糊。父亲担心儿子，悄悄走到了他的身后，用力抓住他的双肩，好不容易才把他安抚好！

艾森豪威尔又恨又恼，回到房间，倒在床上，脸埋在枕头里哭了一

小艾森豪威尔全家福。图中左边第一个男孩就是未来的总统

个小时。母亲走进房来，在他身旁坐下。她拿起他的双手，给他涂上止痛药膏，系上绷带。等他完全平静下来之后，她才说："能控制自己感情的人要比可以拿下一座城市的人更伟大。"

那一晚，母亲和他谈了很多，就像是对一个成年人那样，安慰他，鼓励他！她告诫儿子，发怒是自我毁伤，是丝毫没有用处的，说他是所有的孩子中脾气最坏的一个，必需尽力克服。艾森豪威尔在76岁时写道："我总会想起那一次谈话，把它视为我一生中最珍贵的时刻之一。"

四

西部牛仔的影响

阿比伦是一个有着西部牛仔传统的小镇。因此，强壮和勇敢被视为一个真正男子汉所必备的品质。不过，体现强壮和勇敢的方式已经与几十年前发生了根本性的变化。人们不再热衷于你死我活的决斗了，而是采取相对文明的方式来进行比赛。

青年们举行各种各样的比赛来展示自己强壮的身体和勇敢的精神，孩子们自然也会效仿。阿比伦中学有一个传统，新入学的一年级学生要举行一次镇南学生头头和镇北学生头头的比武大会。阿瑟刚刚上中学那年，便代表镇南学生们，和镇北的一个学生头头进行了一场比赛。结果，阿瑟打赢了，镇南的学生们整年炫耀不已！

脾气暴躁的艾森豪威尔十分喜欢这种比赛！要知道，打架可是他的拿手好戏。他十分好斗，几乎每天都会跟人打一架，对象总是年龄和身材都比他稍大的孩子。因为打架，他不知道被父亲用皮带抽过多少次！

有一天下午，艾森豪威尔背着书包懒洋洋地往家里走去。突然，一个比他大的男孩拦住了他的去路，要跟他比试比试拳脚。艾森豪威尔看着面前这位身材粗壮结实的学长，有些害怕了。再说，他也担心因为打架再次被父亲用皮带抽！艾森豪威尔没有应战，伺机从他的旁边溜走了。他一路往家里跑去，那名男孩则一路尾随。

当他快跑到家门口的时候，父亲那高大的身影出现在了他的视野之中。艾森豪威尔长长地出了一口气，似乎找到了"保护神"。令他没有想到的是，父亲居然生气地对他说："小艾克，你这个胆小鬼，为什么被那小子追得满街跑？"

艾森豪威尔愣了一下，委屈地说："我要是还手的话，无论结果如何，恐怕都会挨一顿皮带！何况，他又是那么强壮！"

戴维厉声训斥道："有本事的话，就去把那个小子赶走！男子汉就应该勇敢一些，挨皮带算什么！"

听了父亲的话，艾森豪威尔停住了脚步，将书包往地上一扔，转身就迎了上去。那个孩子看到艾森豪威尔迎了上来，一时竟然不知所措起来。还没有等到艾森豪威尔动手，他就调转方向，往学校逃去。

艾森豪威尔紧追不舍，左手抓住了他的领子，右手挥拳往他的背部打去。那个男孩一下子就倒在了地上。艾森豪威尔指着他骂道："以后你要是再敢找麻烦，我就每天揍你一顿！"

说完，艾森豪威尔便扔下躺在地上的失败者，带着胜利者的微笑朝家里走去。父亲并没有责备他。这让艾森豪威尔明白了一个道理，父亲并不是反对他打架，只是反对他在外面惹是生非，欺负弱小。当面对挑衅者的时候，一定要亮出拳头，勇敢地反抗。

事实上，艾森豪威尔在少年时代确实经常欺负别的孩子。戴维用皮带教训他，多半是在告诫他不准欺负弱小。由于深受牛仔传统的影响，镇上的孩子经常打架，但艾森豪威尔却很少吃亏！因为艾森豪威尔家的兄弟非常团结，一旦其中任何一个跟别人打了起来，其他的兄弟都会过来帮忙。艾森豪威尔在多年之后回忆说："在那种情况下，你要对着他挥拳猛击，一直打得他求饶。像这种吵架打斗的事是非常多的，而且艾森豪威尔家的孩子在这个时候肯定会并肩作战！"

尽管在一致对外的时候，兄弟们很团结，但在家里也经常发生冲突。脾气暴躁的艾森豪威尔更是兄弟中最喜欢打架的一个，与他打得次数最多的是大哥阿瑟和二哥埃德加，他很少跟几个弟弟打架。

埃德加在多年之后回忆说："打架的原因都是些鸡毛蒜皮的小事，也许就是我俩在一起走着，他想绊我一跤。嘿，我随手揍他一拳，接着就大打出手……也有可能是他从我那里拿走了不属于他的东西。这样，两人又会打起来。这样的打斗多数是扭打、摔跤而不是拳击。当然，这种打斗最终会因为大艾克的参与而告终。"

鲁莽的艾森豪威尔一旦打起架来，经常会控制不住自己。在他12岁那年，16岁的阿瑟不知道怎么惹着他了，艾森豪威尔面对个子高大的大

· 17 ·

哥，挥拳就打了过去。阿瑟躲闪了过去，准备还手。这时，艾森豪威尔突然抓起地上的一块砖头，朝大哥的头部砸了过去。阿瑟吓坏了，急忙躲开了。

打架归打架，兄弟们之间的情谊并没有因此受到丝毫影响。埃德加说："打归打，我俩从没有记仇，我俩打架完全是闹着玩的。我们是有劲没处使才打架的。我觉得我俩打过架后，说不定比打架前更相互关心。"

随着年龄的增长，艾森豪威尔的脾气也渐渐地收敛了许多，不会再像从前那样莽撞了！这个变化在他中学时代尤为明显。

1904年，镇上的居民捐钱在小镇的北部新建了一所中学。这是一幢坚固的二层砖瓦楼房，在当时算是十分宏伟堂皇的了。这幢新校舍吸引了比较优秀的新老师。教师人数增加了，大部分教师都是单身女子，她们无论是年轻的还是年老的，都将心思扑在了学生身上，决心使学生们全都掌握这些知识——英语、历史、数学、拉丁文和自然常识。

也就是在这一年，14岁的艾森豪威尔进入了中学。宏伟堂皇的建筑再加上这么多好老师，给艾森豪威尔的学习带来了绝佳的机遇。可以说，他之所以在日后能够成为哥伦比亚大学的校长，跟这一时期所接受的教育是分不开的。

按照阿比伦中学的传统，在新生入学之时都要举行一场南北大比武。大哥阿瑟曾经代表镇南的学生打败了镇北的学生头头。如今，这场比武该艾森豪威尔出场了。代表镇北的头头是韦斯利·梅利菲尔德。他个子高大，身体强壮，跑得非常快，曾经打败过镇南的拳击冠军。相比较而言，艾森豪威尔则要矮小得多！大家都认为艾森豪威尔取胜的机会并不大，但比赛的结果却让人出乎意料！

两人打了一两个小时，始终没有分出胜负。身材矮小的艾森豪威尔并没有被身材高大的梅利菲尔德吓倒，他频频出拳，企图击倒对手。梅利菲尔德一边巧妙地躲避着艾森豪威尔的拳头，一边挥舞着有力的拳头回击！

一两个小时之后，梅利菲尔德和艾森豪威尔都被打得鼻子流血，嘴唇破裂，双眼肿得老高。最终，筋疲力尽的梅利菲尔德气喘吁吁地说：

"艾克，我无法打赢你。"

艾森豪威尔也气喘吁吁地回答："我也无法打赢你。"

于是，这场比赛最终以平局结束了。在艾森豪威尔成名之后，差不多每一个阿比伦的居民都声称自己亲眼目睹了这一场空前激烈的搏斗。

艾森豪威尔在这场比赛中受了重创，以致在家里躺了三天才休息过来，但是他始终没有掉一滴眼泪。艾达用热毛巾敷在他那被打肿的脸上，想减轻一些他的痛苦。戴维既心疼儿子，又为儿

年轻的艾森豪威尔

子感到骄傲！他面对比自己强大的对手没有轻言放弃，而是不屈不挠地战斗了下去！大哥阿瑟在多年之后也评价弟弟说："德怀特像父亲。尽管被打得皮开肉绽，但从没有屈服……他有着父亲的执拗。他顶得住，他从不流泪。"

艾森豪威尔在学校里的成绩不算好，也不算坏。那一段时间，真正能引起他兴趣的是丰富的课外活动。艾森豪威尔家的对面住着一位名叫达布利的单身警察。据说，他在青年时代曾是著名警长比尔的助手，他对往事的追述简直把年轻的艾森豪威尔迷住了。

周末的时候，艾森豪威尔常常同达布利和市警察局长亨尼·恩格尔一起到郊外去，看他们练习射击。有时他得以实现所有孩子的夙愿——用真枪射击。

与这两位警察相比，艾森豪威尔更加崇拜一名叫鲍勃·戴维斯的老人！鲍勃是一个文盲，但人生阅历却出奇的丰富，他做过向导、猎人、渔夫，而且还是一位通达世理的"哲学家"。艾森豪威尔回忆说："鲍勃是我真正的生活老师。"经过父母的特别允许，艾森豪威尔经常在周末去找鲍勃，跟他学习驾舟、撒网、判定方位……

艾森豪威尔还跟他学了打扑克的技巧。鲍勃虽然是个文盲，但对玩扑克却十分精通。艾森豪威尔似乎也是这方面的天才，他很快就掌握了

玩扑克的全部奥妙。随着时间的推移，他的打扑克技艺达到高度熟练的程度。艾森豪威尔一生酷爱玩牌，在多年之后，他的政敌还以此为根据，对其进行攻击。他们说，艾森豪威尔总统常常把打扑克、玩桥牌、打高尔夫球看得比处理政务还重要。

　　除此之外，年轻的艾森豪威尔还特别喜欢探险、狩猎、钓鱼和烹饪。这几项在以后的岁月中始终是他的癖好。作为孩子和男子汉，没有别的事情比进入陌生的地区去领略大地的风光，打几只松鼠或者捕几条鳟鱼放在篝火上烹煮，然后玩一阵子扑克或桥牌来结束一天的活动这类事，更让他感到兴奋了。

五

多彩的中学时代

由于艾森豪威尔好动，在进入中学不久之后便在一次体育活动中受伤了，还差点因此丧了命。那是一个春天的午后，太阳懒洋洋地照着大地，小花小草也都懒洋洋地生长着。这样的季节对孩子们来说简直就是黄金时代！艾森豪威尔和同学们在树林边兴奋地玩着各种游戏。

树林边上有一个废弃的木台子。调皮的男孩子们一个个地爬到木台子上，然后又一个个往下跳。他们玩得特别带劲，追逐着、打闹着，笑声传遍了整个小树林。

该艾森豪威尔往下跳了，他站在木台子上，伸展着双臂，摆出了一个优雅的姿势，准备往下跳。就在这时，他不小心踩到了苔藓，脚下一滑，就重重地跌到了地上。在他落地的瞬间，一只膝盖撞到了埋在土里的一块小石头。

孩子们见状急忙围了上来，关切地问："艾克，怎么样？你没事吧？"

艾森豪威尔强忍着剧痛，装作若无其事地说："没事，该死的苔藓让我跌了一跤！"

一个男孩想上前把他扶起来，艾森豪威尔拒绝了，他自己站了起来。他感到一阵剧痛从膝盖处传来，伸手一摸，那里肿了老高。他强忍着泪水，对大家说："没事，离心脏还远着呢！"

孩子总归是孩子，包括艾森豪威尔在内，谁也没有把艾森豪威尔受伤的事情放在心上。第二天，伤口似乎也感觉不到疼了，艾森豪威尔更加不把它放在心上了。

几天之后的一个晚上，他躺在沙发上跟兄弟们胡乱地聊着天，突然感到一阵不舒服。之后便昏昏沉沉地睡着了。膝盖受伤处慢慢肿了起来，他开始发高烧，说胡话……

父母急坏了，赶忙请医生到家里来给儿子看病。当时，由于抗生素还没有问世，一次小小的疾病就能要了人的性命。许多孩子因得了白喉、猩红热，甚至感冒而丧了命。艾森豪威尔的五弟便是因为得了猩红热而夭折的。

一连好几个星期，艾森豪威尔都高烧不退，昏迷不醒。医生看了之后也毫无办法，不知道该如何下手。最后，一个胆大的医生提出，艾森豪威尔得了血毒症，只有截掉受伤的那条腿才能保住性命。

戴维和艾达难过极了，儿子还这么年轻，如果失去了一条腿，那简直比要了他的命还要严重。戴维问医生："难道就没有其他的办法了吗？"

医生回答说："除了截肢，就只能祈求上帝保佑了！"

艾达听完医生的话，开始啜泣起来。昏迷中的艾森豪威尔似乎听到了大人们的对话。等他醒过来的时候，他对父母说："宁死也不做一个没有腿的废人。"

戴维和艾达犹豫了，到底该怎么办呢？医生不断地催促他们，如果不及时地实施截肢手术，等待艾森豪威尔的只有死神。医生警告他们说："如果病毒入侵到盆骨部位，一切都晚了！"

当艾森豪威尔再次醒过来的时候，二哥埃德加放学回家了。他央求二哥，要寸步不离地守在自己的身边，不要让医生为自己实施截肢手术。埃德加答应了弟弟的请求，他向学校请了假，寸步不离地守在了弟弟的病床前。

艾森豪威尔的病情越来越危险。医生建议戴维和艾达，要立即对他们的儿子实施手术。埃德加站起来对大家说："我们没有权力使德怀特成为残废人。我已经答应弟弟，阻止你们为他实施手术。如果我违背诺言，他将永远不能原谅我。"

戴维和艾达终于做出了艰难的决定，他们对医生说："我们不能代替儿子作出决定。现在，只得寄希望于出现奇迹了。"

医生摇了摇头，走出了艾森豪威尔的家。戴维和艾达日夜向上帝祈祷，希望能够发生奇迹！奇迹终于发生了。结实、年轻的肌体战胜了疾病，艾森豪威尔慢慢地恢复了健康。他没有截掉受伤的那条腿，依然保住了性命！

由于身体极度虚弱，艾森豪威尔无法立即到学校去上学，只好休学一年。这对艾森豪威尔来说并不算什么，因为他本来就不大喜欢学校。多年之后，他在回忆录中说："冬天各个教室里阴沉昏暗，一片单调乏味的朗读声……或许我是一个没有生气的学生，又或许我学的是无生气的课。"

实际上，在当时的阿比伦，男孩子休学并不算什么新鲜事。阿比伦中学里的学生多数为女生，比男生要多一倍以上。大多数男生在毕业以前很早就辍学去工作了。在艾森豪威尔的毕业班上，有25名女生，但男生却只有9名。

艾森豪威尔的哥哥阿瑟在毕业以前的两年就离开学校到堪萨斯城里的一家银行工作去了。埃德加也辍学了两年。不过，他最终又回到了学校，跟弟弟艾森豪威尔一起于1909年修完所有的课程，取得了毕业证。

艾森豪威尔虽然不喜欢上学，但对拼写比赛和数学倒十分感兴趣。拼写比赛能够激发他取胜的拼劲，并克服自己的粗枝大叶。数学有着非常强的逻辑性，而且直截了当，答案不是对，就是错。这也很对艾森豪威尔的胃口。

但艾森豪威尔真正感兴趣的课程是军事史。他沉浸在军事史的阅读中，竟忽略了家务事和学校的功课。在好奇心的驱使下，他全神贯注地坚持阅读军事史，他花在这上面的精力和时间，让他的母亲艾达感到十分不安。

艾达和戴维都继承了"河上兄弟"教派的和平主义思想，认为战争是极其肮脏而罪恶的。艾森豪威尔和父母一样，都是虔诚的教徒，他们坚信上帝的存在，但在对待战争的观点上却有些分歧。或许，这与他们年少时期生长的环境有关。

由于休学在家养病，艾森豪威尔无所事事，便找了一些关于古希腊、拿破仑和美国南北战争的书籍拿回家阅读。为了防止儿子荒废学业，也为了不让他成为一个崇拜战争的人，艾达把儿子带回家的有关军事的书籍全部锁在了书橱里。

艾森豪威尔多次央求母亲，希望能让他继续看这些书，并保证不会荒废学业！但母亲始终不为所动。于是，艾森豪威尔便趁艾达不注意的时候，悄悄地把钥匙偷来，打开书橱，美美地阅读一番，然后再趁着母亲不在家的时候把书放回原处。

他在回忆录中如是说："每当母亲到镇上去买东西或到她的小花园里去干活时，我便将书偷出来。"

这些军事史方面的书籍，篇幅冗长，内容深奥，详细地描述了希腊、西欧和美国南北战争，艾森豪威尔读得津津有味，简直着了迷。有一次，他正看得入迷，母亲突然回来了。艾达有些生气地看着儿子手中的书，质问道："你怎么可以偷拿钥匙呢？"

艾森豪威尔不好意思地看着母亲，一句话也没有说。艾达知道，儿子是真的喜欢军事方面的书籍，便不再勉强他了。她把书橱的钥匙递到儿子的手中，说："好吧，既然你喜欢，就继续看吧！不过，不能因此而荒废了学业！"

艾森豪威尔简直不敢相信自己的耳朵，以后居然可以自由自在地看这些书了，再也不用躲躲藏藏了。他最崇拜的人物是汉尼拔，因为他率领军队作战的经历都是由他的敌人记述的。也就是说，他是一个受到敌人尊敬的军事将领。除了汉尼拔之外，他对领导美国人民进行独立战争的华盛顿也钦佩不已。此时的艾森豪威尔虽然喜欢军事和历史方面的书籍，但似乎并没有确立投身军旅的理想。

除了军事方面的书籍之外，艾森豪威尔最感兴趣的就是体育运动了。他最喜欢的运动是橄榄球和垒球。养好了病之后，他又回到了学校。除了上课以外，他花在运动上的时间最多。艾森豪威尔是一名优秀的运动员，但并不是最出色的。他喜爱运动本身所具有的对抗性，他特别喜欢同年纪比他大、个子比他高的人比赛。在体育运动中，艾森豪威尔悟出了许多道理。他知道，一个球队要想取胜，就要懂得整体配合。因此，像所有态度认真的运动员一样，他严格要求自己，深知自己的缺点所在，跟队友们取长补短，相互配合。每当球队输球时，他总是引咎自责；而赢球时，他则赞扬全体队员。

在体育运动方面，他还具有优秀的组织才能。读中学的最后两年，他成为了阿比伦中学体育联合会组织者之一。体育联合会完全是学生们自己组织的民间团体，由学生们自己管理。队员们每月交会费25美分。联合会用这笔钱去买球棒、垒球、球衣等。

作为组织者之一，艾森豪威尔主要负责体育联合会与其他学校的体育组织协调比赛的时间。他写信给该地区的各个学校安排日程，并让队员们挤上免费货车，解决从阿比伦到比赛地点的交通问题。1908年，艾森豪威尔因为出色的组织工作被大家推选为阿比伦中学体育联合会的主席。为了让体育联合会能够成为一个永久性的组织，他制定了各种规章制度。在年终报告里，他写道："我们起草了联合会的章程，健全了组织，使之成为一个永久性的团体。剩下的只是每年改选一下新的工作人员。"

艾森豪威尔制定的章程相当完备，直到40年之后仍在使用。阿比伦中学体育联合会便一届一届地在学生中间传承了下去。

· 第二章 ·

西点军校的毕业生

一
阴差阳错进入西点

时光飞速地流逝,离毕业的时间越来越近了。随着毕业考试的临近,艾森豪威尔也像大多数同学一样,减少了课外活动,把主要的精力都放在了功课上面。艾森豪威尔是个聪明的学生。几年之中,他虽然花了大量的时间来研究军事史,并积极参加体育活动,但成绩一直不错。在毕业考试中,他更是取得了前所未有的好成绩。在30多名毕业生中,他的总成绩名列第三,其中数学、历史、英语更是取得特别优异的成绩。

1909年5月23日,阿比伦中学为毕业生们举行了隆重的毕业典礼。阿比伦中学的校长为毕业生们致了贺词,希望他们能在未来的人生路上取得更好的成绩。次日,学校还为毕业生们举办了一场欢送晚会。5月25日,为了对学校表示感谢,毕业生们也组织了一次演出。他们表演的是自己改编的话剧《威尼斯商人》。

艾森豪威尔和二哥埃德加都参加了这次演出。埃德加扮演威尼斯公爵,艾森豪威尔则扮演夏洛克的仆人朗斯洛特。两个人的表演都比较成功。镇上的一家报纸对镇上一年一度的盛典进行了全程报道。报上评论埃德加演出时说,他"扮演得出神入化,惟妙惟肖"。在提到艾森豪威尔时,报纸上的评论如是说:"艾森豪威尔扮演的朗斯洛特赢得了观众热烈的掌声。他是受之无愧的,因为他是阿比伦舞台上最优秀的滑稽演员。即便是职业演员,在他面前也会自叹弗如!"

按照阿比伦中学的传统,预言家会对每名毕业生的未来进行一番预测。当时,预言家在毕业年鉴上预言埃德加会连任两届美国总统,而艾森豪威尔则会成为耶鲁大学历史学教授。多年之后的事实证明,预言家的预言是错误的,连任两届美国总统的不是埃德加,而是艾森豪威尔。

中学毕业之后，埃德加想进入密歇根大学攻读法律。不过，戴维却坚决反对儿子这样做，并声称，如果埃德加去攻读法律的话，他将拒绝为其提供学费。戴维在年轻时代上过一名律师的当之后，再也不相信从事这一职业的人了。戴维对儿子说："如果你到堪萨斯大学学医，我将负担你的全部费用；如果到密歇根大学学法律，那你只能靠自己了。"

同二哥埃德加不同，艾森豪威尔并没有明确的目标，他不知道自己毕业后可以做些什么。埃德加建议，他们都应该去上大学，学费由自己解决。多年之后，埃德加回忆说："我们商定，第一年我先上大学念书；他去工作赚钱，接济我。第二年，我去工作，把钱给他，让他读大学。"

艾森豪威尔同意了二哥埃德加的建议。这年暑假，他们都找到了工作。埃德加在乳制品厂工作，艾森豪威尔则干着装运马口铁的活儿。9月，二哥埃德加离开阿比伦，到密歇根读书去了。临行之前，艾森豪威尔把自己暑假里赚的钱全部交给了埃德加。

埃德加走后，艾森豪威尔接替了他在乳制品厂的工作，先当制冰工，后来当司炉工。由于工作努力，他很快就当上了夜班管理员，从下午6点一直工作到次日早晨6点，没有休息日。艾森豪威尔尽量把薪水都存起来，以支持埃德加读书。他每个月可以存90美元，几乎和他父亲的收入相当。经过一年的艰苦劳动，艾森豪威尔不仅解决了埃德加的学费，还给家里提供了一些补助。

艾森豪威尔日渐成熟，往日的那种鲁莽与青涩渐渐退去，取而代之的是爽朗与彬彬有礼。镇上的青年人都愿意同他成为朋友。在这一时期，一个名叫劳维·诺曼的少女走进了艾森豪威尔的生活。诺曼是一个金发碧眼的姑娘，同镇上的大多数姑娘一样美丽而善良！但她身上最吸引艾森豪威尔的并不是她美丽的外表，而是她那一手出众的小提琴演奏技巧。

当然，这段时间对艾森豪威尔影响最大的莫过于埃弗雷特·斯维特·黑兹利特了。黑兹利特是医生的儿子，老实敦厚，平时总是受欺负。慷慨仗义的艾森豪威尔挺身而出，充当了他的保护神。于是，两人便成为了莫逆之交，并终身保持着这种友谊。

在黑兹利特去世之后，艾森豪威尔回忆他们的友谊时，深情地说："我们牢固的友谊一直持续到他离开人世之时。我们40余年间往来的书信可以编成一本厚厚的书。我在写回忆录《白宫岁月》之时曾利用过这些信件，因为我们是无话不谈的好朋友。信件中的很多内容都具有非同一般的史料意义。"

他们是在1910年的夏季认识的。当时，黑兹利特得到了投考安纳波利斯海军学院的提名，但是在当年6月的入学考试中，他的数学不及格，没能进入海军学院。黑兹利特只好回家苦读一年，准备下一年6月重新参加考试。

在黑兹利特的劝说之下，艾森豪威尔也决定报考安纳波利斯海军学院。海军学院实行免费教育，可以为家里节约一大笔费用。更为重要的是，在那里可以继续从事艾森豪威尔喜欢的橄榄球和垒球运动。另外，艾森豪威尔也想借此机会去看看大海。为了获得报考的提名，艾森豪威尔在阿比伦几位知名人士的推荐下给布里斯托议员写了一封自荐信。

尊敬的布里斯托先生：

我是阿比伦中学的毕业生，已经19岁多了。我很希望能够进入安纳波利斯海军学院或西点军校学习。我急切地希望能够获得上述任何一处的提名，特写此信相求！如果先生能够提名我进上述两校之一，将不胜感激！

德怀特·艾森豪威尔

艾森豪威尔之所以在安纳波利斯海军学院后面加上一个西点军校，是因为他担心报考海军学院的学生太多，自己难以得到提名的机会。

不久，艾森豪威尔就收到了布里斯托议员的回信。由于接到的信太多了，他没有直接决定给谁提名或者否定谁。他决定于1910年10月在托皮卡的堪萨斯州公共教育督查办公室举行一次报考军校的预选考试，成绩排在前几名的都将得到提名的机会。

在黑兹利特的帮助下，艾森豪威尔一边工作，一边努力地复习功课。在考试中，艾森豪威尔获得了不错的成绩，名列8名竞争者的第二。就这样，他获得了提名，并顺利通过了1911年1月的入学考试。但是安纳波利斯海军学院要求学生在入学之时不得超过20岁，但此时的艾森豪威尔已经快21岁了。无奈之下，他只好放弃了安纳波利斯海军学院，选择了西点军校。

西点军校是美国历史上最悠久的军事学院，全称为美国陆军军官学校，又称美国军事学院。因校址在西点，人们习惯上称美国西点军校，简称西点军校。西点军校是美国培养陆军初级军官的学校。

西点军校的历史可以追溯到美国的独立战争。在战争中，贯穿南北的贸易、交通、军事大动脉哈德逊河，成为了美国和英国当局争夺的控制焦点，而地势险要的西点自然成了美军防御的战略要地。为了阻止英国军舰进犯，美军在此设防，用铁链封锁河面，并给英军以重创。

独立战争时期，美国大陆军缺乏训练有素的军事工程技术人员，总司令华盛顿不得不依靠外国专业军事技术军官。对此，美国的创建者们非常担忧。独立战争胜利后，战争的经验教训使以开国元勋华盛顿为首的一批领导人和政治家意识到，必须建立一所自己的军事院校，以培养职业军官和军事技术人才。华盛顿强调："创办这所学校，是美国发展的头等大事。"

1802年，美国第三任总统詹姆斯·杰弗逊下令在西点建立一所正规的军官学校。之所以选择西点，是因为这里曾是独立战争时期的战略要塞，当年由外国军事工程师在这里设计修筑了大量的坚固工事，正好可以充当学生的教学实物，同时，杰弗逊也希望硝烟尚存的战争遗迹可以让学生体会到建国先辈们的艰苦经历。

1802年7月4日，美国独立纪念日这一天，美国历史上的第一所军校——西点军校宣告成立了。到了艾森豪威尔考入西点军校之时，这座学校的威名已经蜚声欧美了。

家中又一个孩子找到了人生方向，但这并没有给戴维和艾达带来多少喜悦。信仰和平主义的艾森豪威尔家族，在过去的400年中没有出现过一位军人，艾森豪威尔打破了这个惯例。对艾森豪威尔的这个选择，父母亲尽管没有表现出多少喜悦之情，但也没有表示反对。他们知道，尊重孩子的选择是作为父母应该做到的事情。

入学通知书规定，艾森豪威尔必须在当年的6月14日到学校报道。于是，艾森豪威尔便在6月初，踏上了东去的火车，告别了阿比伦。

艾森豪威尔一生都钟爱着自己的故乡。1947年，他在谈及自己的故乡时说："阿比伦为人们提供了健康的户外生活和工作的环境。这两个条件对阿比伦这样一个相对稳定的社会的存在起着保证作用。在这样的社会里，因财富、种族和宗教信仰所造成的偏见几乎不存在，人们性格正直，作风正派，关心他人的生活。这在我所见过的所有社区里是独一无二的……有机会在这样一个开明的乡村地区度过青年时代的人是幸运的。"

二

"操场上的小鸡"

从阿比伦到西点军校有一段很长的距离，当时的火车比较慢，大概要行驶三天的时间。由于时间比较充裕，艾森豪威尔在芝加哥下了火车，去看望了在那里读书的女友诺曼。由于时间和距离的关系，两人的感情似乎淡了很多，这让年轻的艾森豪威尔感到了些许惆怅。

离开芝加哥之后，艾森豪威尔又到了密歇根，去探望与自己关系最为密切的哥哥埃德加。当时，埃德加刚刚考完期末考试，时间比较充裕。兄弟二人便在密歇根度过了几天美好的时光。有一天傍晚，兄弟二人租了一只小船，邀请两名女大学生到休伦河上泛舟。一艘艘载满学生的小舟从他们身旁驶过，这让艾森豪威尔感到十分兴奋。

埃德加问道："艾克，你真的决定要在部队里干上一辈子吗？"

还没有等艾森豪威尔回答，一名女生就插嘴道："听说西点军校的训练极其残酷，淘汰率非常高，你能受得了吗？"

艾森豪威尔深吸一口气，弯起双臂，做了一个夸张的健美比赛的动作，幽默地回答说："没问题！"

这时，岸边的店铺里响起了优美动听的流行歌曲。河流、美女、泛舟、流行歌曲……这些让艾森豪威尔感到惬意极了。多年之后，他回忆说："这是我经历过的最具有浪漫色彩的一个夜晚。"

当重新登上旅途时，艾森豪威尔有些沮丧，他不知道迎接自己的将会是一种什么样的生活。也许自己应该留下来，跟埃德加一起在密歇根读书。他甚至觉得，二哥埃德加选择的生活道路是正确的，而自己的选择是错误的。

当抵达哈德逊河岸时，艾森豪威尔的心情更加沮丧。军校大多数新生都像艾森豪威尔一样，在本地是出色的运动员或者是尖子学生。他们都自视甚高，一般都不太守规矩。为了打压他们的傲气，西点军校就在他们刚刚入学之时故意用粗暴的态度来对待他们。这种戏弄新生的恶作剧在20世纪初尤其盛行！

6月14日，新生们报道的日子到了。教官们不停地训斥他们道："挺胸！收腹！再挺一些！再挺一些！头抬高！下巴往里收！快！快！"

他们穿梭奔跑于各座大楼之间，缴费、领被褥、搬宿舍……他们做所有的事情都得一路小跑，否则的话，就会招来教官一顿臭骂！在告别平民生活之时，他们甚至和自己的名字也一起告别了。现在，他们都成了"混蛋约翰先生"或者"混蛋加德先生"。教官们似乎觉得，不在他们的名字前面加上"混蛋"这个词语似乎就是对他们的放纵似的。

当天晚上，学校为新生们举行了宣誓仪式。每个新生都举起右手宣誓，志愿作为一名美国陆军军官学校的士官生。宣誓效忠国家之时，艾森豪威尔感到"美利坚合众国"这几个字有了新的涵义。自从那时起，他便知道，自己的一生都将为国服务。

宣誓完毕之后，教官便领着新生们排成整齐的队伍，共同站在检阅场上观看军校学生的演练。当看到学生们穿着笔挺的军服，踏着军乐的拍子，整齐地行进之时，艾森豪威尔的内心震动了。这个激动人心的场面让他久久不能忘怀。

第二天，艾森豪威尔在西点军校的学习生涯便正式开始了。高年级的学生千方百计地戏弄新生们。他们让新生们将蚁冢里的蚂蚁一只只弄出来，背诵无聊的故事和诗篇，长时间伸臂平举体操

1912年艾森豪威尔在西点军校时的照片

棒，双腿在桌下伸直坐着进餐……在刚入学的那段时间里，艾森豪威尔几乎将这些无聊的恶作剧经历了个遍。他忍受他们的戏弄，从不对那些乐此不疲的高年级学生发火。每当想发火时，他就提醒自己："还有哪里能让你获得免费的高等教育呢？"

艾森豪威尔差不多已经 21 岁了，比那些戏弄他的学生还要大一两岁。再说，他身强体壮，做各项体育运动毫不费力，因此对高年级学生们的戏弄也满不在乎。

但是，并不是每一个人都能够忍受这种近乎虐待的恶作剧的。第一位和艾森豪威尔同寝室的学生来自堪萨斯城，年龄仅 17 岁。他是一个优秀的学生，家乡人都为他能考上西点而感到骄傲。离开家乡时，他是由乐队吹吹打打送上火车的。

在家乡受到如此礼遇，但在西点却受到了种种刁难，这让这位年仅 17 岁的小伙子无法接受。从第一天晚上开始，他就躲在被窝里偷偷地哭泣。艾森豪威尔安慰他说："你看，千百个人都经受住了考验，顺利通过了这一关，我相信你也能顺利通过的。"

这位堪萨斯的小伙子呜咽着回答说："你是没什么……"

不久之后，他便离开了西点军校。艾森豪威尔尽管能够忍受高年级学生的戏弄，但却忍受不了学校的那一套条条框框。当时，地方大学都在努力摆脱 19 世纪各种清规戒律的束缚，但西点军校依然牢牢抱住传统不放。学校对学生培养的首要目标是让他们养成军人的品质，一切都要循规蹈矩。早上几点起床，用多长时间穿衣服，用几分钟洗漱……乃至上楼梯时一步该走几级台阶都要严格的规定。

艾森豪威尔可以忍受冬天冷得像冰窖、夏天热得像火炉的住房，也可以忍受淡而无味的饭食和无休止的训练，但生性自由的他实在无法忍受那些条条框框。西点的制度就是挖空心思找到违反准则的人，并将他们淘汰掉。当然，从培养军官的角度来讲，这种方式或许是正确的。

在西点军校就读期间，艾森豪威尔多次违反校规。但他似乎并没有为此而感到内疚，待到了耄耋之年的时候，他依然对自己年轻时代的胡闹而津津乐道。他最爱讲述的有关在军校胡闹的事，便是有时故意玩弄文字游戏，戏弄教官或学长。

上将总统 艾森豪威尔

有一次，艾森豪威尔和自己的同学阿特金斯违反了条例。一名叫艾德勒的学长将他们逮住了。艾德勒命令他们在就寝号吹响之前穿上全套军装到他的房间去接受训话。这两名一年级学生决定完全按他的命令办，但他们只穿了外套，而没有穿衬衣。

当他们来到艾德勒的房间之后，艾森豪威尔喊了一声"立正、敬礼"，两人一起举手敬礼。由于礼服后面有个长长的燕尾，开叉一直开到腰际，所以他们敬礼的时候，可以从后面看到他们光光的脊梁骨。艾德勒同宿舍的同学看到了这滑稽的一幕，纷纷大笑起来，有的人甚至"噼里啪啦"地鼓起掌来。

艾德勒被他们的恶作剧弄得暴跳如雷，大声训斥道："你们怎么能如此大胆！做出这样的行径竟然还敢在学校里呆着！"

笑完之后，其他的学长也对这两个不守规矩的新生大加斥责。后来，艾德勒命令他们说："现在回去吧！吹过熄灯号之后，你们必须全副武装地回来，记住背上步枪，挎上子弹带，在这里接受罚站。否则的话，我要让你们连续一个星期罚站！"

艾森豪威尔和阿特金斯只好遵照命令，笔直站立，被训斥好长一段时间，吃够了苦头。不过他们和其他新生都因艾德勒的气恼而兴高采烈，认为吃点苦头还是值得的。

在西点军校，吸烟是被严格禁止的。但越是严格禁止，艾森豪威尔就越要试一试。他自己卷了布尔·北拉姆粗枝烟，在宿舍里抽了起来。同学们都为此担心不已，但艾森豪威尔始终是一副无所谓的样子。不久，他抽烟的事情便被军官发现了。暴跳如雷的教官罚他徒步行军几个小时。接受了处罚之后，他依然我行我素，照样在宿舍里偷偷地抽烟。

还有一次，艾森豪威尔在舞会上遇到了一位姑娘。两个人在舞场上快活地跳着，越跳越快，最后干脆转起圈来。结果，姑娘的长裙飘了起来，小腿露了出来。这在当时被认为是有伤风化之事。于是，校方便警告艾森豪威尔以后不准再跳这样的舞。但他根本没有把这件事情放在心上。几个月之后，当他再次在舞会上遇到那位姑娘之时，他们照旧跳了起来。他这次就没有那么幸运了，校长当场便训斥了他一顿。舞会结束之后，校方对艾森豪威尔进行了严厉的处罚，把他从中士降为了二等兵，并罚他在军营禁闭一个月。

此外,他不愿意按照规定将自己的房间收拾得干干净净;列队出操或者轮他站岗,时常迟到;时常违反条例,衣冠不整。艾森豪威尔为诸如此类的违例行为所要付出的代价便是记过处分。学校规定,当学生每个月违犯规定的次数超过了一定的限度,就要在课间到操场上踢正步,以示惩戒。在同学们进行课外活动时,艾森豪威尔经常一个人在操场上踢正步,就像一只小鸡在田间来回走动一样。于是,同学们便送给了他一个绰号——"操场上的小鸡"。

总体来说,艾森豪威尔是一个不守规矩的学生。那一届一共有164名学生,在毕业之时,他的品德名次是第125名。但他对此毫不介意。相反,对那些终日因为记过或成绩差而担惊受怕的学生,他倒有些看不起。

三

努力向榜样学习

西点军校崇尚光荣的历史，并极力对学生们宣扬这种思想，让他们以自己的学校为荣！为了达到对学生进行爱军爱校教育的目的，学校建立了西点著名毕业生的纪念室。这里是在美国南北战争时期担任过北方军队总司令、后任美国第十八任总统的格兰特将军的纪念室，那里是在南北战争时期担任过南方军队司令的罗伯特·爱德华·李将军的纪念室，另外一处则是在北方军队中担任西线总指挥的谢尔曼将军的纪念室……在西点任教多年的美国名将温菲尔德·斯科特的坟墓也在学校里。整个学校就像是一座军事史博物馆一样，到处都展现着历史的厚重感。

尽管西点军校留给学生们的自由时间很少，但只要有时间，艾森豪威尔便会到纪念室里去研究那些名将的作战经历。有时候，他还会爬到哈德逊河岸边的山上，俯瞰着流向大海的河水，思索着西点军校在美国独立战争和南北战争期间所起的关键作用。

在西点出身的众多名将之中，艾森豪威尔最喜欢格兰特将军。西点名将纪念室详细介绍了格兰特的生平事迹。跟艾森豪威尔一样，这位名传千古的将军和大多数西方将领不同，他并非出身于名门显贵，而是和艾森豪威尔一样，出生在一个普通的美国家庭。1822年，格兰特出生在俄亥俄州的普莱曾特角的一个制革匠之家。小时候，他是一个腼腆的孩子，甚至不知道该如何同身边的人打交道。但他却是一个驯马高手，以驾驭马匹的高超技巧而闻名。同艾森豪威尔一样，他也是在阴差阳错的情况下进入西点军校的。在学校里，他的成绩也不太好，但也不算太坏，毕业时在班里属于中等水平。

1846～1848年的美墨战争期间，格兰特在扎卡里·泰勒的麾下作战。虽然他把墨西哥战争看做强国欺负弱国所进行的最不正义的战争之一，但他却十分佩服泰勒，仿效泰勒那种不修边幅的作风。

美墨战争结束之后，格兰特晋升为中尉，并同他的一个西点军校同学的姐姐朱丽亚·登特结了婚。1854年，格兰特被派往太平洋沿岸执行单调无味的任务。在此期间，他离开了军队。

南北战争爆发时，他的父亲在伊利诺斯的加利纳的皮革店生意还算不错。格兰特就在父亲的皮革店里工作。不过，他十分痛恨奴隶主的统治，自愿参加了北方军队，对抗南方奴隶主的叛乱。

格兰特似乎并没有多大的野心，他从来没有想过自己会晋升为指挥官。但在他39岁时，这位文静、腼腆、短粗的小个子被伊利诺斯州政府任命为一个纪律松弛的志愿团的上校。冷静而沉着的格兰特很快把这个团训练成了一支纪律严明的、能征善战的部队。

到了1861年9月，格兰特已经成了伊利诺斯州的凯罗所指挥的部队的一名陆军准将了。这位准将先生是一位判断极为精确、运用战术极为熟练的人。当战役的紧要关头，格兰特认识到控制密西西比河谷的重要性。

1862年2月，他沿田纳西河而上，开始实现这一目标。他占领了亨利要塞，然后进攻坎伯兰河上的多尼尔逊要塞。当南部军队司令要求停战时，格兰特回答说："除了立即无条件投降之外，任何条件都不能接受。"多尼尔逊要塞的南部军队投降了，时任美国总统的林肯把格兰特提升为陆军少将。

同年4月6日到7日，在夏伊洛的阴暗的森林中，格兰特打了在西部最残酷的一仗，获得险胜。有人要求撤换格兰特，林肯总统却这样回答说："我离不开这个人，他能打仗。"

不久，通向维克斯堡的道路打通了。格兰特熟练而巧妙地调动部队夺得密西西比河上这座重镇，把南部联盟切成了两半。1863年7月4日，维克斯堡投降了。

1863年11月，格兰特的部队进攻了望山和传教岭，粉碎了南部联盟对查塔努加的控制，开辟了向南部纵深挺进的道路。林肯发现格兰特具有当司令的才能，便于1864年3月任命他为司令官。总统在颁发这项任命时说:"国家信任你,因此,以上帝的名义,国家一定支持你。"

格兰特纵观整个战局,命令谢尔曼将军率部向南部挺进,而他自己则留在波托马克河的乔治·米德的军队里,这支军队当时正在北弗吉尼亚牵制罗伯特·爱德华·李的部队。在弗吉尼亚经过一年的战斗,格兰特迫使罗伯特·爱德华·李投降。

1865年4月9日,在阿波马托克斯县政府所在地,格兰特书写了一份宽大的投降条款,免除对罗伯特·爱德华·李将军叛国罪进行审判。格兰特在南北战争中作出了卓越的贡献,对维护年轻合众国的统一和独立发挥了重要的作用。让人感到震惊的是,这位才华出众的人物在回到军队后,仅用3年的时间就成了联邦的陆军总司令,8年后就成了美国总统。

艾森豪威尔看了格兰特的事迹后十分感动,他决心以格兰特为榜样,刻苦锻炼,严格要求自己,至于能不能成为将军则是另外一码事了。当时,整个美国都处于政治、经济、科学技术的急剧变革之中,在西点军校这座与世隔绝的军校里过着斯巴达式的生活,这给艾森豪威尔的人生带来了极大的影响,让艾森豪威尔与社会上激荡的各种思想拉开了距离,限制了他的想象力与创造力的发挥。

西点军校的任课教官全部都是本校的毕业生。教学方法也传承着学校的古老传统,从来没有改变过。每天,教授文化课的教官要做的事情就是要求每位学生背诵标准试题的正确答案,并严格按照标准答案给学生们批阅试卷。实际上,教官的文化水平并不比学生高明多少!有一次,教授积分课的教官在课堂上照本宣科地讲授一道又长又复杂的题目。艾森豪威尔是一个不喜欢被束缚的学生,他知道教官的解释完全是标准答案,便没有在意听。他的举动惹恼了那名教官。教官将艾森豪威尔叫到黑板跟前解答这一题目。由于没有注意听,艾森豪威尔一时不知如何是好了。

苦苦思索了将近一个小时以后,艾森豪威尔终于找到了一点门径,将这道题解答出来了。艾森豪威尔的方法并不是标准答案上教授的,而且这种方法要比抄来的那个简短得多。不过教官打断了他的解释,斥责他仅仅记住了答数,然后再加上许多毫无意义的数字和步骤罢了。

艾森豪威尔不能容忍教官的死板，认为教官的行为侮辱了他。于是，艾森豪威尔便开始强烈地抗议。这名教官指控艾森豪威尔不服从领导，并建议学校当局马上将其开除出校。恰在此时，数学系的一位高级军官走了进来。他查明了艾森豪威尔与教官产生纠纷的原因，便要艾森豪威尔重新将那道题解一次。看着艾森豪威尔的解题办法，这名高级军官宣布，艾森豪威尔的这种解法要比系里原先所用的那种解法高明，并命令将这种新方法纳入数学系的教学。

艾森豪威尔因此才得以逃脱被开除出校的命运。但并不是每个学生都会这么幸运，学校当局一般是不可能进行变通和同情的。在大多数情况下，学校和教官都不允许对题目进行讨论或者探求新的解法。英文课只做作文，从不读文学作品；历史课只讲事实，不讲历史发展规律。一切都要按照既定的标准答案来进行，学生们要做的只是背诵这些标准答案。艾森豪威尔的记忆力不错，他不用花很多力气便可以轻易地记住那些看似晦涩艰深的答案。艾森豪威尔的英文成绩不错，有些学生要花上好几天才能写好一篇文章，但他只要利用上课前半小时就能一挥而就，并获得高分。

另一方面，与世隔绝的西点让艾森豪威尔在成长过程中最重要的几年避免了思想上的混乱与激荡。在这样一个封闭的环境里，他带着十足的自满情绪，像在阿比伦时一样，掌握着上帝谕示的真理，觉得一切都不需要去检验。这种真理增加了艾森豪威尔在成长过程中所接受的很多教益。而此时，在密歇根求学的埃德加则陷入了知识的骚动之中。他对什么都提出疑问，对什么都拒绝接受。这在一个青年成长的过程中是十分可怕的事情！

总之，艾森豪威尔在西点军校，偶尔捣捣蛋，但并不妨碍他奉命接受学校教给他的一切东西，并将它记牢。总体来讲，他的学习并不出色，大部分课程都居于中游，但技术性极强的土木工程和军事工程两门课程的成绩则十分突出。

四

"堪萨斯的旋风"

进入西点之时，艾森豪威尔的身高达1.8米以上，是当时最为魁梧的年轻人之一。因此，他被编入身材最高的士官生连队。身高的优势让艾森豪威尔的自尊心得到了极大的满足。当然，这给他在操场上表现自我提供了极大的方便。

在阿比伦中学时期，他在橄榄球和垒球运动方面就已经具备了相当丰富的经验。进入西点军校之后，艾森豪威尔对拳击、摔跤、击剑、游泳等运动项目也产生了浓厚的兴趣，并且取得了不错的成绩。由于在运动及组织方面的才能，他在同学中的威望很高。同学们都很喜欢他，有人评价这位意志坚强、刚毅的士官生说："如果有必要的话，他可游过英吉利海峡，与敌人短兵相接。"

在1912年的橄榄球比赛中，艾森豪威尔参加了预选赛。第一场比赛结束之后，他和其他队员一起冲向更衣室。突然，教练格雷夫上尉叫住了他，冲他喊道："嗨，艾森豪威尔，你从哪里弄来的运动服？"

艾森豪威尔有些诧异地看了看教练。格雷夫上尉说："你这套运动服太不合身了！如果你再跑快点的话，就要光屁股了！"

艾森豪威尔低头一看，才发现自己的运动服确实不合身，非常肥大，尤其是短裤，简直要掉到膝盖上去了。他不好意思地回答说："报告上尉先生，这套运动服是管理员给我的。"

格雷夫上尉转身对一旁的管理员说："给他一套合身的运动服！"

听了格雷夫上尉的话，艾森豪威尔高兴得差点跳了起来。这意味着他能参加校橄榄球队了。很快，这个跑起来像风一样快的年轻人便成为了校队的主力，担任左中卫。不久，好运再次降临到了艾森豪威尔的头上。他出色的球技引起了美国橄榄球运动专家们的注意，他被吸收参加陆军队。一些报纸都预测"艾克将闻名全国"。

在与拉特格斯队的比赛中，由于艾森豪威尔的出色表现，陆军队以19∶0的大比分获得了胜利。艾森豪威尔一下子成为了美国的明星。《纽约时报》用两栏的位置刊登了艾森豪威尔凌空射门的照片，并称他为"东部橄榄球队中最有发展前途的后卫之一"。

当时，正在安纳波利斯海军学院读二年级的黑兹利特把艾森豪威尔的照片从报纸上剪了下来，贴在宿舍的墙上。多年之后，他回忆当时的情景说："当报纸的体育版上登载了陆军队中一名新的出色的中卫，技术全面，老是冲着对手满场飞奔时，安纳波利斯的同学们都感到十分惊异。"

一时间，艾森豪威尔简直成了美国的体育明星。《西点年鉴》在报道陆军队战胜科尔盖特队的情景时，如是评价艾森豪威尔："在四分之一决赛中，艾森豪威尔简直势不可挡。"他的名字和照片频繁地出现在各大体育报刊上。

1912年11月9日，陆军队和卡莱斯尔印第安学院交锋。印第安学院的体育明星是吉姆·索普。他是一个传奇人物，曾获得1912年奥运会田径五项运动和十项运动的全能冠军。艾森豪威尔带领队员们，紧盯索普。但身为体育界传奇人物的索普依然满场飞奔，根本无人能挡！尽管知道自己的球队要输给印第安学院了，但艾森豪威尔并没有放弃，他也满场飞奔，尽最大的努力打好这场球！他和一名队员商量，对索普来个上下夹攻，让他筋疲力尽，以使他在下午的比赛中躺着起不来。艾森豪威尔的这个计策起到了作用，陆军队接连攻进去了几个球。

但事情并没有按照艾森豪威尔设想的那样发展。多年之后，艾森豪威尔回忆当时的情景仍然兴奋不已，他说："你们猜一下那个印第安人干了些什么？他振作精神跑到后场去商量了一下，接到传来的球，在奔跑中又进了一球。"

言语之间，艾森豪威尔对这名身强体壮、技术娴熟的传奇人物充满了崇敬之情。在下午的比赛中，艾森豪威尔体力透支，不得不瘸着腿下场了。最后，陆军队以6∶27的比分输掉了这场比赛。

不过，艾森豪威尔个人的表现仍然获得了各大体育报刊的好评。他们纷纷以"堪萨斯的旋风"、"堪萨斯的龙卷风"等美名向全国的读者介绍艾森豪威尔。全国爱好体育的观众更是一致认为，一颗体育新星升起来了，不只是美军的，而且也是全国的。

好运来得快，结束得也快！与印第安学院的比赛结束后的一个星期，陆军队跟塔夫脱队进行了一场激烈的比赛。在比赛中，艾森豪威尔的膝部受到重创，被抬下球场，在医院躺了30天的时间。

出院的时候，外科大夫塞勒警告他说："今后必须谨慎，要时刻记住你的膝部受过伤。"

艾森豪威尔说了许多感谢的话，但并没有把塞勒医生的警告放在心上。泰勒医生对他说："不必感谢我，我这样做是工作需要。但你一定要记住，不要做剧烈运动。"

艾森豪威尔并没有把膝盖上的伤当成一回事，出院不久之后就参加了马术训练。由于教官不知道艾森豪威尔行动不便，便要求他和其他的同学一样，完成包括下马在内的全部训练内容。争强好胜的艾森豪威尔没有把医生给他开的证明拿出来，也不做任何解释，强忍着剧痛坚持完成了所有训练。整整一个下午，他反复地练习上马、下马动作，直到他晕倒在地。

同学们把艾森豪威尔送到了医院。医生给他的腿上打了石膏，伤口疼痛难忍，好几天简直连觉都不能睡。由于受了重伤，艾森豪威尔没能参加陆军队与海军队的比赛。在这场比赛中，海军队以大比分获胜。艾森豪威尔把这次失败归咎到了自己的头上，他认为自己如果能够参加这次比赛，起码不会输得那么惨！

艾森豪威尔的情绪十分低落。他在给女友诺曼的信中写道："看来我再也不能高兴了。小伙子们过去总是称我'开口笑'，今天可都管叫我'死人脸'。这主要归罪于我没能参加的那场比赛。不管怎么说，我如今肯定变成一个脾气极坏的人！恐怕连你也难以认出我了。"

过了很长一段时间，艾森豪威尔的膝盖才好了起来。塞勒医生给他拆除了石膏绷带，并做了仔细的检查。在艾森豪威尔离开医院的时候，塞勒告诉他说："艾克，非常遗憾！以后你再也不能玩橄榄球了。"

再也不能玩橄榄球了！这对热爱运动的艾森豪威尔来说，简直就像是法官对犯罪嫌疑人宣判死刑一样。他的心情坏到了极点，甚至想到了退学。多年之后，他回忆那段时间的生活仍然感慨万千地说："生活好像没有什么意义了，一切都失去了意义！"

他在学习上的兴趣也比从前淡了许多。刚入学的时候，全班有254名学生，他的成绩居于中游。第一学年结束的时候，班上还剩下212名学生，他的成绩排在第五十七名。在第二学年的时候，班上只剩下了177名学生，他的成绩竟然下降到了第八十一名。

幸运的是，当时的艾森豪威尔还很年轻，很容易把忧伤忘掉，卷土重来。尽管他再也不能玩橄榄球了，但并不意味着他将从此与球场告别。他很快就在另外一个方面找到了自己的用武之地，那就是当橄榄球教练。

艾森豪威尔出任了西点军校"卡勒姆·霍尔"橄榄球队教练。他不仅注重协调球队内外的关系，使队员之间团结和睦，还充分发挥了自己的特长，十分讲究排兵布阵。在他的努力下，原本在西点军校名不见经传的"卡勒姆·霍尔"球队一跃成为当时最有实力的球队之一。

除此之外，他还自告奋勇地当了西点军校拉拉队队长。1914年11月，在陆军队对海军队的比赛中，艾森豪威尔以一种全新的方法给自己的队员打气，大幅提高了陆军队的士气。结果，陆军队在这次比赛中大败实力雄厚的海军队。在此期间，身材高大、相貌英俊的他还被学校选为了护旗队队员。所以，尽管他告别了自己的职业橄榄球生涯，但并没有离开运动场。

除了做教练、组织拉拉队之外，他自己也经常参加比赛。没有办法打橄榄球，他就参与棒球、游泳、做体操等各项活动。据他儿子约翰说，艾森豪威尔在中年时仍能在双杠上轻松自如地做只有专业运动员能做的最复杂的动作，甚至在50岁后还能打一手好网球。

参加体育运动不但加强了艾森豪威尔与同学的关系，让他成为班级上最受欢迎的人，还锻炼了他的组织协调能力。毫不夸张地说，他之所以能够在第二次世界大战期间胜任欧洲战区美军司令和盟军远征军的最高统帅，跟他在学校里的这段经历是分不开的。

五

成绩平平的毕业生

西点军校规定，学生在第三学年的时候有两个月的假期。1913 年，艾森豪威尔回到了故乡阿比伦，享受了一个十分美好的假期。他怀着兴奋的心情踏上了回乡的列车。由于火车在夜晚到站，所以他提前告诉父母让他们不要来接自己。

火车刚到站，归心似箭的艾森豪威尔就提着包裹往家里跑去。尽管他提前对父母说，让他们不要来接自己，但母亲依然提着马灯在路口相候。当他看到母亲因自己突然归来而流下热泪时，他自己也不禁激动起来。

家里发生了很大的变化。父亲戴维离开了工作多年的油坊，到不久前才创建的瓦斯厂任管理人员。母亲在过去的两年间变化不大，身体虽然瘦弱，但没有什么大病，每天仍在辛苦地操劳着家务。兄弟们大多都出去读书或工作了，只有两个最小的弟弟——厄尔和米尔顿留在父母的身边。

在两个弟弟的眼中，艾森豪威尔那笔挺的体态、满怀信心的态度以及有关军校的故事，给每个人都留下了极深刻的印象。弟弟厄尔回忆说："他是阿比伦的英雄，扮演着英雄的角色。当然，他也乐意扮演这个角色。他不错过任何机会将他所知道的和他所做过的事情印在我们的脑海中。"

中学时代的朋友梅利菲尔德也说："他瞧上去像个有百万身家的人。"

由于假期比较长，艾森豪威尔跟过去的老朋友都聊了聊。镇上一家理发店的黑人门卫德克·蒂勒是当地著名的拳击手。蒂勒身材高大，浑身长满了肌肉，在阿比伦从来没有遇到过对手，甚至几次去堪萨斯参加职业拳击比赛。

蒂勒听说艾森豪威尔也是一个不错的拳击手，在中学时代曾打败了梅利菲尔德。他有些坐不住了，他毫不谦虚地说："艾森豪威尔也没有什么了不起的，堪萨斯的任何一个拳击手都是我手下的败将。如果德怀特·艾森豪威尔够胆量的话，我倒是愿意和他较量一番。"

争强好胜的艾森豪威尔岂会不接受蒂勒的挑战呢！镇上的居民听说艾森豪威尔要和蒂勒较量，纷纷涌上街头来看热闹。一些人担心错过了惊心动魄的场面，手中的活计没有干完就跑到了街上。有一个在理发店等待剃胡子的顾客，脸上刚刚涂上肥皂泡，比赛就开始了。于是，他连肥皂泡都没有擦掉，就跑到了现场。

艾森豪威尔明白他面临的挑战很严峻。他的对手身材高大而健壮，肌肉更是像棒球一样在他那黝黑的皮肤下颤动。何况，艾森豪威尔膝盖上的伤还没有好，仍然绑着弹性绷带。但无论如何，都不能退缩。

比赛是完全按照规章进行的，两人都戴着拳击手套，理发店的老板充当裁判。哨声刚响，两个年轻人就像是两头猛虎一样斗在了一起。双方你来我往，拳拳生风。第一个回合，蒂勒以微弱的优势取得了胜利。

休息了一会之后，第二个回合的比赛开始了。蒂勒的耐力明显没有艾森豪威尔好。打着打着，蒂勒就逐渐处于下风了。果不其然，经过奋力拼搏，艾森豪威尔赢得了第二个回合的比赛。

这样，两人就打成了平手。经过这次比赛，两人都十分佩服对方，最终结成了拳击场上的好朋友。这在当时是石破天惊的事情，因为蒂勒是一名黑人。当时，美国的种族歧视非常严重，有色人种的社会地位很低，大部分白人都不屑与他们来往。但艾森豪威尔却没有这种种族偏见，他欣赏强者，不管对方是白人，还是黑人！

1913年的回乡之旅让艾森豪威尔重拾了自信。返回学校之后，他便设法通过长跑来治疗损坏的膝盖。但由于受伤过重，他的膝盖始终没有痊愈。此后，只要他用力过猛，膝盖就会脱臼。

时光飞逝，转眼间，就到了毕业的日子。在西点军校的4年里，艾森豪威尔学到了许多东西。首先，他学到了自己的专业。西点给他打下了军官生涯的坚实基础。他不但熟悉了陆军的传统和组织结构，还懂得了怎样行军，怎样使用步枪和小型火炮，怎样骑马，怎样架设简单的渡桥和构筑防御工事等。

其次，他具备了作为一名优秀军人应有的素质。荣誉感和军人意识迫使他努力做到诚实和真诚，而憎恶欺诈、模棱两可或者闪烁其辞。另外，他还十分重视军阶的权利和责任，并对自己的职业感到自豪。

最后，西点军校教会了他，要把军事和政治区别对待。作为一名军人，尤其是陆军军官，最好不要过问政治。这是审慎的和必要的。他们的观点是，军人的职责就是接受命令，执行由总统决定的政策。

尊重总统的权威并不是因为政治上的原因，而是因为军事上的原因。根据美利坚合众国宪法的规定，总统是三军总司令。因此，大多数西点军校毕业的军官们从来不去考虑总统作为政党领袖的作用，而集中注意力于他担任的总司令的职务。

相比之下，国会则是党派的政治舞台。因此，大多数军官对国会并没有多少好感。艾森豪威尔的一位教官曾经说："如果说军校学员学到了什么信念的话，一般地说，就是蔑视十足的政客和这些政客欺骗性的行事原则。"

在艾森豪威尔的一生中，几乎有20年的时间在华盛顿与国会议员们共事。像大多数西点军校毕业的人一样，他一再激烈地表示他对政客们的蔑视。1915年的一份统计表明，军官参加投票的不到百分之一。这便说明了当时军人对政治的反感！

不过，艾森豪威尔在后来背离了自己早期的诺言，走上了他自己曾经厌恶过的党派政客的道路，并当选为美国总统。

1915年6月12日是艾森豪威尔从西点军校毕业的隆重日子。根据惯例，双亲被邀请参加军官毕业典礼。艾森豪威尔的父亲和母亲从遥远的阿比伦来到西点军校。也就是在这一天，考试委员会作出决定，授予毕业生德怀特·艾森豪威尔美军少尉军衔。

他所在的那个班级后来成为西点历史上最著名的"明星辈出的班级"。班上164名毕业生中，有59人在日后获得了准将或准将以上军衔，其中3人获得了上将军衔，当中两名获得了五星上将军衔。这两名五星上将便是艾森豪威尔和布雷德利。艾森豪威尔和布雷德利是十分要好的朋友。

尽管获得了少尉军衔，但艾森豪威尔的前途并不明朗。一方面，他的成绩和同学们相比并不算突出；另一方面，他膝盖上的伤也有可能断送他在军队的前途。在进行毕业前体格检查时，塞勒医生就对此表示了忧心！

当时，美国三军并不庞大，兵员总数只有12万人左右，西点以及其他军校每年培养的毕业生已经大大超过了部队所需要的军官人数。考虑到一旦因为病痛而提前退役，国家就要支付一大笔抚恤金，当局根本不愿意把身有残疾的人委派到军队任职。

在毕业前夕，西点军校医务所所长曾对艾森豪威尔说："可怜的孩子，我不得不告诉你，由于你腿上有伤，即使你得到了毕业文凭，也不适宜在军队服役。"

艾森豪威尔对此早有准备。他甚至认为，对他来说最好的解决办法是到阿根廷去，在那里当一名20世纪的牛仔。

医务所所长被艾森豪威尔的坚强与乐观打动了。最终，他决定帮助艾森豪威尔，建议学校当局将他委派到步兵部队。艾森豪威尔选择到美国的殖民地菲律宾作为自己的服役地点，并坚信自己会被委派去菲律宾。他是全班唯一一个选择到热带地区去服役的人。当然，这并不是因为在菲律宾可以较快地得到晋升的机会，而是因为他喜欢那里的异国情调！不过，艾森豪威尔的愿望落空了，当局并没有派他去遥远的菲律宾群岛，而是到萨姆休斯敦港口去服役。

·第三章·

甜蜜的爱情与婚姻

上将总统 艾森豪威尔

一

一见钟情的女友

1915年9月15日，艾森豪威尔穿着少尉军服抵达了德克萨斯州圣安东尼奥郊外的萨姆休斯敦港口。德克萨斯州的自然环境跟艾森豪威尔的故乡阿比伦十分接近，都是西部草原。因此，这位年轻的少尉在这里就像是在家里一样惬意。

尽管当时在欧洲大陆上，第一次世界大战正如火如荼地进行着，但时任美国总统的威尔逊秉承美国一向中立的传统，还没有参加这场战争。因此，对大多数美国人，乃至军官来说，生活仍然是平静而惬意的。

休斯敦萨姆堡无疑是最令陆军羡慕的地方了。这里的生活从容悠闲，只要稍稍努力就可以在中午之前把当天所有的公务全部处理完毕。下午，军官们便骑马在草原驰骋，去猎取野鸡和野鹿。当然，他们还可以参加愉快的社交活动，进行正式或私人拜访，举办单身汉联欢会，玩扑克牌等。这些事情都是艾森豪威尔喜欢的活动。因此，在这里他很快就把到菲律宾服役的愿望忘得一干二净了。

在这段时间里，担任橄榄球教练的工作也让艾森豪威尔感到十分惬意。作为西点军校的体育健将，在艾森豪威尔还没有到达休斯顿萨姆堡之时，他的大名已经在当地传开了。上任不久之后，当地的一所学校就想聘请他当该校的橄榄球教练，比赛季节薪金150美元。

这在当时是一笔相当丰厚的薪水，但初来乍到的艾森豪威尔推脱了。比起体育运动，他更想在军界混出点名堂。这件事情传到了萨姆堡要塞司令弗雷德里克·丰斯顿的耳朵里。丰斯顿对他说："如果你愿意接受聘请的话，我将非常高兴！因为这无疑会提高军队在当地的声誉。"

得到了司令的肯定，艾森豪威尔十分开心。那年秋季，他就当上了教练，并且带领球队取得了不错的成绩。在1916年的赛季里，艾森豪威尔便被任命为圣路易斯学院大学队的教练。圣路易斯学院的橄榄球队在过去的5年内没有胜过一场，球队的素质非常差。在艾森豪威尔的指导下，这支素质极差的球队在很短的时间里就提高了球技。球队第一场比赛打成了平局，随后又连胜了5场。这让艾森豪威尔在当地的声誉一下子提高了许多！

执行任务、打猎、玩牌以及当橄榄球教练，差不多把艾森豪威尔所有的时间都占满了。总体来说，他这段日子的生活是十分舒心的。他不但在球场上带领队员们获得了许多胜利，在赌场上更是常常都会赢钱。经常和他一起打牌的有沃尔克、伦纳德·杰罗、伟德·黑斯利普等人。这些人与艾森豪威尔结下了深厚的私人友谊，并在日后全部成为了四星上将。

正所谓"好运来了挡都挡不住"，当时的艾森豪威尔便是这样一个幸运儿。在抵达休斯顿萨姆堡不到一个月的时间，他便结识了一位美少女。1915年10月的一个星期天下午，秋高气爽，天空干净得像用水洗过一样。那一天，艾森豪威尔是值星官，要到各处去查岗。年轻的少尉身穿笔挺的新军装，脚蹬锃亮的皮靴，挎着一支左轮手枪，从单身军官宿舍走出来查岗。

走着走着，一名妇女对着他喊道："嗨，艾克，你过来！我介绍几个人给你认识。"

艾森豪威尔放眼望去，只见亨特·哈里斯少校的妻子鲁露正同几名女子坐在军官俱乐部门前的草坪椅上晒太阳。这位鲁露·哈里斯夫人是一个热心肠的妇人，艾森豪威尔担心她会拉着自己聊个没完没了，便回答说："对不起，我在值勤呢，现在要去查岗！"

哈里斯夫人转过身去对女伴咕哝道："哼，这个嫌恶女性的军人。"

哈里斯夫人听说，艾森豪威尔在私下里曾宣称自己是单身主义者，而且还加入了一个类似终身独身主义者的秘密协会。同他一起加入这个协会的还有两名从西点军校毕业的同学。不过，耐人寻味的是，这三个人在毕业一年之后全都结了婚。当然，这是后话。当时，热心的哈里斯夫人或许只是觉得艾森豪威尔这样想是不大正常的，想介绍几个姑娘给他认识。

她见艾森豪威尔不愿过来，便喊道："嗨，我们并不打算缠住你！你过来，我给你介绍一下我的朋友，然后你就可以走了！"

艾森豪威尔觉得如果再不过去，就有失绅士风度了。于是，他越过马路，彬彬有礼地问候了正在晒太阳的女子们。就在这一瞬间，有一个女孩吸引了他的目光。艾森豪威尔在多年之后回忆说："有一个女孩马上引起我的注意。她是一位活泼可爱、富有吸引力的女孩，身材娇小，但脸上和仪态都流露出一种让人愉快的神情。"

这个女孩便是日后成为艾森豪威尔夫人的玛丽·吉尼瓦·杜德。玛丽当时只有19岁，有着少女应有的美丽与娇羞。她身穿一套浆过的洁白的亚麻布套裙，戴着一顶黑色的宽边帽，坐在大家的中间。

艾森豪威尔也给玛丽留下了深刻的印象。他双肩宽阔，容光焕发，步伐坚定有力。从远处看，艾森豪威尔留给她的第一个印象是"他是个彪形大汉"。但当他走近时，她又想，"他几乎是我见过的最漂亮的男子。"

两人几乎是一见钟情。艾森豪威尔当即便邀请她一起去查哨。玛丽也爽快地答应了。在闲聊中，艾森豪威尔得知，她刚来到德克萨斯不久，她们一家只有秋天才会到这里居住，夏天的时候通常住在丹佛。他们聊得很愉快，还互相交换了电话号码。

第二天，艾森豪威尔便给玛丽打去了电话。可惜的是，玛丽并不在家，她和朋友们一起出去钓鱼了。一颗爱情的种子在艾森豪威尔的心中发芽了，他也不管人家的女仆是否厌烦，每隔一刻钟便打一次电话，询问玛丽是否回家了。

玛丽回到家里，女仆把这件事情告诉了她。不过，女仆并没有记住艾森豪威尔的姓，只是说有一个姓艾什么的先生整个下午每隔一刻钟打一次电话来找她。正在这时，电话铃又响了。女仆接了电话，笑着对玛丽说："又是艾什么先生打来的。"

玛丽顽皮地耸了耸肩，接过了电话。艾森豪威尔在电话中说："杜德小姐，我正式邀请你晚上作为我的舞伴一起参加舞会。"

玛丽笑着回答说："艾森豪威尔先生，非常遗憾，我已经有约会了。"

艾森豪威尔马上又问:"那么明天呢?"

玛丽回答说:"明天也有约会了。"

就这样,日期一再往后推延,他们最后约定在4个星期之后去跳一次舞。

在挂断电话之前,玛丽温柔地说:"我一般五点左右在家,哪一天下午来都行。"

艾森豪威尔知道玛丽已经被他的真诚打动了,向他敞开了心扉。他马上回答说:"我明天就过去看你。"

紧接着,艾森豪威尔便向玛丽发起了感情攻势。艾森豪威尔喜爱杜德家所有的人,这让玛丽很高兴。因为她跟母亲和妹妹们的关系非常亲密,而且十分崇拜自己的父亲。她不想因为自己的感情而影响家庭关系。

玛丽没有兄弟,只有两个妹妹,因此她的父亲约翰·杜德也非常喜欢艾森豪威尔,不久就把他当做亲生儿子一样看待了。就这样,艾森豪威尔与杜德家的关系逐渐密切了起来。即便是玛丽不在家的时候,他也会不请自到,去看望杜德先生和夫人。

艾森豪威尔的热情影响了杜德全家。之前除了父亲之外,全家的人对体育都没有兴趣,但艾森豪威尔频繁地谈论他担任教练的那个球队,以致于全家开始去观看比赛。不久连女孩子们也疯狂地给"艾克的孩子们"欢呼叫好了。

艾森豪威尔的真诚打动了玛丽,她取消了所有约会,每天晚上都跟这位帅气的军官到外面约会。他们一起去参加舞会,到便宜的小餐馆花几美元吃上一顿。与玛丽的家庭相比,艾森豪威尔并不富裕,他每月有141.6美元的薪水,再加上担任教练的薪金以及打牌赢来的钱也只允许他在墨西哥饭馆花几美元请玛丽吃一顿,每周也仅能光顾一次轻歌舞剧场。他们的恋爱虽然没有太多的浪漫,但是他们都十分满足!

二

提前举行的婚礼

就在艾森豪威尔与玛丽处于热恋之中的时候，美国同墨西哥再次因为边境问题爆发了军事冲突。1915年冬季，美国著名的军事将领约翰·潘兴将军奉命组织远征军，奔赴边境地区。和大多数刚从西点军校毕业的学生一样，艾森豪威尔十分向往战争。美墨边境的军事冲突给他们带来了一展身手的大好时机！

艾森豪威尔怀着兴奋的心情，向陆军部递交了申请，志愿参加约翰·潘兴将军率领的远征军。美墨之间的这次边境冲突适逢第一次世界大战，威尔逊政府不愿将其升级为全面战争，就没有大规模地动员部队。于是，艾森豪威尔的申请遭到了拒绝。相反，陆军部把他派到国民警卫队在边境的一个团去担任训练工作。边境冲突很快平息了，远征军凯旋而归。但第一次世界大战规模越来越大了，美国也开始了战备工作。

1916年初，陆军部开始大规模地扩充部队。艾森豪威尔被调到新成立的陆军第五十六步兵团任军需官。第五十六步兵团的驻地就在萨姆堡边上的威尔逊军营。3000名新兵马上就抵达驻地，上级给了他3天时间作接待准备。艾森豪威尔懂得在军队里办事的最基本的诀窍。他与军需主任交上了朋友，顺利地领到比别的团多得多的帐篷、步枪、军鞋、军服等。

艾森豪威尔在此期间还学会了在军队中立足的另一个窍门：下级军官如果抱怨伙食不好，便会被派去担任伙食军官。就这样，艾森豪威尔当上了团里的伙食军官。聪明的艾森豪威尔明白，当上伙食军官更容易讨好团长。一旦团长高兴了，那么下级军官的事情也就好办了，团里的副官沃尔顿·沃克上尉也明白这个道理。于是，他们两人很快就成为了要好的朋友。

第五十六团团长贝克上校是一个对伙食十分挑剔的家伙。为了讨好贝克上校，艾森豪威尔和沃克两人每天早晨4点钟就起身了。他们骑马到营房边去打野鸽子，然后将其做成美味的早餐，在上午8点钟准时端到团长的餐桌上。艾森豪威尔和沃克理所当然地受到了团长的青睐。当然，士兵们也十分尊敬他们。因为他们从来不对士兵发火，还经常到兵营中去听取他们的意见和建议。

这段时间，艾森豪威尔与玛丽的感情也迅速升温。1916年2月14日，这一天是西方人的情人节。艾森豪威尔正式向玛丽求婚。玛丽几乎毫不犹豫就答应了他。杜德先生和夫人并没有反对他们的决定，但要求他们要等到11月份再举行婚礼。因为，玛丽到那时将年满20岁。

杜德先生是一个让人十分钦佩的富商，他知道如何才能让这对小夫妻在婚后生活得更加幸福。他对艾森豪威尔说："婚后，你们夫妻就要独立生活了。玛丽过惯了无忧无虑的生活，可能难以适应去当一个军人的妻子。她习惯于有女仆服侍，而且花钱随便。这些事情，你要做好心理准备。"

1916年7月1日，艾森豪威尔和玛丽·杜德在丹佛市结婚。这是新婚合影。

艾森豪威尔表示，他深爱着玛丽。杜德先生所说的这一切对他们来说都是可以克服的。

杜德先生对女儿也做了一次同样的谈话。他对玛丽说："你要做好准备，去接受一种与现在完全不同的生活。作为一名军人的妻子，你要习惯四海为家，习惯经常与丈夫分离，并且承受为他的安全提心吊胆的心理压力。"

玛丽对父亲说："这些我都了解了。我已经做好了准备，并且十分期待过这样的生活。"

艾森豪威尔和玛丽十分期待着11月的到来。但此时的世界局势越来越紧张了，美国迟早会卷入世界大战中去。当时，尽管国内有大量的孤立主义者反对美国参加欧洲战争，但对政府有着极大影响的钢铁巨头和军火商都极力怂恿美军参战。因为美军一旦参战，就意味着这些垄断资本家能取得巨大的利润。美国的参战是不可避免的。

人类建设家园的智慧是无穷的，但破坏家园的智慧和建设家园的智慧一样高明！当时，飞机作为一种新型交通工具刚刚出现不久，人们便把它用在了战场上。德国、法国、英国等欧洲国家都组织了自己的航空队。飞机在战场上初露锋芒，让世界其他国家也跃跃欲试，要建立自己的空军力量。美国这个美洲大陆上最强大的资本主义国家自然不会放过这样的机会。

年轻的艾森豪威尔秉承西点军校的传统，对政治并不关心。他不想弄明白为什么会爆发第一次世界大战，美国参战会给谁带来好处。他只知道，服从命令是军人的天职。如果总统命令美军远征欧洲的话，他肯定会第一个报名。美国的空军力量刚组建起来，艾森豪威尔便向空军递交了申请书。他决定参加空军，因为他预见到空军虽然暂时还不强大，但却是一个具有远大前途的兵种，也是未来"具有实用价值"的为数不多的兵种。

1916年初夏，艾森豪威尔接到了为参加空军进行体检的通知书。正如他在回忆录中指出的，吸引他参加空军的不只是对新鲜事物的好奇，还有一种平淡无奇的想法——空军军官的贡献要比陆军军官的贡献大出一倍。

艾森豪威尔是注定不能成为飞行员的。他把自己申请调到空军服役的消息告诉了未婚妻玛丽。当天晚上，杜德先生就召开了家庭会议。作为未来的女婿，艾森豪威尔也参加了。玛丽和杜德夫妇都认为空军是一个冒险的职业。他们不同意艾森豪威尔到空军去服役。艾森豪威尔做了许多辩解，但始终没能说服杜德夫妇和玛丽。

在散会的时候，杜德先生直截了当地向艾森豪威尔宣布："艾克，如果你不重新考虑自己的决定，那么我只有收回对女儿婚姻作出的允诺了。玛丽已经注定要跟随你过着居无定所的日子，我不希望她还要每日为你提心吊胆！"

经过一昼夜的考虑后，艾森豪威尔投降了。为了家庭的幸福，他决定牺牲当空军的愿望。这是玛丽第一次干涉艾森豪威尔的职业生涯，但并不是最后一次。当然，作为亲密无间的夫妻，彼此之间难免要做出一些妥协。

随着世界局势的持续紧张，艾森豪威尔和玛丽决定提前举行婚礼。杜德一家也都同意这么做。6月底，艾森豪威尔请了10天假，并于1916年7月1日在丹佛市杜德家宽敞的住宅里举行了婚礼。就在结婚这一天，艾森豪威尔得到了与众不同的结婚礼物——他被授予中尉军衔。

在婚礼上，艾森豪威尔身穿夏季军礼服，看上去既英俊潇洒，又十分威武。他那套中尉礼服被浆得笔挺，白得耀眼！为了保持自己英武的形象，艾森豪威尔甚至不愿坐下来休息一下，因为那样会弄乱衣服上挺直的折痕！玛丽在那一天打扮得也十分漂亮。她穿着一件镶着法国式花边的白色连衣裙，梳着刘海式发型，给人一种清新纯洁之感！

婚礼结束之后，杜德先生让司机把女儿和女婿送到了科罗拉多州埃尔杜拉多温泉去度蜜月。但两天之后，艾森豪威尔便迫不及待地带着玛丽搭乘火车去了阿比伦。艾森豪威尔是兄弟中第一个结婚的，这让他的父母戴维和艾达十分高兴。因为他们一直盼望着能有一个女儿，但始终没有实现这个愿望。于是，他们便把家里的第一个儿媳妇玛丽当成亲生女儿一样对待。

艾森豪威尔和玛丽是凌晨4点到家的。戴维和艾达早已起身，正等着他们。对公婆的热情，玛丽有点受宠若惊。性格开朗的玛丽也立即喜欢上了这个新家。当艾森豪威尔的两个弟弟厄尔和米尔顿走下楼时，玛丽脱口而出："太好了，我终于有兄弟了！"

她的这句话让厄尔和米尔顿高兴了半天。一家人其乐融融地度过了一段美好的时光。在阿比伦期间，艾森豪威尔和玛丽吵了第一次架。那天，艾森豪威尔到镇中心和儿时的朋友玩起了扑克。晚饭的时候，玛丽打来了电话，让他回家。艾森豪威尔淡淡地回答说："我输钱的时候是从来不离开牌桌的。"

艾森豪威尔的态度激怒了玛丽，她在电话中愤愤地说："艾克，我警告你，要么现在就回家，要么永远也不要回来了！"

艾森豪威尔毫不犹豫地挂断了电话，继续玩起了扑克。当他以胜利者的姿态回家之时已经是凌晨两点了。于是，这对新婚小夫妻便关起了门，大吵起来。最终，艾森豪威尔妥协了。他向玛丽保证，以后一定调整娱乐的时间，以便跟妻子在作息时间上保持一致。艾森豪威尔说到做到，即便是他后来当总统之时，每当出去打牌的时候，他都会向玛丽请示一下。只有玛丽允许了，他才会玩一会儿。

两人婚后的生活十分简朴。玛丽并没有耍大小姐的脾气，不但十分关心丈夫，还慢慢学会了做饭。艾森豪威尔也非常疼爱玛丽，常常显示自己的烹调手艺。夫妇过着安静、平淡的军队生活。不论他们到哪里，都要建立起"艾森豪威尔俱乐部"。容易与人相处、好结交朋友的艾森豪威尔总有许多朋友。富有魅力的、和蔼可亲的女主人玛丽也总能在家中创造一个令人愉快、不受拘束的环境。这使得艾森豪威尔的朋友们非常乐意到他们家里来消磨时光。

1917年9月24日，艾森豪威尔的第一个孩子出生了。玛丽给孩子命名为杜德·德怀特·艾森豪威尔，昵称艾基。小艾基的出生给这对年轻的父母带来了更多的欢笑，他们的朋友也纷纷向他们表示祝贺。

三

与战争失之交臂

　　1917年4月6日，美国国会通过了威尔逊总统提出的议案，对德意志等同盟国宣战。美国卷入了第一次世界大战，这对职业军人来说是一次表现自己的大好时机。艾森豪威尔更是跃跃欲试，想到作战部队去，远赴欧洲战场。美国对德宣战几天之后，艾森豪威尔被授予上尉军衔，他所在的步兵第五十六团也奉命准备远赴欧洲战场。

　　艾森豪威尔欣喜若狂，他多年的愿望马上就要实现了。上战场历练是一个军官升职的最好机会。他投入到了紧张的准备工作之中。在西点军校和运动场上学到的组织才能发挥了出来，他三言两语就把士兵们的士气提上来了。第五十六团的每一个士兵都处于高度的紧张状态，随时准备为国捐躯。

　　艾森豪威尔高兴得太早了。他动员部队的高超组织能力被陆军部的高级军官发现了。9月20日，在第五十六团开赴欧洲战场的前夕，艾森豪威尔被派往佐治亚奥格尔索普港的军官训练营任教官。艾森豪威尔对此极为不满，多次打报告申请调到作战部队。但他的申请始终没有得到批准。

　　美军的参战扭转了战局，协约国渐渐占了上风。不过，美军为此也付出了极为惨重的代价，下级军官的伤亡很大。为了培养后备军官，美军在国内组织了许多教导营。1917年12月1日，艾森豪威尔被调往一个教导营，担任培训下级军官的任务。

　　艾森豪威尔再一次向陆军部递出了申请，希望把自己调往作战部队。艾森豪威尔此举激起了陆军部副官署署长的不满。他给艾森豪威尔所在的部队写了一封信，谴责艾森豪威尔这种不服从命令的行为。

一天，驻地司令把艾森豪威尔叫到了司令部，当场向他宣读了陆军部副官署署长的信，责备艾森豪威尔屡次要求调动。司令本人也开始责备起他来。艾森豪威尔打断了他的话，愤愤不平地说："司令先生，我只是请求让我上战场而已！看来我的申请冒犯了上级！不过，这种情形在我由您指挥之前就已经有了。如果要给我以任何惩处的话，我想这个命令应该由陆军部按情况下达，而不应劳您大驾。"

驻地司令认为艾森豪威尔言之有理，便派他去执行一项特殊的训练任务——监督部队进行刺杀和操练。这让艾森豪威尔的心情多少好了一些。尽管这项工作不如橄榄球教练那样富有对抗性和乐趣，但总算是离作战近了一步。

艾森豪威尔认真地训练新兵，再次给陆军部的高级官员和受训者留下了良好的印象。有一个受训者在日记中如是写道："我们那位新来的艾森豪威尔上尉是最能干、最好的陆军军官之一。他教给了我们最出色的刺杀功夫！他的热情激起了大伙的想象，我们大声吼叫着，又跺脚又呐喊，简直就像是在战场上进行真正的白刃战一样激烈。"

由于在训练工作上的出色表现，艾森豪威尔随后又被调往宾夕法尼亚州的葛底斯堡，参加组建美军第一批装甲部队的工作。艾森豪威尔预见到，有远大前途的不只是飞机，还有在第一次世界大战中首次出现在战场上的坦克。能作为美军装甲部队的组织者之一，艾森豪威尔感到十分自豪。

然而，当他来到宾夕法尼亚州葛底斯堡的米德军营时，失望取代了原来的兴高采烈。米德军营是美国南北战争时期废弃的军营，设施陈旧落后。更为要命的是，说是组建装甲部队，但军营里连一辆坦克都没有，更不要提有实战经验的坦克军官了。

年仅27岁而且毫无实战经验的艾森豪威尔有些着急了。要在这种什么都没有的情况下训练几千名志愿兵，让他们学会操纵从来没有见过的坦克并不是一件容易的事情。在回忆录中，艾森豪威尔坦言："我当时的心情是焦急的，是暗淡的。"

为了完成任务，艾森豪威尔坚持了下来。他决定，无论如何要先稳定士兵们的情绪。为了调动士气，他命令士兵们在南北战争的旧战场上建造兵营。当时,战场遗址几乎被破坏殆尽,农民们已经在上面种植了小麦。艾森豪威尔费了很大的劲,查阅各种资料,总算把战场当年的情况搞清楚了。在很短的时间内,一个崭新的兵营便在一片麦地上建立了起来。整齐的帐篷、充足的食品和燃料让士兵们个个充满斗志,随时准备奔赴战场。在艾森豪威尔的领导下,他们甚至还建立了一所通讯和汽车学校。

二战期间,在参观美国军队的射击训练时,艾森豪威尔和丘吉尔试射新式的温彻斯特卡宾枪。盟军最高统帅部的布雷德利将军在一旁装弹药。

到1918年6月中旬,艾森豪威尔已指挥10000名士兵和600名军官了,但依然没有一辆坦克。艾森豪威尔跑到了华盛顿,去同陆军部纠缠,要求拨给部队几门老式的海军加农炮,供士兵们操练使用。陆军部的高级军官们经不住艾森豪威尔的纠缠,总算答应了他的要求。

在士兵们学习操纵加农炮之时,艾森豪威尔又设法搞到了一些机枪。他对士兵们的训练极为严格,要求每一名士兵都要熟练掌握机枪的性能。不久,士兵们蒙着眼睛都能拆装机枪了。为了模仿实战,艾森豪威尔把机枪安装在平板卡车上,教士兵们在活动的平台上进行射击。就这样,这支没有一辆装甲车的装甲部队对坦克的性能便有了一些初步的了解。

像所有的军官一样,艾森豪威尔也遇到士兵偷偷跑出去喝酒的事情。他发现城里有一个酒馆老板总是违犯禁令,私下卖酒给士兵。艾森豪威尔找到了这个老板,警告他以后不准再这样做了。那老板倒是一个明眼人,一看就知道艾森豪威尔是一个在工作上十分较真的人,岂敢怠慢!他当即便答应艾森豪威尔,以后再也不卖酒给士兵了!艾森豪威尔宽恕了他。

不久之后，艾森豪威尔仍然发现有不少士兵在晚上都喝得醉醺醺的。于是，他便暗中查访，看看酒是从何而来。结果，艾森豪威尔惊讶地发现，卖酒给士兵们的仍然是那个不知死活的小老板。艾森豪威尔暴跳如雷，立即命令部队包围了那家酒馆。

如此一来，不但士兵们不敢来买酒了，就连当地居民也不敢来了。酒馆老板的生意大受影响，他不敢怠慢，当即便找到了当地的议员，去跟艾森豪威尔交涉。无论他们怎么说，艾森豪威尔就是不同意撤走部队。

那位议员威胁说："我们是有办法的。我们可以到陆军部去，如果你一意孤行的话，我就不得不考虑建议陆军部撤换你的问题。"

艾森豪威尔举起双手，做了一个无所谓的表情，愣愣地说："悉听尊便！把我撤掉那是最好不过的事了，我正想到欧洲去呢！如果他们撤掉我在这里的职务，说不定我就可以到海外去了。"

那名议员把艾森豪威尔派兵包围酒馆的事情上报到了陆军部。出人意料的是，陆军部助理部长不但没有责怪艾森豪威尔，还表扬他为士兵们的利益作出了不懈的努力。

艾森豪威尔训练坦克部队卓有成效的工作，引起了陆军部的注意。1918年6月17日，陆军部授予艾森豪威尔少校军衔。

妻子玛丽对这个新兵营的生活并不感兴趣，但她还是前来陪伴着丈夫，并热心地支持他的工作。由于成立装甲部队是一种全新的试验，米德兵营吸引了各种重要人物，如议员、高级军官和工业界人士等。艾森豪威尔在葛底斯堡学院租了一幢房子。房子原来是大学生联谊会的会址，十分宽敞。艾森豪威尔便在这幢房子的前院招待客人。玛丽热情地帮助丈夫招待这些重要的客人们。吃完晚饭，她还会弹弹钢琴，唱一些流行歌曲，给大家助兴。艾森豪威尔则和军官们侃侃而谈，他们聊坦克，聊战争，聊军人的使命。

当时，美国还没有掌握制造坦克的技术。世界上第一个制造出坦克的国家英国给了美国很大的帮助。和第一批三辆雷诺坦克一起抵达的有两名作为顾问的英国军官。这三辆坦克和两名顾问被安排在了艾森豪威尔的部队。因此，艾森豪威尔对坦克有着很深的研究，他对美国能够顺利地生产出第一批坦克起了关键作用。他曾在《步兵杂志》上写道：

"坦克尚处于幼年阶段，但它们已经在技术改进方面向前迈出了一大步。它们在这方面还可以作更多的改进。我们应该把动作迟钝、拙劣的战车忘掉，行动迅速、具有强大杀伤力的坦克很快就会取代它们。"

1918年10月14日，艾森豪威尔迎来了28岁生日。在这一天，陆军部授予他中校（暂编）军衔，并命令他于11月18日启程去法国指挥一支装甲部队。艾森豪威尔兴奋异常，马上把妻子玛丽和儿子艾基送上了去丹佛的火车。随后，他便去纽约为他的部下作好启程的准备，保证部队准时开赴欧洲战场。

还没等他准备好，欧洲便传来德国已经于11月11日签订了停战协定，向协约国投降了。第一次世界大战就这样结束了，艾森豪威尔非常沮丧，他几乎不相信自己遇上了这种事，竟然在历史上规模最大的战争中失去作战机会。他不知将来儿子问起他在战争中做了些什么时，该怎样回答。他不止一次想象同僚们在班级联谊会上谈论战争经历和战功时，他只能在一旁默默地坐着。

每当想到这些，艾森豪威尔便觉得自己的运气坏透了。有一次，他遇到了一位曾远赴法国参加第一次世界大战的年轻军官。那军官不停地抱怨在法国得不到晋升机会。艾森豪威尔马上跳起来，怒气冲冲地打断他说："好了，你到过欧洲，参加过第一次世界大战，这些就已经足够了！"

1919年，韦尔伯恩上校提名授予艾森豪威尔一枚优秀军功勋章。奖章直到1922年才颁发下来。陆军部表彰令如是写道："艾森豪威尔中校表现出了突出的预见才能，以及对远涉重洋作战的坦克军团全体人员进行组织、教学和训练方面的行政管理能力。"

四

突如其来的变故

第一次世界大战结束之后，军方立即动员士兵退伍。和大部分军官一样，艾森豪威尔的主要工作也是动员自己部队的士兵和军官脱掉军装。为了节约军费开支，这次办理退伍工作的速度非常快，在短短的6个月时间里就有2608218名士兵和128436名军官领到了退伍证。到1920年1月1日，美国军队的现役人数已经恢复到了战前的水平，仅有13万。

随着军队规模的缩减，大部分军官的军衔也降了下来。1920年7月30日，艾森豪威尔的军衔被降为上尉。三天之后，陆军部又将其军衔擢升为少校。此后，艾森豪威尔保持这个军衔长达16年之久。

20世纪20年代被誉为资本主义世界的"黄金时代"。美国作为一个年轻的资本主义国家，其经济更是蓬勃发展。人们的生活水平有了很大的提高。艾森豪威尔的兄弟们个个事业兴旺，全部跻身上层社会了。但艾森豪威尔在这段时间里却默默无闻地生活着。但他却很满足，他随遇而安，集中精力尽其所能地完成自己份内的各项任务，余下的时间便是当橄榄球教练，或者纵情玩乐。

妻子玛丽也十分满足，她与丈夫相亲相爱，经常一起高高兴兴地去参加社交活动。儿子艾基更是他们的骄傲。小艾基活泼、健壮，是父母的心肝宝贝，士兵们也将他奉为吉祥物。他们给他买了一套坦克服，配上外衣和进口的帽子，带着他去观摩军事演习。艾基也十分喜欢这种疯狂的活动。

每天下午，艾森豪威尔都会带儿子到球场上去看橄榄球队的训练。每当看到双方扭打在一起的时候，小艾基便会在边线附近大喊大叫，高兴得手舞足蹈！碰到阅兵式的军乐队和军旗经过时，身穿小制服的艾基也会学着父亲的样子立正敬礼。他一本正经的样子把士兵们都逗乐了！

1920年年末，艾森豪威尔一家打算好好地欢度一下圣诞节。玛丽到纽约购买圣诞礼物，她还特意给儿子买了一辆玩具货车。艾森豪威尔则留在驻地装饰圣诞树。就在全家高高兴兴地准备过圣诞节之时，艾基病倒了。经过医生诊断，艾基染上了猩红热。这种可怕的病症是女仆传染给艾基的。这个女孩是当地人，曾经患过猩红热，但她在应聘女仆这个职位的时候隐瞒了这一事实。

艾基病倒之后，艾森豪威尔难过极了。他想起了自己的五弟因患猩红热夭折的情景。他立即从约翰·霍普金斯医院请来了专家。由于当时还没有抗生素这类药，医生对猩红热这种病也是束手无策。医生告诉艾森豪威尔："除了祈求上帝之外，我们毫无办法。"

医生将艾基隔离了起来，不准许艾森豪威尔走进他的房间。伤心欲绝的艾森豪威尔坐在儿子的房门外，透过窗户观察着儿子的情况。妻子玛丽也病倒了，卧床不起。每天下班之后，艾森豪威尔便会冲进医院，去陪着妻子和儿子。

1921年1月2日，新年刚过，艾基便因猩红热不治身亡了。儿子的夭折是艾森豪威尔一生中经历的最大的打击之一。他在晚年如是写道："这是我一生中最大的不幸与灾难！我从来没法彻底忘掉这件事情。"

玛丽在回忆这段经历的时候也说："有好长一段时间，艾克生活中似乎失去了光明！在此后的岁月中，对这些忧郁寡欢日子的回忆，始终是留在他心底的隐痛，好像从来不曾减轻过。"

在临终之前，艾森豪威尔还吩咐后人，一定要把他们夫妇的遗体和艾基同葬在一个墓穴之中。由此可见，艾基的夭折对艾森豪威尔夫妇的生活有多大的影响。从此之后，每逢艾基的生日，艾森豪威尔都会给玛丽送花，以抚慰妻子受伤的心灵。实际上，经过这次突如其来的灾难之后，艾森豪威尔夫妇的感情也受到了一定的影响。尽管他们都极力抑制着自己，但仍然不可避免地怪罪自己和对方，如果不雇用那个女仆就好了，如果他们把她仔细地检查一番就好了，如果……但是，生活中没有那么多如果。

艾森豪威尔在此时曾申请调往巴拿马。或许，他想到异国他乡去安抚自己的心灵。事情是这样的。1920年秋季，后来成为美军著名将领的巴顿在米德兵营的住处举办了一次星期日宴会。

巴顿于1885年出生于加利福尼亚的加布里尔，1909年从西点军校毕业。美国参加第一次世界大战之后，他曾远赴法国，担任美国远征军司令潘兴将军的副官。1919年秋季，他奉命来到米德兵营，并结识了比自己小5岁的艾森豪威尔。两人成为了不错的朋友。艾森豪威尔应邀参加了这次宴会，并结识了对他的一生影响甚大的康纳将军。

康纳是一位富有的密西西比人，于1898年毕业于西点军校，曾在法国担任过潘兴的作战军官。艾森豪威尔结识他的时候，他正在华盛顿任潘兴的参谋长。当时，潘兴仍统率着美国远征军的剩余部队，这是一支保留下来的独立的军队，所以潘兴不必再受陆军参谋长佩顿·马奇的领导。

艾森豪威尔在见到康纳之前就听说过他，因为他被誉为美军中最有风度的人之一。康纳将军和他的夫人确实是温文尔雅之人，他们说话细语轻声，彬彬有礼。他们特别喜欢与年轻的军官和他们的夫人们在一起。艾森豪威尔和玛丽几乎在见到康纳夫妇的一瞬间就被他们迷人的风度给吸引了。

宴会结束之后，康纳请巴顿和艾森豪威尔带他参观一下坦克，并向他说明他们对这种未来的武器的看法。当时，大多数高级军官对坦克这种新型武器都没有多大兴趣，认为军队取胜的诀窍仍然是骑兵与步兵的协同。因此，艾森豪威尔和巴顿的工作并不受重视。但康纳却给了他们极大的鼓励。

受到了康纳的鼓励，艾森豪威尔在《步兵杂志》上发表了有关坦克战的文章。他在文章中大力推崇这种未来的武器，引起了陆军部一些高级将领的不满，因为那些将领大都是步兵出身。康纳将军对艾森豪威尔的见解倒是十分欣赏，想帮助艾森豪威尔渡过难关，但却毫无办法，因为他并不了解陆军部高层中的内幕。

不久，康纳对艾森豪威尔说："我已经接到新任命，马上要到巴拿马去指挥一个步兵旅，你是否愿意到我那儿担任主任参谋？"

艾森豪威尔当然愿意到巴拿马去供职了。找一个与自己的意见一致的上司对年轻军官来说实在太重要了！他马上回复康纳说："我很愿意在你的麾下供职。"

于是，艾森豪威尔便去见了要塞司令塞缪尔·罗肯巴克将军，请求调动。罗肯巴克将军对坦克部队这种新生事物也没有多少好感，他并不重视艾森豪威尔在坦克作战方面的研究，但对他一手橄榄球绝技却十分看重。他想手里有一支能赢球的橄榄球队。艾森豪威尔在1919~1920年当教练时，像过去一样，成绩出色。罗肯巴克将军打算让他继续留在这个岗位上。于是，他便以手下有经验的校级军官不多为由，拒绝了艾森豪威尔的请求。

家庭的变故和工作上的不顺利让艾森豪威尔失去了往日的激情。1921年秋，他重新担任橄榄球教练，玛丽在军营里照常参加各种活动。但他们却很少再像过去那样款待宾客了。他们与人往来时也更多地注意礼节，而亲密、热情则不足。艾森豪威尔因为令人厌烦的工作，加上看到艾基的遗物，触景生情，更是悲痛不已。他不顾一切地要离开米德兵营。他多次向罗肯巴克递交申请，希望能把他调到利文沃思堡的步兵学校去。但罗肯巴克始终不同意。

第四章

在海外服役的生涯

一
亦师亦友的康纳

1921年赛球季节结束后，艾森豪威尔终于交上了好运。潘兴将军被接替威尔逊担任总统的哈定任命为陆军参谋长。上任之后，他便想尽一切办法来提拔自己的心腹康纳。既然康纳将军如此欣赏艾森豪威尔，艾森豪威尔又十分想离开米德兵营，何不做个顺水人情呢？于是，潘兴将军便给米德兵营下达了命令，让艾森豪威尔马上到巴拿马运河区的盖拉德兵营第二十步兵旅报到。

1922年1月，艾森豪威尔和妻子玛丽抵达了巴拿马。巴拿马的生活条件很差。他们的新住宅是一座已经长达10年没有住过人的木结构的二层小楼。房间里到处散发着霉味，给人一种凄凉之感。玛丽雇了一个佣人，好不容易才把房间收拾出来。在回忆那幢小楼之时，玛丽如是说："那简直就是一座棚屋，而且比棚屋脏一倍。"

在巴拿马不用花什么钱，那里的东西都很便宜。当然，在物资匮乏的巴拿马要想买到合适的东西也不是一件容易的事情。玛丽不得不亲自去采购各种食品，并指导佣人如何烹调食物，如何做家务事等。

康纳与艾森豪威尔两家比邻而居。每天有空的时候，玛丽都会去拜访优雅的康纳夫人。康纳夫人非常喜欢温柔的玛丽。她们两人很快就成为了亲密的朋友。玛丽将她当成了自己的知己与顾问。每当和丈夫吵架的时候，她都会向康纳夫人倾诉。

当然，康纳夫人每次都会尽力安慰她，给她提提建议。有一次，康纳夫人建议她说："嗨，玛丽，你该把头发剪短些，换上一套新风格的服饰，把自己装扮得活泼些。"

玛丽问道："您的意思是我应该迷住他？"

康纳夫人笑着回答说:"对,我就是这个意思,迷住他!"

在康纳夫人的开导之下,玛丽逐渐从丧子之痛中走了出来,与丈夫之间的情感隔阂也逐渐消失了。玛丽又恢复了往日的风采!

艾森豪威尔和康纳将军之间也发展出一种亦师亦友的关系。巴拿马运河区的防务工作并不是很繁重。他们工作的重点是保持丛林小道交通网的畅通,以便部队和负重的马匹可以通过。工作之余,他们俩经常骑马穿越丛林,晚上打开铺盖席地而卧,围着篝火闲聊。周末的时候,他们还会带上夫人,一道去钓鱼,一道举办篝火晚会……

艾森豪威尔也逐渐从丧子之痛中走了出来,夫妻之间的感情也恢复到了新婚时的水平。1923年8月3日,他们的第二个儿子约翰出生了。家里的笑声越来越多了!艾森豪威尔的家再次成了年轻军官们的俱乐部。

与康纳将军的交往,使艾森豪威尔获益匪浅。根据将军的推荐,他阅读了大量的军事著作,尽量减少西部小说和低级杂志的阅读量。为了使艾森豪威尔深思阅读过的内容,康纳将军会在他读完一本书后,跟他进行长时间的交谈。艾森豪威尔在青少年时代就十分喜欢军事史,如今重新拾起来更是爱不释手。他读内战时期将军们的回忆录,与康纳讨论格兰特和谢尔曼以及其他将领所作的决策。

康纳将军总是喜欢用各种假设来激发艾森豪威尔的思考。他经常问,假若他们不这样或那样做,结果将会如何?还有别的选择吗?

渐渐地,艾森豪威尔的阅读范围并不局限于军事史或将军们的回忆录了。他更加渴望那种从理论上对自己进行指导的书籍。他甚至把克劳塞维茨的《战争论》通读了三遍。这是非常了不起的事情。因为克劳塞维茨的《战争论》是一部十分枯燥的纯理论书籍。

随着艾森豪威尔理论知识的提升,康纳与他讨论的范围也扩大了,并不仅仅局限于对过去的假设了。他们讨论得最多的是对未来的预测。第一次世界大战结束之后,在英法等国的主导之下,协约国与德国签订了《凡尔赛条约》。

康纳将军预测,由于《凡尔赛条约》的局限性,20年后将会再次爆发一次世界大战。届时,美国将和盟国一起作战。他对艾森豪威尔说:"对此,你要做好准备。"

上将总统 艾森豪威尔

为了艾森豪威尔的前途，康纳将军还建议他想方设法在乔治·马歇尔上校的手下工作。康纳将军和马歇尔曾共同在潘兴的司令部工作过。他对马歇尔的评价很高，认为他是一个十足的军事天才，在未来的战争中肯定可以一展身手。艾森豪威尔跟着他定然也会飞黄腾达！

在康纳将军的要求下，艾森豪威尔每天都要写一份野战命令。虽然当时并没有战事，但康纳将军的用意是十分明显的。他要把艾森豪威尔培养成一个出色的作战部队指挥官。这一点对艾森豪威尔日后的发展起到了重要作用。

在巴拿马工作期间是艾森豪威尔在军事理论上进步最快的三年。他对康纳简直可以说达到了崇拜的程度。多年之后，他回忆这段经历时说："我就像进了一所军事问题研究院……在一生中与许多伟大而又善良的人相处中，他是让我得益匪浅的、最感激的一位人物。"

康纳将军的夫人在描述当时的情况时也说："我从来没有见过哪个人能比艾森豪威尔跟我的丈夫更加志趣相投了。他们在一起讨论过去和将来的战争，一讨论就是几个小时……艾森豪威尔不断说，我丈夫对他的影响超过他的其他一切上司。"

1924年秋，艾森豪威尔接到陆军部的调令，让其回国任职。康纳将军在艾森豪威尔的考绩报告中写道："他是我所看过的最能干、效率最高、最忠诚的军官之一。"

艾森豪威尔恋恋不舍地与康纳将军分别了，带着妻子和儿子又回到了阔别已久的祖国。令他沮丧的是，陆军部又把他派到了米德兵营，在只重视他的橄榄球技巧而不重视他的军事才能的罗肯巴克将军手下任职。好在这次任职的时间并不长，他便被调到了一个坦克营任指挥官。艾森豪威尔在坦克营任职期间向陆军部提交了报告，希望能到步兵学校深造。但陆军部并没有批准他的申请。

艾森豪威尔伤心极了。他在康纳将军的私人信件中提到了这件事情。不久，康纳将军在回信中说，无论陆军部在接下来给他下达什么样的调令，都不要提出异议，而要一声不响地接受下来。1924年冬，艾森豪威尔被调到陆军部副官署署长办公室工作，被派往科罗拉去招募新兵。尽管艾森豪威尔对此十分不满，但他还是按照康纳将军说的那样，不声不响地接受了下来。玛丽对这次调动倒是十分满意，因为科罗拉离丹佛不远，她可以有更多的时间跟父母和妹妹呆在一起。

其实，艾森豪威尔被调往副官署署长办公室工作是康纳将军的安排。他动用了自己在陆军部的一切关系，说服了副官署长官，让他把艾森豪威尔送到了被利文沃思堡的参谋学院学习。这所学校是总参谋部的直属院校，如果能以优秀的成绩毕业的话，其前途将不可限量。不过，艾森豪威尔在收到录取通知书的时候依然犹豫了很久。因为他没有上过步兵学校，而这又被认为是进入参谋学院的前提条件。于是，有人建议艾森豪威尔不要到参谋学院学习。如果到时候成绩很差的话，可能一辈子只能当一个橄榄球教练了。

艾森豪威尔再次将自己的顾虑告诉了康纳将军。康纳在回信中对他说："不要担心！你在巴拿马工作了三年，而且每天都要写一份野战命令。起草作战计划和命令对你来说简直成了你的天性！所以，你是我见过的最有资格进入参谋学院学习的人。"

康纳的回信坚定了艾森豪威尔的信心。他向从参谋学院毕业的巴顿那里借来了笔记和习题。做完了所有的题目之后，艾森豪威尔发现，康纳将军是对的，做参谋工作对他来说简直就是他的天性。

1925年夏，艾森豪威尔进入了参谋学院学习。一年之后，他以第一名的成绩从该校毕业了。要知道，同他一起学习的都是来自全军最优秀的军官，能在275名学员中取得第一名的成绩绝非易事！于是，陆军部和参谋部的一些高级军官在谈起艾森豪威尔时，都认为他是个有才能和有前途的军官。但艾森豪威尔并不幸运，他从参谋学院毕业之后，仍然未能受到足够的重视，被派往佐治亚州的本宁堡指挥一个营。但实际上却是让他去当橄榄球教练！

二

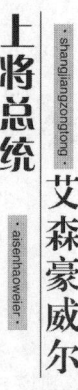

潘兴将军的赏识

就在艾森豪威尔为自己的遭遇愤愤不平之时，康纳将军再次向他伸出了援手。他把艾森豪威尔介绍给了潘兴将军。1924年，潘兴将军从陆军参谋长的位置上退了下来，担任欧洲作战纪念委员会主任。这个机构的主要工作便是编写第一次世界大战期间美军在欧洲的作战手册。工作虽然简单，但时间却非常紧迫，他们要在6个月的时间里完成任务。艾森豪威尔被调到了华盛顿，参与作战手册的编写工作。

艾森豪威尔在欧洲作战纪念委员会工作的时间虽然很短，但对其前途的影响却很大。此时，他最小的弟弟米尔顿已经成为农业部的助理部长，成为了华盛顿耀眼的政治新星。在弟弟的帮助下，他不但顺利地完成了作战手册的编写工作，还结识了政界的许多要人。

潘兴将军对艾森豪威尔的工作表现很满意。他称赞艾森豪威尔说："他不仅能够有效和及时地完成全部工作，而且在处理许多细节方面都表现出了卓越的才能，他所取得的成绩完全是因为运用非凡的智慧和恪守职能。"

不久，潘兴将军便将自己的回忆录拿给艾森豪威尔看，并让他提提意见。艾森豪威尔在写作上很有一套，他按照潘兴将军的要求改写了几章。潘兴将军看了之后非常高兴，认为比他原先写的要好得多！于是，他便把艾森豪威尔改写的部分拿给自己最信任的手下之一马歇尔看。马歇尔与潘兴将军一样，都是不苟言笑之人，但他们都十分欣赏有才能的下属。当他看完艾森豪威尔改写的部分之后，对这个已经37岁的少校很感兴趣。不久，马歇尔便来到了艾森豪威尔的办公室，跟他进行了第一次会晤。就这样，艾森豪威尔与马歇尔之间的交往便开始了。

为了奖励艾森豪威尔的出色工作，潘兴将军将其推荐到了麦克奈尔陆军大学深造。陆军大学与参谋学院不同，这里既不需要考试，也不需要努力读书，学生们的主要工作就是听取政府领导人关于世界形势的演讲。

由于麦克奈尔陆军大学也在华盛顿，艾森豪威尔依然和弟弟米尔顿保持着密切的关系。他的家也很快成为了军政界官员们聚会的场所。因此，这一段时间对艾森豪威尔来说，简直幸福极了。尽管他的职务依然是少校，但却结识了众多要人，而且生活也十分快活，简直就像度假一样。

1928年6月，艾森豪威尔从陆军大学毕业了。在康纳将军的推荐下，艾森豪威尔被派往了巴黎，编写第一次世界大战期间美军在欧洲的作战手册。这些作战手册比原先的要求更加细致。因此，艾森豪威尔走访了第一次世界大战期间的许多战场，熟悉了欧洲的地形和军事要塞的部署情况。这对他在第二次世界大战期间的指挥起到了重要的作用。

在巴黎的生活是非常幸福的。玛丽非常喜欢这个著名的浪漫之都，夫妻俩经常带着儿子到街头去感受巴黎的浪漫气息，到欧洲南部去旅行。6岁的约翰也在此时进入了美国儿童就读的麦克珍妮特学校念书。

一年之后，艾森豪威尔一家回到了华盛顿，住进怀俄明公寓。艾森豪威尔被派到陆军部助理部长办公室去工作。这个办公室的任务是制订下一场战争中美国工业和人员的动员计划。但是，当时无论是政府还是民间对这项工作都不重视，因为资本主义世界在这一年迎来了史上严重的经济大萧条。

持续的大萧条让无数美国人陷入了饥寒交迫之中。《幸福》杂志估计，除了农村1100万户正处于苦难之中的家庭之外，城市中也至少有3400万人没有任何收入。他们完全依靠微不足道的社会救济和可怜的储蓄度日。无数的人因为交不起房租被房东赶出了门外，组成了一支浩浩荡荡的流浪大军。那些有房子的人也有相当一部分因为交不起煤气水电费而被迫加入了流浪大军之中。

据估计，当时至少有几百万人露宿在丛林、公园、街头、车站。美国20世纪著名的作家托马斯·沃尔夫描述了他亲眼所见的景象："他们就像破木烂船一样，随处飘流，举目四顾，前途渺然。正派诚实的中年人贫穷劳累，满脸皱纹；青年男子满头长发，从不梳洗。他们穿城过镇，或是搭乘铁路上的货车，或是搭乘私人的顺风车。这些无家可归、走投无路的美国公民，走遍了整个美国。直到冬天来了，他们才在各大城市集中起来。忍饥受冻，四处碰壁，肚子空空的人们心烦意乱，辗转奔波。"

实际上，托马斯描述中的人们尚属于幸运者，他们至少保全了性命。当时有相当一部分人因为饥寒交迫而倒在了街头，从此再也没有站起来。

中产阶级情况也好不到哪里去。不少人因破产、失业等原因加入了赤贫的行列。他们失去了原先那种光鲜又有尊严的生活，不得不在朋友和熟人面前遮遮掩掩地过着窘迫的日子。实际上，朋友或熟人的日子也不比他好过！从前的体面、优雅、财富、尊严，连同羞耻感一起都被大萧条的飓风刮得荡然无存！

与城市贫民忍饥挨饿相比的是，农民生产出来的农产品却卖不出去。因为农产品的价格极低，连最基本的生产成本都赚不回来。奶农将挤出来的牛奶倾倒在了河里，因为将它们运到城里去的运输成本远远超出它们本身的价值；牧场主用枪把大部分牛羊都射杀了，然后扔进山沟，因为饲料价格太贵，而将牛肉、羊肉运到市场的运费甚至比这些肉还要贵；农民将玉米当成柴火烧掉了，因为这比把它们卖掉买煤要划算得多！

大萧条给美国带来了严重的危害，而且这种危害并不是短时期的，而是长期的。当时，美国的结婚率和人口出生率都大幅度降低，虽然离婚率并没有明显变化，但实际上名存实亡的家庭比比皆是，因为人们已经懒得去办离婚证了。侥幸出生的孩子都带有一个明显的特征，那就是身材瘦小，面黄肌瘦。大萧条给美国人的肉体和心灵上都留下了难以抚平的创伤！

在全国上下一致集中精力对付大萧条之时，艾森豪威尔的工作自然不会受到重视。时任美军参谋长的查尔斯·史沫莱尔将军便瞧不上艾森豪威尔和助理陆军部长莫斯利少将的工作。他禁止参谋部任何军官进入艾森豪威尔和莫斯利的办公室。但幸运的是，怀俄明公寓内的生活并没有受到大萧条的影响。艾森豪威尔一家的生活和大多数军官家庭一样，依然平静而又愉快。

约翰在学校里的表现相当不错，成绩也非常好。这让艾森豪威尔夫妇十分自豪。每逢星期日，艾森豪威尔便会开车带着妻子和儿子去拜访自己的上司们。拜访结束之后，他还要跟朋友们一起去打打高尔夫球。可以说，艾森豪威尔在20世纪20年代末虽然没有什么成就，但家庭生活却非常幸福。

1930年秋，道格拉斯·麦克阿瑟接替了史沫莱尔，出任参谋长。随着上层的人事更动，陆军部助理部长办公室又恢复了生机。麦克阿瑟出生于美国阿肯色州小石城的一个普通的陆军军营。他的父亲阿瑟·麦克阿瑟将军因参加南北战争获国会勋章。在父亲的影响下，麦克阿瑟也走上了军旅之路。1903年，他以第一名的成绩从西点军校毕业，并成为西点军校创办以来平均成绩最高的毕业生。

1917年，美国参加第一次世界大战后，各州国民警卫队抽调人员组成步兵第四十二师。麦克阿瑟出任该师参谋长，并晋升为上校，赴法国参战。麦克阿瑟声称，该师人员来自美国各地，犹如跨越长空的彩虹，故该师亦称"彩虹师"。1918年，麦克阿瑟因作战勇敢和指挥有方，被任命为第八十四旅准将旅长。同年11月，他又被任命为彩虹师代师长。

1919年，麦克阿瑟成为美国陆军史上最年轻的西点军校校长。1925年，麦克阿瑟晋升为少将，先后在亚特兰大和巴尔的摩任军长。两年后，他出任美国奥林匹克委员会主席，率美国代表队参加1928年在阿姆斯特丹举行的奥运会，并获得佳绩。陆军参谋长为此致电祝贺："你不仅获得了美国人决不撤退的美誉，而且获得了美国人深知如何获胜的光荣。"

奥运会结束之后，麦克阿瑟接到调令，被任命为驻菲律宾的美军司令。1930年8月，麦克阿瑟接受上将军衔，宣誓就任美国陆军参谋长。这参谋长一当就达5年之久。麦克阿瑟是莫斯利的好朋友，对他的工作给予了很大的支持！艾森豪威尔也由此结识了麦克阿瑟这位对他日后的军旅生涯影响甚大的前辈！

三

麦克阿瑟的助手

麦克阿瑟到任之后，立即对政府一再裁减兵员提出了反对意见。他认为，国际形势的发展再一次证明了条约是不可靠的，条约"对和平毫无保障可言"。为了摆脱经济危机和报仇雪恨，德国不断地试探英法等大国的底线，根本无视《凡尔赛条约》的存在。意大利、日本为了攫取殖民地和势力范围，也逐渐走上了法西斯的道路。这些都对世界的和平构成了严重的威胁！

在这种情况下，时任美国总统的胡佛和国会都不得不考虑麦克阿瑟的意见。于是，美国国会成立了战争政策委员会，研究"一旦发生战争时应遵循的政策"和"如何平均负担费用以及把战争损耗减至最低限度"。陆军部的动员计划显然是委员会关心的中心问题。于是，陆军部便让参谋长麦克阿瑟负责动员计划。

麦克阿瑟接到命令之后，立即将艾森豪威尔和莫斯利叫到了办公室，让他们马上着手进行这一工作。1930年底，他们提出了一个庞大的计划，内容包括对外贸易、征用工厂、成立专门的政府高级机构以对工业、人力、征兵和公共关系实行集中管理等。

在此之前，艾森豪威尔对美国工业的生产能力以及组织情况都不甚了解。经过和工业界的一些巨头接触之后，他发现，这些人都"直接反对"在战时征用一切产业的主张。这段时间的经历对艾森豪威尔了解美国的国情、经济实力、资本家的心态以及各界人士对战争的态度甚有帮助。

艾森豪威尔的工作能力，尤其是其行文流畅的写作能力很快引起了麦克阿瑟的注意。于是，他开始利用艾森豪威尔的才华，为自己起草一些演讲稿、信件和报告等。1933年，麦克阿瑟干脆把艾森豪威尔调到了自己的办公室，任命他为参谋长助理。麦克阿瑟在一份报告的批语中对这位助理备加赞扬道："亲爱的艾克：你完成的工作很出色，远比我本人写得精彩，深为感谢！"

1935年，麦克阿瑟的参谋长的任期届满，艾森豪威尔盼望着派他到野战部队中去服役。麦克阿瑟没有批准艾森豪威尔的申请。因为，美国国会已经于1934年通过了给美国的殖民地菲律宾以联邦地位的决议，承认菲律宾的自治地位。曾任菲律宾驻美国国会的常驻专员和参议院议长的曼纽尔·奎松当选为菲律宾总统。曼纽尔想组建一支属于菲律宾政府的军队，便邀请麦克阿瑟到马尼拉去当他的军事顾问。

麦克阿瑟接受了曼纽尔的邀请，并坚持要艾森豪威尔跟随他一起到马尼拉，继续当他的助理。组建新的军队是一项富有挑战性的工作，艾森豪威尔对此很感兴趣。再说，这项工作还可以给他带来额外的收入。根据规定，担任美军派遣任务可以领到双薪，不但国内薪金照领，还可以获得菲律宾政府支付的一份薪水。菲律宾政府每月支付艾森豪威尔980美元，而且承担他的一切生活费用。当时，菲律宾的消费水平很低，这样的薪水可以让全家在马尼拉过非常奢华的生活。于是，艾森豪威尔便决定跟随麦克阿瑟到马尼拉去工作。

1935年9月末，艾森豪威尔带着家人跟随麦克阿瑟一起登上了去旧金山的火车，并从那里搭船去马尼拉。在华盛顿工作的6年对艾森豪威尔来说没有什么可夸耀的，尽管他的工作获得了麦克阿瑟的肯定，但始终没有升过职，军衔依然是少校。

1939年1月，艾森豪威尔在48岁生日之后不久，写下了自己对幸福的理解。他说："只有在工作中觉得幸福的人，才能在家中、在朋友中感到幸福。所谓工作中的幸福是指工作的人必须清楚工作是值得去做的，工作适宜他的脾气，并最后适合他的年龄、经验和执行重要任务的能力。"

但艾森豪威尔在华盛顿工作的6年和接下来在菲律宾工作的4年都不符合这一标准。他的工作既没有带来什么好处，也不适合他的年龄和能力。后来的历史甚至证明他在菲律宾的工作是毫无价值的。1941年，日本军队轻而易举就战胜了他和麦克阿瑟一起辛辛苦苦建立起来的菲律宾军队。

麦克阿瑟与曼纽尔在商谈建立美国顾问团来领导组建一支菲律宾军

队时，曼纽尔问："将军，你认为菲律宾一旦独立，是否有能力保卫自己？"

麦克阿瑟满有把握地回答说："我认为菲律宾能保卫自己，实际上，我知道他们有这种能力。"

实际上，这不过是麦克阿瑟一贯侃侃而谈作风的延续而已。美军陆军部早已拟定了防御计划，假如日军发动对东南亚的进攻，美国就放弃整个菲律宾群岛。

在麦克阿瑟的指示下，艾森豪威尔和另外一位名叫奥德的少校给菲律宾军队制定了一项计划。麦克阿瑟看了之后，对他们的计划提出了异议，因为这项计划的预算太高了，已经超过了菲律宾政府所能承受的上限。他指示奥德和艾森豪威尔将预算缩减50%。

于是，艾森豪威尔和奥德少校便将原先根据军事原则制定的计划改得面目全非！如此一来，菲律宾军队就不得不放弃使用新式武器，仅凑合着使用老式美军步枪，炮兵部队也少得可怜！入伍士兵的津贴也削低到仅能买几盒香烟而已，军官的队伍也削减到了接近新兵队伍的水平。这样的部队对国防来说根本没有任何价值。

尽管将预算削减到了这种程度，曼纽尔政府依然无法承受。他通过麦克阿瑟转告艾森豪威尔和奥德，国防预算不能超过800万美元，他们必须再进行努力。于是，艾森豪威尔和奥德再一次修改了计划，将正规部队人数削减到军官930名和士兵7000名；应征入伍士兵训练时间，从一年减少到6个月，完全取消炮兵部队建制，武器弹药采购计划从10年延长到20年。这份计划终于得到了曼纽尔政府和麦克阿瑟的认可。但这样组建起来的军队甚至不能称之为军队，因为其战斗力几乎等同于零！

计划拟定之后，他们便开始着手组建部队。但工作进展却十分缓慢。他们同菲律宾人召开了无数次会议，但是讨论来讨论去，却很少付诸行动。艾森豪威尔在他的日记中写道："我们，至少是吉米（奥德少校的昵称）和我，已经明白，和我们打交道的那些菲律宾人极少履行他们的诺言。他们的智力并不低，但他们似乎习惯于接受行政工作程序的一切要求。会议期间，他们好像很了解需要做些什么，而且答应马上去办。会议结束之后，他们却什么事都没有做。"

就这样，组建部队的工作一拖再拖，几乎处于停滞状态。但麦克阿瑟却十分乐观。他于1936年4月下旬向曼纽尔政府提交的报告指出："进展已经超过原先的预期，在当今世界上，没有任何一个防御系统能在如此少的预算基础之上，能够向采取防御的人民提供同样的安全。"

麦克阿瑟甚至夸口说，他的防御系统完全建成以后，"将对任何可能的入侵者造成莫大的困难，甚至使最残酷和强大的敌人望而却步。"

艾森豪威尔

在还没有一个应征士兵报到、训练营根本没能建立之时，麦克阿瑟便夸下如此海口多少是不合时宜的。或许是在麦克阿瑟所夸海口的鼓动之下，曼纽尔很快就认为菲律宾能够成为东南亚的一个强国，完全有能力脱离美国的"保护"。于是，他便向美国国会提出，到1938年要给菲律宾完全独立的地位。麦克阿瑟也支持这一提案。

当然，美国国会是不可能允许菲律宾从美国的殖民统治之下完全独立的。时任美国总统罗斯福也因此与麦克阿瑟大吵了一架。麦克阿瑟是一个喜欢参与政治纷争的军官。他一向支持共和党，并视民主党为死敌。1936年是美国的大选之年，推行新政有功的罗斯福总统作为民主党的候选人，与共和党的总统候选人阿尔夫·兰登竞争下一届总统的宝座。麦克阿瑟坚持认为兰登定能以压倒多数取得胜利。

为了证明自己的预见，麦克阿瑟甚至对兰登获胜押下了好几千比索（菲律宾的货币单位）的赌注。同时，他还让曼纽尔政府做好迎接美国总统更迭的准备。当艾森豪威尔坚持说罗斯福将取得连任、兰登甚至在他的家乡都无法取胜的时候，麦克阿瑟竟然大声斥责他和另外一个副官说："你们都是眼光狭小的胆小鬼，不敢做出早已由手头的证据所证明的判断。"

结果，这一年的总统大选正如艾森豪威尔预见的那样，兰登在自己的家乡都没能取胜，成为美国历史上输得最惨的共和党人。罗斯福则以绝对优势获得了连任。政治和工作上的分歧让麦克阿瑟与艾森豪威尔之间逐渐产生了裂隙。

四

与麦克阿瑟的分歧

麦克阿瑟与艾森豪威尔之间产生分歧是不可避免的事情，两人的性格与经历差异实在是太大了。麦克阿瑟思维活跃，爱出风头，谈起话来侃侃而谈，颇有一副政治家的样子。而艾森豪威尔则言行谨慎，工作踏踏实实。另外，艾森豪威尔虽然工作出色，但一直没能在全国获得崇高的声誉。他在50岁之前最大的愿望就是能够获得上校军衔。但麦克阿瑟却不一样。从西点军校毕业之后，他一直都是美国的风云人物，在第一次世界大战中又声名鹊起，这多少让他产生了飘飘然之感。

1936年的一天，麦克阿瑟容光焕发，迈着欢快的步子走到了办公室。他对艾森豪威尔说，曼纽尔准备任命他为菲律宾陆军的元帅。与此同时，他还打算授予艾森豪威尔和奥德以将军军衔。

听了麦克阿瑟的话，艾森豪威尔脸色变得灰白。他说他绝不想接受这项任命。奥德少校也同意艾森豪威尔的意见。艾森豪威尔在日记中这样写道："拒绝接受菲律宾军队的军衔虽然有点不太积极，但无疑是正确的。许多驻扎在菲律宾的美国军官都认为，组建一支菲律宾军队的打算是十分可笑的事情。所以我们接受一支仍没能组建起来的军队的高级军衔，将有损于我们的努力。"

艾森豪威尔直率地对麦克阿瑟说："将军，你已经是美军的四星将军了。这是值得引以为荣的事情。这是只有少数几个人才能得到的。你为什么还要接受一个生产香蕉的国家授给你的元帅军衔呢？"

艾森豪威尔的话还没有说完，麦克阿瑟便打断了他。麦克阿瑟对他说："亚洲人极为注重级别和头衔。如果拒绝了这一任命，无疑会冒犯总统（指曼纽尔）。"

在艾森豪威尔看来，麦克阿瑟之所以接受菲律宾陆军元帅的军衔无疑是他自己想得到某种让人崇敬的光环。艾森豪威尔在回忆录中描述当时的麦克阿瑟说："他简直洋洋得意，心花怒放。"

艾森豪威尔和奥德少校拒绝了曼纽尔授予他们将军军衔的邀请。1936年7月1日，美军陆军部授予了他和奥德中校军衔。此时，艾森豪威尔已经46岁了，距离他从西点军校毕业也已经21年了。毫不夸张地说，他简直称得上是一个老中校了。

在艾森豪威尔得到中校军衔不久之后，麦克阿瑟便公开接受了曼纽尔政府授予他的陆军元帅军衔。他的这一举动在美国国内引起了极其强烈的反响。自由主义的批评家们群起而攻之，讽刺他是"菲律宾的拿破仑"、"香蕉园的独裁者"。

就这样，艾森豪威尔与麦克阿瑟之间的裂隙越来越大。之后，两个人在工作上也难以再像从前那样配合得天衣无缝了。1937年7月，在菲律宾对美国驻军提供军事预算问题上，艾森豪威尔再次与麦克阿瑟发生了争执。麦克阿瑟大发雷霆，臭骂了艾森豪威尔和奥德一顿。他说："我已经受够了参谋人员的自高自大和以自我为中心的态度！你们这些为所欲为的家伙，每个人只是自私地为自己着想。你们以为我离开了你们就不能工作了吗？"

艾森豪威尔在此时已经感到自己与麦克阿瑟之间的友谊荡然无存了。渐渐地，他产生了离开菲律宾，回国工作的念头。他在回忆录中写道："从这件事情起，我个人就明确地说过，我自己准备，并且愿意在任何时候回美国工作。"

1938年1月初，艾森豪威尔与麦克阿瑟之间发生了一次更为激烈的争吵。喜欢出风头的麦克阿瑟打算在马尼拉举行一次隆重的阅兵式，"让马尼拉市民亲眼目睹自己年轻军队的雄姿。"为此，他要求驻扎在各岛的部队召集到马尼拉城郊，并在那里住上三四天，组织市民去参观兵营。麦克阿瑟在决定做这件事情之前并没有同曼纽尔商量。显然，曼纽尔也不会同意这样做，因为这无疑会给贫穷的菲律宾带来沉重的财政负担。

当艾森豪威尔按照麦克阿瑟的要求进行准备时，曼纽尔召见了他。一见面，曼纽尔就问："艾森豪威尔先生，你能告诉我这是怎么回事吗？"

艾森豪威尔感到有些困惑，他反问道："总统先生，关于举办阅兵式的事情不是你和麦克阿瑟将军商量好的吗？"

曼纽尔不满地说："是吗？如果是这样的话，我可以立即和麦克阿瑟元帅通电话。艾森豪威尔先生,你可以回去了!"

当艾森豪威尔回到办公室之后,麦克阿瑟当着众人的面便质问道:"艾森豪威尔,你把阅兵的事情告诉了曼纽尔?"

艾森豪威尔回答道:"是的,将军阁下。我以为你已经同他商量好了。"

麦克阿瑟破口大骂道:"你这个混蛋,是谁给你的权力!你怎么可以不经我的同意在外面胡说八道呢!"

艾森豪威尔委屈地说:"将军阁下,与菲律宾领导人进行协调与沟通是我的工作。而且,我们一开始也是反对举办这项活动的。"

麦克阿瑟歇斯底里地吼道:"我并没有让你去筹办阅兵的具体事宜,我只是让你去了解一下情况而已!难道我不知道这样做会劳民伤财吗!告诉你,如果这件事情给两国带来了负面影响,你,艾森豪威尔将要负全部责任!"

从此之后,艾森豪威尔与麦克阿瑟之间已经没有丝毫友谊可言了。他多次向麦克阿瑟提交申请,希望能够离开菲律宾。但麦克阿瑟始终没有批准,他的理由很简单,菲律宾和他本人都需要艾森豪威尔。

艾森豪威尔是他与曼纽尔总统之间的联络官,是他办公室的管理者。他的演讲稿、信件和报告都需要艾森豪威尔来起草。尽管他对艾森豪威尔不满,但对他的工作却十分满意。他在艾森豪威尔起草的一份文件上写道:"艾克,无论在哪一方面,这份文件都非常出色。我看不出什么地方需要改动。用这样简单明了的语言就达到了目的,而又不至于引起歧义。"

在艾森豪威尔与麦克阿瑟发生了最大的一次争吵之后,奥德中校在一次飞行训练中因飞机坠毁而不幸身亡。艾森豪威尔在日记中写道:"所有的工作都落在了我一个人的肩上,但我的朋友不在了,一切都变得索然无味!"

与麦克阿瑟的分歧以及奥德中校的遇难都让艾森豪威尔想尽快离开菲律宾。无论他怎么申请,麦克阿瑟就是不批准。无奈之下,艾森豪威尔只好等待。按照美军陆军部的规定,军官在海外执行派遣任务满4年之时必须进行调动。因此,艾森豪威尔只要再等一年,麦克阿瑟就没有权力阻止他调动的申请了。

在离开菲律宾前一年,艾森豪威尔取得了飞机驾驶证。在第一次世界大战中,他没能如愿以偿地当上空军,这是他心中的一大遗憾。不过,取得飞机驾驶证多少弥补了他的这种遗憾。他掌握了复杂的飞行技术,飞行了300多个小时。他对自己的力量充满信心!有一次,他竟带着儿子约翰一起飞行。

· 第五章 ·

最抢手的参谋人员

一

返回美国

第一次世界大战之后，德国被迫割让大片土地，其中但泽被划归波兰辟为自由市，通往波罗的海的"波兰走廊"将原本连成一片的德国领土分成了两块，位于"走廊"之东的东普鲁士成了远离德国本土的"孤岛"。因此德国人一直对失去但泽和"走廊"地区耿耿于怀。希特勒上台后便发誓要报这一箭之仇，他以极快的速度重整军备，在短短的几年间就把德国从《凡尔赛条约》的受辱者变成欧洲最大的军事强国。

吞并奥地利和捷克斯洛伐克之后，希特勒企图用恫吓和军事两种手段，迫使波兰同意但泽自由市合并，并允许德国在"波兰走廊"建造一条治外法权的公路来连接东普鲁士和德国本土。波兰政府拒绝希特勒的所有要求，并于1939年3月30日得到英法的承诺，保卫波兰的国家主权。实际上，英法两国并没有对波兰领土完整作出任何承诺。

希特勒和他的亲信据此认为英法不会为波兰向德国开战，便决定对波兰采取军事行动。1939年4月28日，德国发表声明，终止了《波德互不侵犯条约》。随后，希特勒便下令德军总参谋制定了一项"闪击波兰"的作战计划。

5月，法国与波兰签定了一个协议，法国承诺会在波兰遭到入侵后15日内加入战争，援助波兰。8月25日，英国也与波兰签定了成为军事盟友的条约。但实际上，英法两国对法西斯德国依然抱有一丝幻想，不愿意相信德国会发动对波兰的战争。

1939年9月1日凌晨，德军大举越过德波边境，分北、西、南三路，向波兰首都华沙进逼。这是人类历史上第一次大规模的机械化大进军。德军轰炸机群呼啸着向波兰境内飞去，目标是波兰的部队、军火库、机场、铁路、公路和桥梁。德军趁势以装甲部队和摩托化部队为前导，以每天50～60公里的速度向前突进。德军闪击波兰，标志着第二次世界大战欧洲战事正式拉开了帷幕！

9月3日，英国首相张伯伦向法西斯德国发出最后通牒，要求德军立即从波兰撤军。当天上午，一群纳粹头目正聚集在柏林总理府内前厅。突然，一名翻译官从人群挤过去，径直走进希特勒的书房，口译了最后通牒的内容。当翻译完毕，希特勒沉默无言，好一会儿呆坐不动，然后，冲着一直强调英国不会参与这场战争的德国外长里宾特洛甫恶声质问："现在你有什么话说？"

里宾特洛甫默默无言地站在希特勒的对面，显得十分窘迫。纳粹第二号人物戈林在外面前厅里作了回答："如果我们打输了这一仗，那么求上帝保佑我们吧。"

就在这一天，英国和法国同时对德国宣战。但实际上，英法两国根本没有采取军事行动，他们违背了自己许下的"如果德意志帝国胆敢入侵波兰，英法联军将直捣鲁尔谷地"的诺言，屯重兵却躲在钢筋水泥的工事后面，眼睁睁地看着波兰独自抵抗着强大邻国的侵略。英法两国不过在外交上对德国加以谴责罢了，直到1940年5月10日，第三帝国才和英法爆发正式冲突。

从1939年9月1日到1940年5月10日，这段奇特的历史时期在德国被称之为"静坐战"，而其他国家则称之为"假战"。英法两国的"假战"助长了法西斯德国的侵略野心，同时也让自己在后来付出了沉重的代价。

战争对人类来说是一种莫大的灾难！在英法两国对德宣战的当天，艾森豪威尔在给弟弟米尔顿的信中说："英法两国已经被希特勒这个疯子逼进了死胡同。他们年复一年，月复一月地想极力安抚这个疯子，但是他们失败了。现在，他们只有通过战斗，才能走出来。对欧洲和整个文明世界来说，这是一个不幸的日子。当然，长期把这个世界称为文明世界似乎是荒谬的。如果这场战争打上几年的话，我相信残存下来的国家将很难辨出他们参战前的模样。"

战争才开始几个月，艾森豪威尔便深信，美国最终将不可避免地要卷入这场战争。于是，他决定返回美国。麦克阿瑟和曼纽尔一再挽留，曼纽尔总统甚至给了他一份签了名的空白合同，让他自己在薪水一栏上填上自己想要的数字。但无论他们怎么说，艾森豪威尔已经下定了决心。他对曼纽尔说：

上将总统 艾森豪威尔

"钱再多也不能改变我的主意,我已经决定把自己的一生献给我的国家和职业了。如果我担心的事情发生了,我希望我能在那里为我的国家奋战。"

1939年12月13日,艾森豪威尔带着妻子和儿子登上了开往美国的邮轮。在邮轮开动的一刹那,艾森豪威尔长长地叹了一口气。他在菲律宾呆了4年,这段时间对他来说简直就是一种折磨。现在,他终于可以回到自己的祖国了。尽管他不知道迎接自己的将是一种什么样的生活,但是他仍然兴奋不已。

艾森豪威尔夫妇

在船上,业已17岁的儿子约翰对他谈及了自己的理想。他打算像父亲一样,进入西点军校。艾森豪威尔的感情很复杂。一方面,他真心地替儿子感到高兴。另一方面,他也觉得约翰如果能成为律师、医生或商人的话,可能会有更大的发展。他以自身的经历向儿子说明了自己的担忧。自从进入西点军校以来,他一直呆在军队里,而且在过去的29年里,他的工作也受到了陆军部的认可,但依然只是一个中校。按照这样的速度,他可能要到1950年才能获得上校军衔。但那个时候,他已经60岁了,马上就要退休了。陆军部无论如何也不会授予一个即将退休的老军官以将军军衔的。

他的其他兄弟在地方上都得到了很大的发展。大哥阿瑟在堪萨斯首屈一指的堪萨斯市银行当副总裁；二哥埃德加是华盛顿州塔科马的知名律师，创办了一家很大的律师事务所；四弟罗伊在堪萨斯当药剂师；六弟厄尔在宾夕法尼亚当工程师；最小的弟弟米尔顿则是农业部的高级官员。

他说："在军队中，一个军官不管有多么优秀，也不管他的工作多么努力，但提升的机会都受到资历的严格限制。或许，你在地方上能有更大的发展。"

约翰不解地问父亲："既然如此，你为什么还要在军队里干下去呢？"

艾森豪威尔解释说："因为军队是一个很有趣的地方。在这里，我可以跟许多有能力，而且对祖国有着高度献身精神的人接触。尽管我对陆军部的晋升制度感到不满，但是并不为自己得不到晋升的机会而苦恼。尽自己最大努力去工作的人才会得到真正的满足。我的愿望是，让每一个我为他工作的人在我调动工作时而感到遗憾！"

回到国内之后，埃德加曾表示，他愿意资助约翰到大学去读书，学成之后到他的律师事务所工作。他甚至对侄子说："如果你有能力的话，我还可以全力支持你创办自己的事务所。"

此时的约翰已经不像多年的父亲那样，为了获得免费的高等教育而不得不选择军校，他有了更多的选择机会。但深受父亲影响的约翰谢绝了伯父埃德加的美意，毅然选择进入西点军校读书。他对父亲说："亲爱的父亲，每当你提起自己的军旅生涯之时，总是流露出满意的神色来，并且为自己能够同高尚而杰出的人交往而感到自豪。我的选择就是受你的影响，你使我定下了决心。我会和你一样，绝不会为了职位的升降而苦恼！"

听完儿子的话，艾森豪威尔感动得落下了泪水。约翰的选择无疑是对他29年来的军旅生涯最好的诠释！尽管他还没有实现自己的理想，但却感到十分满足。不久，约翰便考入了西点军校。他在入学考试时，获得了92分，名列第一。艾森豪威尔在给一位朋友的信中如是写道："约翰的这次成就，使我挺起了胸膛！现在，我每天跟玛丽谈论她的儿子之时，总有说不完的话！"

二

第十五团副团长

艾森豪威尔于1940年2月回到了国内。他被委派到加利福尼亚，担任第三师步兵第十五团副团长兼第一营营长。为了应对美国被卷入战争的潜在危险，美国开始扩军备战。从1939年到1942年，美军现役人数由19万扩充到了500多万。如此庞大的军队需要大量的军官进行训练，以提高部队的作战能力。艾森豪威尔的主要工作便是提高步兵第十五团的这支新编部队的素质，使之达到正规军的要求。

艾森豪威尔像着了魔一样，马上全身心地投入到了部队的训练工作之中。他一天工作长达18小时，每周工作7天。他制订训练时间表，给新任命的下级军官上课，领导野外演习，研究欧洲战场的战局，并将结果应用到训练部队之中。

他非常关心部队的士气。无论到哪里，他都发表演说，鼓舞士兵们的斗志，倾听他们的意见，并耐心、清晰、有条理地对他们解释，为什么必须这样或者那样去做。他始终相信，"士气既是最强有力的，同时又是最不易培养起来的。"艾森豪威尔不准许偏心或不关心士兵，他力图公正地对待士兵。

很快，艾森豪威尔就成为了在第十五团最受士兵欢迎的军官。和通常受到爱戴的指挥官一样，士兵中流传着有关他平易近人的故事。人们最爱讲的一个故事是他视察厨房时的情景。据说，有一次，他到厨房去视察。当他走过一堆牛肉糜时，为了判断其是否新鲜，他顺手抓起一把，亲自尝了尝。随后，他又抓了一个洋葱看了半天，也尝了尝。

主管厨房的军官看到此情此景，震惊地说："天啊，他真是一个硬汉子！"

就在美国积极训练新兵之时，欧洲的局势更加复杂了。1940年4月，已经与苏联联手击败波兰的德军开始大举侵犯挪威和丹麦，继而又在5月上旬征服了比利时和荷兰。经由马其诺防线终端挺进的装甲师越过阿登山脉的森林，突入法国境内。法军在德式闪电战的攻击和分割下迅速崩溃。

由于战事对英、法两国越来越不利，英国人民对战时内阁也产生了不满。5月8日，英国首相张伯伦感到自己无法继续执政，向英王提出辞呈，并建议由丘吉尔组阁。5月10日下午6点，英王召见了丘吉尔，令其组阁。3天之后，丘吉尔首次以首相身份出席下议院会议，发表了著名的讲话："我没有别的，只有热血、辛劳、眼泪和汗水献给大家……你们问：我们的目的是什么？我可以用一个词来答复：胜利，不惜一切代价去争取胜利，无论多么恐怖也要争取胜利，无论道路多么遥远艰难，也要争取胜利，因为没有胜利就无法生存。"

5月15日，丘吉尔致电美国总统罗斯福，担心德国将以惊人的速度征服欧洲，而意大利的法西斯党魁墨索里尼也将伺机劫掠。丘吉尔要求罗斯福宣布美国处于"非交战"状态，即不派遣武装部队直接参战，但提供一切必要的援助。在电文的最后，丘吉尔以近乎孤傲而悲壮的语调说："如果必要的话，英国将单独战斗下去。"

5月21日，直抵英吉利海峡的德军切断了匆忙赶来援助比、法两国的英国派遣军的进军路线。近40万英法联军被围逼在法国北部狭小地带，只剩下敦刻尔克这个仅有万名居民的小港可以作为海上退路。形势万分危急，敦刻尔克港口是个极易受到轰炸机和炮火持续攻击的目标。如果40万人从这个港口撤退，在德国炮火的强烈袭击下，后果不堪设想。

英国政府和海军发动大批船员，动员人民起来营救军队。他们的计划是力争撤离3万人。

对于即将发生的悲剧，人们怨声载道，争吵不休。他们猛烈抨击政府的无能和腐败，但仍然宁死不惧地投入到了撤离部队的危险中去。于是出现了驶往敦刻尔克的奇怪的"无敌舰队"。

这支船队中有政府征用的船只，但更多的是自发前去接运部队的人民。他们没有登记过，也没有接到命令，但他们有比组织性更有力的东西，这就是不列颠民族征服海洋的精神。

一位亲身投入接运部队的英国人事后回忆道："在黑暗中驾驶是危险的事。阴云低垂，月昏星暗，我们没带灯，也没有标志，没有办法辨别敌友。在抵达半路的时候，我们开始和第一批返航的船队相遇。我们躲避着从船头经过的船队的白糊糊的前浪时，又落入前面半昏不明的船影里。黑暗中常有叫喊声，但不过是偶然的喇叭声而已。我们'边靠猜测边靠上帝'地航行着。"

这支杂牌船队就在这样危险的情形下，在一个星期左右时间里，救出了33.5万人。这就是举世震惊的奇迹——敦刻尔克大撤退。敦刻尔克大撤退保存了英法联军的有生力量，为最终取得反法西斯战争的胜利创造了条件，不过也因为英国派驻法国的远征军丢弃了所有的的重型装备，也给英国本土的地面防卫造成了一定的危机。

6月10日，墨索里尼见德军已经逼近法国首都巴黎，也想趁机捞一把，也加入了战争。墨索里尼的加入让德军如虎添翼，法国被迅速击溃了。6月15日，巴黎陷落了。无计可施的法国总理雷诺随即向罗斯福求助，要求调来"遮天蔽日的大批飞机"。由于美国国内孤立主义势力的阻挠，罗斯福除了同情与愤怒之外，什么也做不了。

6月16日，罗斯福给法国总理雷诺的最后一封电报抵达了巴黎。但此时的雷诺已经是一筹莫展了，他不得不宣布辞职，由亲纳粹的贝当元帅出来组织新内阁。

6月22日，贝当政府于贡比涅森林在停战协定上签了字，宣布投降。就在这个地方，22年前法国人接受了德国人的投降。如今又轮到法国向德国投降了，历史发展让人多么的诧异啊！趾高气扬的希特勒也出席了签字仪式。他以轻蔑的神情注视着法国于1918年为庆祝胜利而树立的纪念碑，仿佛在说："1918年的仇已经报了。"

欧洲战局的紧张让艾森豪威尔更加确信自己的判断，美国迟早会卷入这场战争。于是，他更加卖力地训练部队，随时准备开赴战场。1940年7月1日，他在给西点军校的同学布雷德利的信中说："我当前过得非常愉快。像军队中的所有人一样，我们面临的工作和问题简直堆成了山！但这种工作十分有趣！……我想象不出还有比这更有趣的工作了。"

部队工作和野外生活让艾森豪威尔完全摆脱了在菲律宾所遭受的阴影。他精力旺盛，走起路来步履轻松，双目炯炯有神，声音深沉而洪亮，思维活跃，讲话滔滔不绝。他变得像年轻时代一样自信。因此，他更希望陆军部能把他放到更棘手的岗位上,以便对军队和国家做出重大贡献。

法国沦陷之后,希特勒便开始全力对付英国。1940 年 7 月,希特勒下达了全面入侵英国的"海狮计划"。这项计划旨在歼灭英国的空中力量,夺取制空权,给陆军大规模登陆大不列颠扫清道路。由于英国南部天气不稳定,德国空军最终在 8 月 13 日才得以实施这一计划。面对德军的大规模空袭,英军在丘吉尔的领导之下进行了猛烈的还击。

由于英军在不列颠空战中挡住了德军的进攻,而且还取得了几次胜利,这让许多美军军官从法国沦陷的震惊中恢复过来了。往日紧张的空气似乎荡然无存了,一切又返回和平时期懒散的老样子。当时,很多人都认为美国终究不会加入这场战争。但艾森豪威尔却不这样认为,他强烈地坚持说:"战争对美国的威胁比任何时候都要大,美国不可能置身事外。"

正是由于他的这些言论,人们不屑地赠送给了一个颇具讽刺性的绰号——危言耸听的艾克。艾森豪威尔并没有危言耸听,后来的历史证明,他的预见是正确的!

1940 年 9 月,时任第二装甲旅旅长的巴顿给艾森豪威尔写了一封信。巴顿在信中说,美军很快就要组建两个装甲师,这在军队历史上是第一次。巴顿毫不避讳地说,他盼望指挥其中的一个装甲师。同时,他还邀请艾森豪威尔到自己的部队里来工作。

艾森豪威尔在回信中说:"这太好了。我当然愿意在你的师中指挥一个团!不过,这对我来说可能是一种奢望,因为我差不多还有三年时间才能得到上校军衔。但是我想,我可以很好地指挥一个团。"

巴顿回信说:"我想请你担任参谋长,这是我所希望的!当然,你来当团长也可以。你可以告诉我,你愿意担任哪一种职务,不管怎样,我们在一起是会成功的。"

向艾森豪威尔发来邀请的并非巴顿一人。由于艾森豪威尔在全军中是一位享有卓越声誉的参谋军官,一些将军也向陆军部提出申请,希望能把他调到自己的师或军,担任参谋长。可以说,艾森豪威尔干起参谋工作来是得心应手的!但是他并不想当参谋,如果那样的话,他很有可能再次像 1918 年一样,失去参加战斗的机会。

三

最抢手的参谋长

艾森豪威尔想了许多办法,也给陆军部的朋友写了信,希望他们能够帮助自己,不要抽调他去做参谋工作。10月底,他向战争学院教官马克·克拉克中校透露,他的志向是在巴顿领导下指挥一个装甲团。

克拉克深受陆军参谋长马歇尔的器重。艾森豪威尔希望克拉克去见马歇尔,请他把自己调往装甲部队去。不过,他同时也意识到了,陆军部的官员可能会嫌他的军衔太低,不会同意这一请求。但艾森豪威尔表示"我不觉得把眼界放高一点有什么不好。"

在一个美国空军基地,艾森豪威尔正与刘易斯·布里尔顿空军少将和卡尔·斯帕茨中将(中)一起仔细检查进攻计划

虽然艾森豪威尔做了很大的努力,但还是没有逃脱陆军部对他的新任命。11月中旬,他收到了时任陆军参谋部作战计划处处长伦纳德·汤姆逊·杰罗准将的电报。杰罗在电报中说:"需要你到作战计划处工作。你是不是反对派往陆军部参谋部门任职。请速复。"

此时,艾森豪威尔因为患了严重的疱疹而住在医院里。这种严重的皮肤病很可能跟他担心被调去做参谋工作的焦虑情绪有关。艾森豪威尔在病床上给杰罗写了一封长信。他委婉地对杰罗准将说,杰罗用"需要"这个词是对自己工作的肯定,但他更加希望能够在作战部队工作。

于是，他请求杰罗收回这一任命，让他继续呆在第十五团。

驻刘易斯堡的第三师师长汤普森在此时也向陆军部提出了申请，希望派艾森豪威尔到该师担任参谋长。杰罗向马歇尔请示了关于对艾森豪威尔最新任命的问题。马歇尔很清楚艾森豪威尔的能力，最终决定把他派往刘易斯堡，给汤普森担任参谋长。

艾森豪威尔对新任命虽然不甚满意，但也无可奈何，他自我解嘲说，好歹是到作战部队去当参谋。玛丽对丈夫的新工作十分不满。在新任命下达之前，艾森豪威尔曾征求她的意见，问她是想到首都华盛顿去，还是到其他地方。出于对丈夫工作的尊重，玛丽并没有提出任何建议。但实际上，她想到华盛顿去生活。因此，她因没能去华盛顿而感到伤心。

抵达刘易斯堡之后，艾森豪威尔立即投入到了紧张的工作之中。像军队的每一个营区一样，建筑工程兵在紧张地构筑着工事，新兵也成千上万地到部队来报到。艾森豪威尔高效率地工作着，他的责任也因此加重了。

1941年3月，第九军军长凯尼恩·乔伊斯将军要求艾森豪威尔担任他的参谋长。第九军的驻地包括整个西北地区。新任命还没有下达，艾森豪威尔便迎来了令他最高兴的一次晋升。3月11日，艾森豪威尔被晋升为上校。他最大的志愿得到了满足。妻子玛丽和儿子约翰为他安排了一次庆祝会。他的同僚祝贺他，说过不了很久，他每一个肩膀上将会有一颗星星。艾森豪威尔在私下里对儿子说："去他的！你一得到晋升，他们便会去谈论另一次晋升。为什么他们不让人对他所得到的感到快乐呢？他们实在让人扫兴。"

艾森豪威尔并没有到第九军去当参谋长。因为仅仅3个月之后，他便接到了新任命。1941年6月11日，第三集团军司令沃尔特·克鲁格中将写信给马歇尔，要求派艾森豪威尔到第三集团军担任参谋长。他在信中说，他希望能派一个"高瞻远瞩，思想进步，对掌握一个部队这样的重要问题能够深刻了解，积极主动、足智多谋"的人来当参谋长，德怀特·艾森豪威尔便是这样的人。艾森豪威尔简直成了美军中最抢手的参谋长。

6月15日，马歇尔同意了克鲁格将军的要求，给艾森豪威尔下达了新任命。就这样，艾森豪威尔便带着妻子到了第三集团军司令部所在地休斯顿。他们抵达休斯顿的那天刚好是他们结婚25周年纪念日。艾森豪威尔用在菲律宾积攒下来的钱给妻子买了一块表面镶有钻石的白金手表。玛丽高兴极了，她后半生一直戴着这块表。让她高兴的另一个原因是，他们又回到了休斯顿。她跟丈夫便是在这里认识的。如今故地重游，又让她想到了过去那些美好的日子。

就在艾森豪威尔前往休斯顿之时，欧洲战局再一次升级了。从1940年底开始，德军在空袭不列颠的过程中，损失越来越大。英军的战斗机、高射炮等部队的英勇抗击让德军企图迫使丘吉尔政府向德国投降或与其合作的愿望落空了。从此之后，德军空袭逐渐由白昼转为夜间，而且规模和强度也逐渐减小，500架次以上的规模屈指可数。

疯狂的希特勒为了谋求德国所谓的"生存空间"，即土地和原料，早就将目标锁定在了东欧。纳粹这个万恶的种族主义企图将俄罗斯和其他斯拉夫民族的人加以杀害、驱逐出境、或奴役之，并将他们世代居住的土地抢过来给所谓的优等民族德国人居住。东欧不但土地广袤，人力、物力也十分充足。占领苏联之后，解除武装的苏联红军便能补充德国因战争而导致的劳工短缺。乌克兰这个土壤肥沃之地可以为德军提供大量的食物。更为重要的是，击败苏联之后，德军就可以将高加索地区所产的石油源源不断地运往德国，并以此来维持德国这个战争机器的需要，对抗英国。

实际上，德国和苏联之前所签订的《苏德互不侵犯条约》已经使得两国展开了大量的外交关系和贸易，苏联提供石油和原料给德国，而德国则提供高科技给苏联。两个国家看上去和平相处，十分友好。实际上，由于历史及意识形态的原因，两个国家之间的敌意仍然十分明显。

在空袭英国受挫之后，希特勒亲自制定了"巴巴罗沙"作战计划，准备入侵苏联。"巴巴罗沙"的意思是"红胡子"。"红胡子"是神圣罗马帝国皇帝腓特烈一世的绰号。腓特烈一世崇尚扩张与侵略，他曾6次入侵意大利，并指挥十字军东侵。

入侵苏联是危险的，一些军事和外交人员屡次劝告希特勒，应该先解决英国后再开辟对苏战场较为妥当。希特勒的决策通常与德军将领的建议相反，但直到制定"巴巴罗沙"之时，他的这些决策都取得了辉煌的胜利。因此，不但被他蛊惑的人认为他是政治和军事天才，就连他自己也认为自己是千年难遇的奇才。希特勒认为，经过斯大林在20世纪30年代末期的大清洗之后，大量具有作战经验的指挥员含冤而死，苏联红军的战斗力已经不值一提了。德军可以像闪击波兰一样，迅速对苏展开战争，并迅速结束战争。希特勒狂妄地认为在1941年的冬季之前一定可以攻下苏联全境，因此不必准备过冬物资，以抵御苏联寒冷的冬天。这在后来成为德军受挫的主因之一。

从1941年3月起，为了掩盖即将开始的对苏作战，德军对英国的空袭加强了。5月10日晚，德国空军主力对伦敦进行了最后一次大规模空袭，随后便暗中准备飞往东线，空袭苏联的战略目标。1941年6月22日，希特勒撕毁《苏德互不侵犯条约》，突然出动190个师，3700辆坦克，4900架飞机，47000门大炮和190艘战舰，兵分三路以闪电战的方式突袭苏联。

德军入侵苏联，让美国不得不考虑与他们一向反感的社会主义国家苏联联合起来，对抗法西斯德国。于是，作为美军总司令的罗斯福总统一方面积极与国内的孤立主义势力周旋，给苏联提供必要的物资援助，一方面命令马歇尔提高美军的作战能力。于是，在马歇尔的领导下，美军在1941年8、9月间举行了大规模的军事演习。

第三集团军与本·利尔将军领导的第二集团军在路易斯安举行了美军进入战争之前规模最大的一场演习。这场军事演习模拟了美国本土遭受进攻的情形。按照计划，第三集团军担任"侵略者"的角色，克鲁格率24万人从正面进攻第二集团军驻守的路易斯安那。利尔将军则率第二集团军的18万人"保卫"美国。

艾森豪威尔感到，他一展身手的大好时机来了。为了筹划这次军事演习，他几天没有合眼。他发现许多排、连级的军官根本不称职，既没有做好防范空袭的必要伪装，也没有做好交通运输的准备。于是，他花了很多时间，从一个单位跑到另一个单位，这里作指示，那里下命令。他用表扬来鼓励下级军官的士气，用批评来提高他们参与战斗的勇气。

在军事演习期间，参谋长的帐篷成了高谈阔论的场所。军里每一个人似乎都到这里来进行严肃的讨论，或者向参谋长发一通牢骚。艾森豪威尔总是欢迎他们，并认真地听取他们的建议。军官们对他的品格、他的鼓励，尤其对他的专业领导能力，都有良好的反映。艾森豪威尔在日后写道："在发完牢骚以后，他们工作做得更好，这使我常常感到惊奇。"

因此，艾森豪威尔在日后的工作中始终把虚心听取各方面意见，不断改进工作作为他的领导艺术的主要部分。按照艾森豪威尔制订的计划，第三集团军包抄了第二集团军，迫使其撤退。《纽约时报》军事记者汉森·鲍德温报道说："如果是真的战争，利尔的部队就被消灭了。"

《华盛顿巡礼》的专栏记者德鲁·皮尔逊和罗伯特也高度赞扬了艾森豪威尔的军事领导才能。他们说："是艾森豪威尔制定了击溃第二集团军的战略……他思想敏捷，精力非凡！对他来说，军队这一行是他最精通的一门科学。"

这次军事演习让艾森豪威尔"一战"成名。9月下旬，在克鲁格的推荐下，艾森豪威尔晋升为准将。他成了美军中年轻的老将军！之所以这样称呼他，是因为他此时已经51岁了，在准将中算是年龄很大的了，但他却又刚刚当上准将！

四

日军突袭珍珠港

日本与美国之间在第二次世界大战爆发之前就已经矛盾重重了。一方面，日本从 20 世纪 30 年代初就开始大举入侵中国，严重损害了美国在中国的利益；另一方面，两国为了争夺在太平洋上的利益，屡屡发生冲突。1941 年 4 月，在日美两国就太平洋上的局势展开谈判前后，日本陆续占领整个印度支那（今中南半岛），损害了美国在东南亚的利益，这进一步激化了美国与日本之间的矛盾。美英等国强烈要求日本从中国撤军并停止扩张，并以限制废钢铁和石油出口对日本进行要挟，迫使日本就范。

1941 年 10 月中旬，日本近卫文麿内阁遭到了前所未有的压力。一方面，日本国内有领土扩张野心的军国主义分子极力要求近卫文麿下台；另一方面，英美等国又极力遏制日本在亚洲称霸的野心。在这种情况之下，近卫文麿只好宣布下野，由好战的东条英机组织新政府。东条英机组阁极大地加剧了远东的僵持局面。

东条英机上台之后，为了安抚天皇，他于 11 月 5 日向华盛顿提出一项建议，这是日本作出的最后一次主动表示。如果在 11 月 25 日之前达不成协议，战争就会爆发。实际上，日本早就做好了同美国开战的准备。日本人也依照上次战争应为下次战争作准备的原则，打算一旦同美国发生冲突，就利用他们的舰队夺取菲律宾，攻打东印度群岛，然后在日本控制的中太平洋水域同挺进的美军一决雌雄。

不过，日本联合舰队总司令山本五十六却不同意这种冒险的行为。他看到了美国的工业实力，并断言如果不消灭在夏威夷水域的美国太平洋舰队，日本在同美国的战争中就没有获胜的希望。这个罪大恶极的战争贩子极力主张出动航空母舰对停泊在珍珠港的美国战列舰和航空母舰发动突然袭击。他向东条英机宣称，如果摧毁美国舰队，日本就能够迅速征服菲律宾、马来亚（今马来西亚联邦西部地区）和东印度群岛。然后他就可以退到从千岛群岛到澳大利亚边缘的牢固的防线后面，并且利用防线内的交通和供应线击退对这个屏障的进攻，直到西方国家被迫接受日本的所谓"大东亚共荣圈"为止。

正是由于有了山本五十六这个疯狂的计划，东条英机才敢于向美国提出最后一项建议。此时，他已经决定，如果美国不接受这项建议的话，就按照山本五十六的建议，袭击珍珠港，并将袭击的时间定为夏威夷时间12月7日。

日本人一边在谈判中与美国政府周旋，一边悄悄地向太平洋增兵。企图袭击珍珠港的日军海军也已经趁着太平洋的大雾天气，悄悄地溜到了北太平洋。11月27日，美国政府向美国驻太平洋部队司令部传达消息说："谈判已经破裂，预料日本将在随后几天内向菲律宾等地发动进攻。"

驻珍珠港太平洋舰队司令赫斯本德·金梅尔上将认为，夏威夷眼下不会受到威胁，因而没有命令部队全部位于戒备状态，没有安装防鱼雷网，也没有开始进行空中搜索。除了把飞机集中在机场以防破坏之外，金梅尔没有采取任何行动。实际上，如果他当时派出飞机搜索的话，很容易发现日军已经逼近了夏威夷水域。

造成这一疏忽的很大一部分原因来源于美国人对日本的轻视。他们认为，日本的军舰和飞机是模仿美国装备制造的，质量低劣；近视的日本飞行员不能击中目标。因此，他们绝不敢在谈判破裂之后进犯美国本土。就算是美日两国发生直接的军事冲突，战场也一定会在亚洲。一家小报甚至刊登了一篇文章，绘声绘色地描写了美国人如何用60天的时间战胜日本的假想。

11月底，情报机构提供的关于日本军舰动向的报告源源不断地送到了美国总统罗斯福的手中。通过已经破译的密码可以得知，东京外务省已经通知它的驻外使馆烧毁了外交密码。这表明日本即将与美国断交，但没有任何迹象表明日军即将袭击珍珠港。美国的情报机构为什么没有收到关于日本海军进攻珍珠港的任何消息呢？这主要是因为山本五十六下令，袭击珍珠港的日本军舰在整个航行期间绝对不准发报。实际上，美国军方在此时已经知道了日本军舰已经驶离港口，不知去向。但大部分人都判断，它在向南朝着新加坡的方向驶去。在内阁会议上，甚至有人乐观地宣称："日本舰队出海也许是进行演习。"

12月6日，罗斯福亲自向日本天皇裕仁呼吁和平。他在电报中说："我们两国都有恢复传统的和睦、防止人类进一步走向死亡和毁灭全世界的神圣义务！这不光是为了我们自己的伟大的国家和人民，而且也是为了邻邦的人民。"

就在罗斯福向日本天皇发出和平呼吁的同时，在距离珍珠港约370公里的中太平洋上，6艘挂着日本太阳旗的航空母舰掉头迎风行驶。183架轰炸机、战斗机从航母上起飞，朝着珍珠港的方向飞去。

12月7日清晨，珍珠港风和日丽。当天，美国太平洋舰队泊港舰只共86艘，其中战列舰8艘，巡洋舰7艘，驱逐舰28艘，潜艇5艘。瓦胡岛上各机场共停放飞机387架。舰上的水兵有的刚刚起床，有的在用早餐或在甲板上散步。

7点30分，一个水兵发现20架飞机向珍珠港飞来，他认为可能是进行演习的飞机而没有在意。稍后，有人看见一架飞机从北低空飞过福特岛，并听到一声爆炸，人们仍认为是一次什么事故。直到日机对美军机场和舰只实施集中突击时，珍珠港的美军才如梦初醒，看清了飞机的标志，发出了警报。福特岛美军司令部广播："飞机袭击珍珠港，不是演习！"

疯狂的日军对珍珠港实施了大规模的偷袭行动。日军这次作战组织严密，行动果敢，代价小，战果大，是战争史上成功的突袭战例之一。美军太平洋舰队损失惨重，总共有19艘军舰被击沉、击坏，其中包括太平洋舰队的全部作战舰只。除了军舰之外，美军损失265架飞机，士兵死亡2403人，受伤1187人。珍珠港事件成为美国军史上最严重的惨案。

日军在袭击珍珠港的同时，对东南亚展开了全面进攻。12月8日，日军在马来亚半岛东海岸三个地方同时登陆。在这一天，日军还对香港、关岛、菲律宾群岛、威克岛和中途岛等地展开了进攻。在马尼拉，麦克阿瑟将军领导的远东航空大队也遭到毁灭性的轰炸。

珍珠港事件的第二天，罗斯福发表了一通义愤填膺的演讲，要求国会通过他的提案，对日宣战。参议院没有像往常一样展开辩论，很快便以绝对多数通过了这一提案。就这样，美国在1941年12月8日正式对日宣战了。与美国同时向日本宣战的还有另外一个强大的国家——英国。次日，中国政府在与日本实际交战多年之后，正式对日宣战。紧接着，对日宣战的国家增加到了20多个。

德意日三国同盟条约的第三款规定：任何一方遭受攻击，其他方会尽全力协助，包括政治、经济和军事手段等等。根据这一规定，德国于12月11日对美国宣战，意大利也紧随其后。

美国直接介入到第二次世界大战中来极大地改变了战争的格局。至此，第二次世界大战中的阵营结构形成了。德国、意大利、日本三大轴心国及芬兰、匈牙利、罗马尼亚等国为一方，美国、英国、苏联、中国等反法西斯同盟和全世界反法西斯力量为另一方，在全球范围内进行了一场规模浩大的战争。

美英这两个西方最强大的资本主义国家同社会主义的苏联结成了同盟是第二次世界大战进程中重要的事件。美国总统罗斯福、英国首相丘吉尔和苏联最高统帅斯大林面对着严峻的形势，为了争取战争的胜利，都从不同侧面并以不同方式进行了不懈的、坚韧不拔的和真诚的努力！

日军偷袭珍珠港的消息传来，艾森豪威尔既兴奋又愤慨！兴奋的是，战争终于打响了。愤慨的是，日军居然采用了如此卑劣的手段，不宣而战，偷袭了美海军基地。

12月13日，陆军参谋长马歇尔的助手史密斯给艾森豪威尔打来电话。史密斯告诉他，马歇尔将军要他火速赶到陆军部报到。艾森豪威尔知道，他为国家献身的机会来了。作为一名职业军人，战争给他提供了一展身手的大舞台。当天下午，他便乘坐飞机飞赴华盛顿。由于气候恶劣，飞机在中途迫降在了达拉斯。然后艾森豪威尔转乘火车，经过堪萨斯城，转向东行，火车行驶在他30年前从阿比伦到西点军校去的同一条铁路线上。与30年前不同的是，那时他还是一个青涩的青年，而如今已经是一个饱经沧桑的中年人了。与30年前相同的是，他依然和年轻时代一样，有一颗炽热的爱国之心！

五

供职总参谋部

1941年12月14日早晨，艾森豪威尔抵达了华盛顿。他顾不上休息，立即来到了位于宪法大街军需大楼的陆军部。简单的寒暄之后，马歇尔便宣布了对艾森豪威尔的新任命——总参谋部作战处远东科科长。随后，他便向艾森豪威尔介绍起了太平洋的形势。由于珍珠港海军基地和菲律宾远东航空大队两支强有力的部队遭到了毁灭性的打击，美国及其盟国荷兰、英国在太平洋上处于劣势，日军则占了上风。

介绍完了这些情况之后，马歇尔隔着桌子向前探身，两眼望着艾森豪威尔问道："我们应该采取什么样的行动总方针？"

珍珠港事件后，这个墓地安葬着328名在袭击中丧生的海军士兵。弹奏着吉它和四弦琴，瓦胡岛的妇女们正在演唱传统的岛上歌曲《装饰着星星的旗帜》。墓地上堆满了鲜花。

艾森豪威尔吃了一惊。他刚刚来到,知道的情况比从报上了解到的多不了多少,他根本无法回答马歇尔的这个问题。稍加犹豫之后,他对马歇尔说:"请给我几个小时的时间。"

马歇尔回答说:"好吧。"

艾森豪威尔来到了参谋部作战处给他指定的办公桌前。坐定之后,他把一张黄色的薄纸放进了打字机,一边思考,一边用一个指头敲出了一行字:"需采取的步骤。"

敲完这几个字之后,他停了下来,头往后仰,靠在椅子上思索起来。珍珠港事件让美国的太平洋舰队遭到了毁灭性的打击,舰艇损失和人员伤亡都很大。虽然美国海军的航空母舰因当时不在那里而未受损失,但由于缺少军舰的护航,航母根本无法独自执行大规模的军事行动。况且,美国海军不得不防备日军乘胜攻击夏威夷或美国本土。因此,这些航空母舰都被留作侦察和防御之用,只有发生某种重大事件,才许调作别用。

在东南亚方面,美国在菲律宾的陆、空军总数为3万人,其中包括菲律宾侦察部队。这支部队虽然并入了美国陆军,但其士兵和某些军官则是菲律宾人,根本没有进行过卓有成效的训练,战斗力非常弱。此外,还有一部分美国士兵被编入了菲律宾师。但日军如若发动大规模的两栖登陆作战的话,这些部队根本无力阻止。况且,美军驻守在菲律宾的远东航空大队也遭到了日军猛烈的轰炸。这次打击也是毁灭性的。不过,除了麦克阿瑟之外,马歇尔和艾森豪威尔等在美国本土的军官都不知道具体的损失情况。

在考虑了敌我友各方的情况和军事实力后,艾森豪威尔判断,在当前情况下,菲律宾没有救了。从军事上来讲,美军比较明智的做法应当是将军队撤到澳大利亚,在那里建立起一个反攻基地,并设法增援菲律宾。当然,这一行动越快越好,否则的话,日军一旦全面占领菲律宾,麦克阿瑟领导的美军除了投降之外便毫无选择了。于是,艾森豪威尔便将自己的想法和建议用打字机敲了出来。

黄昏时分,艾森豪威尔来到了马歇尔的办公室,把书面建议呈了上去。他解释说:"我已经意识到,现在已经没有可能通过援助菲律宾让它击退日本的侵略了。不过,我们仍然要想尽一切办法来支援麦克阿瑟将军的部队。中国、菲律宾、荷属东印度（今印度尼西亚）的人民将注视着我们。他们能够原谅失败，但他们不会原谅放弃。"

马歇尔同意艾森豪威尔的主张，并继续看了下去。艾森豪威尔也继续解释说："将澳大利亚作为作战基地有很多优点。澳大利亚人讲英语，那里又有着现代化的港口设施，并且远在日本进攻范围之外。只要我们能够确保从本土西海岸到夏威夷再接着到新西兰和澳大利亚的交通线。我们必能在太平洋上打败日本。当然，在这方面，我们要万无一失。我们必须冒极大的风险，需要花多少钱就花多少。"

看完了书面建议之后，马歇尔抬起头，严肃地盯着艾森豪威尔看了一会儿，然后用温和的声音说："我同意你的意见。尽你所能去拯救他们吧。"

在艾森豪威尔离开马歇尔的办公室之前，马歇尔说："艾森豪威尔，陆军部里有许多能干的人，他们很能分析问题，但他们似乎始终觉得非把这些问题交给我作最后决定不可。这不是我需要的。我需要的助手是这样的人——他们可以解决他们自己应解决的问题，而且随后告诉我，他们干了些什么。"

十分明显，艾森豪威尔属于后者，正是马歇尔需要的助手！在随后的两个月中，艾森豪威尔想方设法地援助驻守在菲律宾的美军。这项工作是非常艰难的。一方面，由于美国缺乏战争准备，战略物资奇缺，根本没有多少东西可以送出去；另一方面，由于日军在东南亚的疯狂进攻和严密封锁，导致救援工作进展十分缓慢。

艾森豪威尔的首批行动是，从旧金山向澳大利亚的布里斯班进行了两次运输，命令两架泛美大型客机载着军人飞往澳大利亚，命令 15 架重型轰炸机从夏威夷转移到布里斯班。为了使一批急用的军事物资运往前线，他甚至不惜用 1000 万美元的现金在澳大利亚雇用私人船主，来突破封锁线，从澳大利亚驶往菲律宾。

在整整一个冬天，艾森豪威尔把增援物资源源不断地运到澳大利亚基地。到 1942 年 2 月 21 日，美国在海外的官兵总数超过了 24.5 万名，其中绝大部分集结在太平洋。此时，美军在太平洋的总兵力为 115877 名，其中还不包括驻守在阿拉斯加和阿留申群岛的 29566 名官兵。在加勒比海的驻防部队为79095人。在欧洲战区，当时只有3785名官兵。

尽管他做了大量的努力，但菲律宾的形势正如他预料的那样，朝着对美军越来越不利的方向发展。1942年1月2日，日军攻占了马尼拉。疯狂的东条英机随后便命令日军南方军司令向巴丹半岛发动进攻。

由于兵力不足，日军向巴丹进攻的势头被暂时遏制了。但美军和菲律宾军队的情况也面临着即将崩溃的局面。后勤保障成了部队面临的第一大难题。前线部队每天的口粮只有平常的三分之一，饿着肚子的官兵们士气低落到了极点。艾森豪威尔几次想突破日本海上封锁线向巴丹和科雷吉多尔运送给养，但均遭到了失败。由于缺少饲料，战马都瘦得站不起来。无奈之下，骑兵们只好含着眼泪把自己的坐骑杀了吃肉。

巴丹是世界上疟疾最猖獗的地区之一。由于饥饿和疟疾，兵员身体虚弱，仅3月份第一个星期就有500多人患疟疾住院。医生们担心疟疾即将大规模流行，但他们也无能为力，因为用于治疗的药品已经告罄。

一股致命的无可奈何的情绪随即在前线散兵坑里滋长起来。疲惫不堪、饥肠辘辘的美国大兵们用粉笔在头盔上划了"V"字。在这里，"V"字不代表"胜利"（victory），而是代表"炮灰"（victim）。昼夜战斗，已经把大兵们的锐气和精力消磨光了。

为了尽快解决菲律宾战场的僵持局面，东条英机于3月间又增派两个步兵师团和两个炮兵团对麦克阿瑟领导的军队展开了新的进攻。此时，美军在菲律宾的失败已经无法避免了。为了保全面子，免得让麦克阿瑟将军当了日军的俘虏，艾森豪威尔以总参谋部的名义起草了一项命令，经罗斯福总统批准发到菲律宾前线，命令麦克阿瑟把军队交给其部将温赖特中将指挥，让他自己到澳大利亚去担任新成立的西南太平洋地区盟军总司令。3月11日晚，麦克阿瑟悄悄离开了菲律宾。

4月2日，5万名日军在夜幕的掩护下开始集结待命，准备发起更大的攻势。在他们后边，150门大炮随即向美军阵地倾泻了大量的炮弹。此时，在78000名饿得发慌的美军和菲律宾军士兵之中只有27000人被认为是"有战斗力"的人员。实际上，即便是这27000人也大多因为患过疟疾而身体虚弱，根本无力抵抗日军的进攻。

在日军咄咄逼人的攻势下，吕宋部队司令爱德华·金少将于4月9

日率部投降。76000名美军和菲律宾军作了日军的俘虏。科雷吉多尔要塞守到5月6日。到了7日深夜，美远东军司令温赖特将军通过马尼拉电台命令菲律宾所有的美、菲军队无条件投降，拒绝投降者以逃兵论处。至此，日本帝国主义侵占了菲律宾所有重要的城镇和港口。

面对美军在菲律宾的悲惨处境，艾森豪威尔痛苦不已。在这支美国驻军中，他个人有很多亲密的朋友，而且菲律宾军队也是他和麦克阿瑟等人一起努力建立起来的。没有想到，这支军队在日军的面前居然不堪一击。更令他感到痛心的是，在菲律宾处于日军的铁蹄之下时，他除了选择放弃和做一些无谓的救援之外，没有丝毫的办法阻止这一切的发生。

第六章

出任欧洲战区司令

一

急切地想上战场

在作战处工作期间，艾森豪威尔并没有做出特别突出的成绩。当然，这主要是因为美国在战争初期缺乏必要的准备，无论是从兵力，还是从战略物资储备上都处于劣势。也正是因为战争准备不足，艾森豪威尔的工作非常繁忙。他经常工作到深夜，每天只能睡四五个小时的觉，而且没有休息日。

面对着每天从前线送来的战报，艾森豪威尔沮丧极了。对于整个战时华盛顿的情况，他说："这里常常高谈阔论，拍桌子，但是没有几个实干家。他们轻率地预先宣布结果，而且虚张声势，但是结果常常没有实现，而做实际工作的人却倒霉。"

他想上战场，和部队在一起，不愿意坐办公室。他抱怨说："天啊，我多不愿意按照任何迫使我依赖别人的方式去进行工作。"

有一次，参战心切的艾森豪威尔对马歇尔的助手史密斯说："我要到前线去！"

史密斯直言不讳地说："不可能。如果参谋长喜欢你的话，你就不得不在整个战争期间都坐在一张大办公桌后面。"

艾森豪威尔幽默地说："假如，我能让他讨厌我呢？"

史密斯也幽默地回答说："那你就不得不呆在一张小办公桌后面了。"

艾森豪威尔直言不讳地问："如果想到前线去，我该去求谁呢？"

史密斯耸了耸肩，做出一副爱莫能助的样子说："很抱歉，我不知道！"

随后，艾森豪威尔来到了马歇尔的办公室。一场争论开始了。马歇尔显然听到了艾森豪威尔与史密斯之间的对话。他瞅了艾森豪威尔几秒钟，随即以一种例行公事的口吻问道："艾森豪威尔先生，你希望到前线作战的热情是值得赞扬的。不过，你在实际战斗中指挥过一个师的兵力吗？"

艾森豪威尔坐在椅子上，不安地挪动了一下身子，回答说："没有，先生。"

马歇尔继续问道："那么，一个营呢？"

艾森豪威尔回答说："也没有，先生。"

马歇尔又冷冷地问："那么，一个连呢？"

艾森豪威尔对马歇尔咄咄逼人的态度感到不满。他极力压制自己的怒火，回答说："也没有。"

马歇尔笑了一下，以一种近乎嘲讽的口吻问道："哪怕是一个排呢？"

艾森豪威尔心中的怒火已经熊熊燃烧了起来。他没好气地回答说："也没有，先生。"

马歇尔似乎对自己这种咄咄逼人的发问感到十分满意。他笑了笑，继续问道："那么，在第一次世界大战期间，你听到过一次枪声吗？"

说到这里，马歇尔顿了顿，冷冷地说："艾森豪威尔，从你的资历来看，把你调到这里来是合适的。"

艾森豪威尔终于忍不住了。他从椅子上站起来，挺了挺身子，对马歇尔说："先生，有两位高级军官推荐我去指挥一个师……"

还没等艾森豪威尔说完，马歇尔也生气了。他提高了声音，对艾森豪威尔说："在这里，是我决定让谁去当指挥官，而不是任何别的什么人！根据麦克阿瑟将军的意见，你是军队中负责后勤和组织工作最有头脑的人物之一。我想让你留在计划处，而不是到前线去挨枪子。这对我有用，你懂吗？"

艾森豪威尔盯着马歇尔，反问道："那么，你是打算让我在整个战争期间都坐在办公桌后面咯？"

马歇尔以不容置疑的口吻回答说："是的，艾森豪威尔。在这个问题上，我希望你不要再有别的想法。别忘记，你是一个军人，应该以服从命令为天职！"

艾森豪威尔听到这些话，心里难过极了。或许，他注定要当一个一辈子没有到过战场的职业军人。马歇尔显然看出了他的失望。马歇尔突然问道："你现在是什么军衔？"

艾森豪威尔还没有回答，他又说道："即便是派你去指挥一个师，你也别指望能够得到晋升的机会。"

艾森豪威尔终于控制不住自己的情绪了。马歇尔竟然以为他要求到前线去是为了晋升，这简直就是对他的侮辱！艾森豪威尔冲着马歇尔大声吼道："将军，我并不看重军衔！如果你一定要我在这幢大楼里呆着，那好吧，我会接受的。不过，我只是在为我的国家工作，让你说的那个什么军衔见鬼去吧！"

马歇尔是一个严肃古板之人，容易给人一种不容易接近之感。艾森豪威尔也说他"冷淡而严厉"。他迫使每一个人和他保持距离。罗斯福总统在与马歇尔初次会面之时，想拍拍他的肩膀，叫他"乔治"，但是马歇尔马上闪开了。他让罗斯福总统明白，总统应该称呼他为"马歇尔将军"，而不是"乔治"。

他严格地控制着感情，具有高度的责任感，不太能容忍别人工作中的差错！但是对那些可以胜任工作的人，马歇尔十分信赖。尽管艾森豪威尔曾对自己发火，但这并没有影响他对艾森豪威尔的信赖。艾森豪威尔对马歇尔也很敬重，因为他发觉马歇尔是一个理想的上司。后来，艾森豪威尔曾对身边的人说："我不愿意用一个马歇尔去换50个麦克阿瑟。"

紧接着，他又脱口而出："天哪！这可真是一桩糟糕的买卖。我该如何应付50个麦克阿瑟呢？"

1942年3月9日，在马歇尔的推荐下，艾森豪威尔晋升为少将。与此同时，作为重建陆军部的一部分，作战计划处改为作战处，职权扩大，艾森豪威尔被任命为处长。当时，已经有107名军官在他的直接领导下工作。

夜深了，艾森豪威尔依然伏在作战处的办公室里研究前线的情况。副官轻轻地走了进来，附在他耳边说："将军，你的母亲打来电话，说你的父亲戴维病危！"

副官的声音很低，他不知道这一消息会对面前的作战处长带来多大的打击。听到这个消息，艾森豪威尔的脸色立刻变得苍白起来。这么多年来，艾森豪威尔总是利用一切可以利用的机会回到故乡去看望父母。但是，由于军人的职责，他无法经常陪伴在父母的身边。这让他多少有些内疚！

沉默了半晌，艾森豪威尔放下了手头的工作，走出灯火辉煌的办公室，冲进了茫茫夜色之中。他抬头看了看幽蓝色的天空，眼泪止不住流了下来。他想起了小时候与父亲一起数星星的那些夏夜，与父亲一起打球的那些午后，甚至与父亲大声争吵的那些场面。这一切，回忆起来就像昨天的事情一样。那时候，父亲还是一个年轻力壮的英俊小伙子，而现在则……

第二天，艾森豪威尔接到了父亲去世的消息。但是他却不能回家奔丧，仅仅有时间把这一件事记在日记上。他在日记中写道："战争并不是温情脉脉的，没有时间去沉溺于甚至是最深沉、最圣洁的感情中。"

晚上，他有些神不守舍，工作也不得不在7点30分停止了。他说："我没有心情继续工作下去。"

3月12日，父亲戴维的葬礼在阿比伦举行。在葬礼举行期间，艾森豪威尔把办公室的门关了起来，一个人躲在里面长达半个小时。利用这半个小时的时间，他写了一篇悼词来纪念父亲。他称赞父亲"诚实、朴素、勤劳"的高尚品质和"不好表现、谦逊和沉着的举止"。在悼词的最后，他写道："我以他是我的父亲而感到光荣，要让他知道我爱他有多深，总是那样的困难。"

父亲去世两个月后，菲律宾沦陷的消息传到了华盛顿。艾森豪威尔更加沮丧。在南亚，日军占领菲律宾后，又侵占了荷属东印度。就在爪哇投降的第二天，日本夺取了仰光，切断了滇缅公路的入海通道。日本的太阳旗在南洋各地升起来了。不到半年的时间，日本侵占的领土已达380万平方公里，超过日本本土面积的10倍多，人口达1.5亿。这些地方原本大多是英国或荷兰的殖民地，靠英国的力量来维持地区的平衡。但是，此时的英国再也无力维持这些地区的平衡了，其自身也深陷战争的泥潭而不能自拔。

美国在此时也无力将主要精力放在太平洋上。因为德国的潜艇以"群狼战术"已经在大西洋里逼近了美国本土。德国潜水艇甚至已经钻到了可以望见纽约百老汇光芒的地方。美国向英国、北非运输战略物资的船只接连不断地遭到潜艇的袭击，蒙受了巨大的损失。

二

出任欧洲战区司令

为了改变同盟国被动挨打的现状，英国首相丘吉尔于1941年圣诞节前夕抵达华盛顿。罗斯福总统陪他过了一个愉快的圣诞节。新年过后，丘吉尔及其随行人员与以罗斯福为首的美国军政要员举行了一场重要的会议。

这个会议就是历史上著名的"阿卡迪亚"会议。阿卡迪亚是古希腊的一个小城邦，位于伯罗奔尼撒半岛中部的高原地区。由于与世隔绝，这里的居民在古希腊时代过着一种富有淳朴气息的田园生活。他们远离世俗，远离喧嚣，就如中国伟大诗人陶渊明笔下的"桃花源"一样。于是，在西方文化中，阿卡迪亚便成了世外桃源。罗斯福和丘吉尔将这次会议的代号定为"阿卡迪亚"也表明了他们重建和平世界的美好愿望。

会议进行得很顺利，几乎在所有重大问题上都达成了协议。罗斯福与丘吉尔重申了双方参谋人员早先作出的决定，采取"先欧后亚"的战略，先打败德国这个最主要的敌人。至于太平洋战场，目前"必须进行一场固定阵地的战争，目前主要是阻止日本人的进攻"。这次会议确定，成立英美联合参谋长委员会，在太平洋地区建立英、美、荷盟军联合司令部，成立军需品分配委员会等5个联合机构，统筹盟国在军火、船运和原料等方面的经济活动。鉴于苏联在抗击法西斯德国中的重要作用，罗斯福决定恢复曾一度终止的对苏援助。

作为美国陆军参谋部的主要成员，艾森豪威尔也参加了这次重要的会议。与会期间，他与英国总参谋部的将军们建立了和谐、友好的关系。他对世界战局情况的介绍和分析，给罗斯福和丘吉尔留下了良好的印象。会后，马歇尔让艾森豪威尔起草发动第一次进攻的计划。整个2月份，艾森豪威尔都在研究战场的情况，思索第一次进攻的计划。他的看法简单明了——通过英国打垮德国。他指出，鉴于进攻西欧的海上路线最短，无论如何也要维持驶往英国的海上通道。而后，美军可以通过这条海上航线向英国运送大量的士兵和物资，在其沿海建立基地，直接参与对驻扎在法国的德军作战。艾森豪威尔的这一设想实际上便是在西欧开辟第二战场，配合苏联红军在东线对德军的打击。

3月下旬，艾森豪威尔制定了一份代号为"围捕"的作战计划。根据计划的要求，盟军要派出一支5800架作战飞机的空军、总数达到48个步兵师和装甲师的地面部队于1943年4月1日对塞纳河口东北、勒阿弗尔和布仑之间的一段法国海岸发起攻击。与此同时，应在海岸沿线发动突然袭击和空袭以扰乱德国人。在作战部队方面，应有一半以上的英国师参加。

马歇尔把艾森豪威尔制定的作战计划呈交给罗斯福。罗斯福总统和参谋长联席会议批准了这个计划，并要求马歇尔飞往伦敦，取得英国的同意。4月7日，马歇尔飞赴伦敦，与英军举行了为期六天的会议。英国方面最后勉强同意了"围捕"计划，但很多英国军官都持保留态度，对"围捕"计划的热情不高。

由于艾森豪威尔是这一计划的主要制定者，因此，马歇尔让他到英国去实地考察，以便贯彻实施这一计划。1942年5月23日，艾森豪威尔前去英国实地考察。在英国的10天中，艾森豪威尔与英国各界人士，特别是与军界进行了广泛的接触。回到华盛顿之后，艾森豪威尔立即起草了一份报告，主张应由一位将军对欧洲战区的盟军实施统一指挥。6月8日，他将报告呈交给了马歇尔。把文件递给马歇尔之时，艾森豪威尔说："将军，请你仔细研究，因为这份草稿可能成为进一步进行战争的重要文件。"

马歇尔接过这个文件，仔细地看了看。过了半晌，他突然抬头问道："艾森豪威尔将军，你认为由谁来担任欧洲战区的司令比较合适呢？"

艾森豪威尔不假思索地回答说："我认为麦克纳尼将军最合适。他以前在伦敦工作过几个月，对英国军部的工作非常熟悉，也结识了不少英国的军政要员。另外，从大不列颠发动的军事行动在最初阶段恐怕只能限于空中袭击。从进攻计划中可以清楚地看出，我们强大的空军部队建立后的初步行动，将是发动一场持久而猛烈的轰炸战役。麦克纳尼将军也坚决相信，空军有力量使盟军从陆地进攻法国成为可能。"

马歇尔对艾森豪威尔的建议不置可否。几天之后，艾森豪威尔突然接到新任命，罗斯福总统以三军总司令的身份签发了一项命令，任命他为欧洲战区总司令。这完全出乎他的意料。他从来没有想过能够指挥一个战区的部队，他到参谋部报道之时，最大的希望也不过是指挥一个师的兵力罢了。

马歇尔为什么会推荐艾森豪威尔担任欧洲战区的总司令呢？经过几个月的相处，马歇尔坚信这个从来没有到过战场的将军是一位十分内行的军事领导人，他沉着、稳健，善于处理各种棘手的外交问题，是解决英国和美国将军之间复杂的外交问题最合适的人选。英国方面对艾森豪威尔也比较认可，认为他是一个容易相处的人。正是基于这一点，罗斯福总统和马歇尔总参谋长就这一任命向英国征求意见之时，他们也同意了。

为了使欧洲战区司令部迅速展开工作，艾森豪威尔要求把经验丰富、做事审慎的马克·克拉克将军与美军参谋长联席会议的秘书沃尔特·史密斯将军一起带到伦敦去，马歇尔毫不犹豫地同意了，并任命史密斯作为欧洲战区的参谋长。此外，艾森豪威尔还邀请了一批曾和他一起工作过的军官随行。所有这些人无论从工作，还是从私交来说，都是他十分熟悉的。他完全可以指望他们协助他来完成总统或统帅部交给他的重大任务。

就在艾森豪威尔准备起程前往伦敦的时候，他的弟弟罗伊突然去世了。罗伊去世时年仅49岁，这让艾森豪威尔十分悲痛。但紧张的战局不允许他去参加弟弟的葬礼。几乎在同时，他的儿子约翰从西点军校来到华盛顿与父亲告别。约翰仅仅在华盛顿呆了一天，就匆匆返回军校了。

在家门口与妻子告别时，艾森豪威尔对玛丽说："别去送我了。分别总是那么伤感！不过，我想在旗杆旁看到你。"

当艾森豪威尔乘坐的飞机掠过华盛顿近郊的迈尔堡要塞上空时，他看到在自家不远的旗杆底座旁，有一个小小的身影。那人便是他的妻子玛丽。艾森豪威尔的眼睛不禁湿润了。作为一名军人，他渴望到战场去历练；但作为一名丈夫，他多么希望陪在妻子的身旁啊！

三

努力协调两军关系

艾森豪威尔于1942年6月24日到了伦敦。机场上静悄悄的，没有一个人来欢迎他。可以说，这是他一生中最后一次不声不响地到达一个地方。当时，艾森豪威尔作为一名高级指挥人员的声誉几乎等于零。

第二天，艾森豪威尔举行了一场记者招待会。这时，人们才知道艾森豪威尔已经被任命为欧洲战区总司令，统一指挥盟军部队。他温文尔雅的谈吐、对记者的友好态度以及和颜悦色的微笑都给记者们留下了深刻的印象。次日，他的名字便出现在了伦敦各大报纸的头版头条上。从那时起，他的生活起了巨大变化，他突然变成了世界性的重要人物。

要在异域统一指挥由各个国家士兵组成的盟军并不是一件容易的事情。一方面，各国由于在利益、武器装备和兵力，乃至文化、语言上的差异，必然会导致各国将领之间产生一些不可调和的矛盾；另一方面，作为盟军的总司令，如何处理与英国政府的关系，乃至维护英国主权的完整也是一个不大容易拿捏的问题。

为加强美国人和英国人之间的团结，艾森豪威尔在到达伦敦后不久，就在美国军人中间进行教育工作。有一次，一个美国上校同英国军官发生了争执，并骂对方是"英国混蛋"！尽管这名美国上校的观点是正确的，但艾森豪威尔依然惩罚了他，把他遣送回国了。他教训那名上校说："我同意你的证据，承认在争论中你是对的，甚至对于你骂他是混蛋，也可以不予追究。但是，你骂他是英国混蛋，我便不能不追究了！为此，我要把你送回家去。"

美军派往英国的部队不断增多，到1942年夏，兵力已经达到了200多万。如此之多的年轻人一下子涌进了原本就十分拥挤的大不列颠，难免会发生一些细节上的冲突。由于美国本土并没有发生战争，美国士兵便把自己的参战看成是拯救英国。因此，很多美国士兵都把自己当成是浪漫主义的骑士，理应受到英国人的款待与尊敬。但英国人却不这样认为，他们认为自己和美国人一样，都是坚守堡垒，为自由世界而战的。因此，两国士兵在观念上便产生了分歧。

另外，美国大兵的放荡生活也让一向循规蹈矩的英国绅士们十分反感。美国士兵的薪水在世界上所有的军队中是最高的。他们手中有钱，而且大部分又都是单身的小伙子，没有家庭的压力，花起钱来大手大脚。英国的年轻姑娘非常乐意跟他们交往。英国人看到这些年轻人任意挥霍，又与年轻的姑娘们乱来，自然大为恼火。

为了改善美国大兵在英国人心中的形象，加强两国士兵的团结，提高两军协调作战的能力，艾森豪威尔决定发起一场整顿纪律的运动。他让军官们劝说士兵，把一部分钱购买战争公债，尽量减少乱花钱。另外，他还在美国士兵中广泛宣传英国在战争中的作用和做出的牺牲。他命令军官们组织士兵到伦敦参观，让他们感受被德军轰炸成废墟的城市，让他们增强对法西斯德国的仇恨。艾森豪威尔说："要使英国人相信，我们到这里来不是糊里糊涂地混日子，而是肩负重任的反法西斯战士。"

士兵们的作风有所改观之后，艾森豪威尔立即组织军官对士兵们进行了训练。美国大兵们在本土大多都受过良好的教育，有独立思考的能力，但吃不了苦。这就导致他们遵守军纪的观念都十分薄弱。为了改变这种状况，艾森豪威尔告诉他的指挥官们，他要在英国建成一支"美国勇于投入战场的最优秀的部队，他们不仅有良好纪律，而且具有强大的作战实力"。

艾森豪威尔认为，要想把部队训练成一支虎狼之师，必须要有好的军官。于是，他在挑选军官的时候十分严格。他要求指挥官要具有坚强的意志，通晓最先进的军事技术，勇猛顽强，多谋善断，在艰难的条件下能带领部队勇往直前。至于那些沽名钓誉、油腔滑调、花言巧语或生活作风有问题的人，他会毫不客气地将他们清除出军队。

通过勤快和朴实的办事作风，艾森豪威尔逐渐与英国将领们建立起了联系，但他依然遇到了不少麻烦。一方面，在大战爆发之前，他还只是一个中校,在军界默默无闻,即便当上了欧洲战区总司令,也不过是少将军衔。他手下的大部分将领都比他的军衔要高。这就导致,无论是美军将领,还是英军将领对这位新人都有些不服气。

另一方面,尽管他可以克制自己,并对部下严加管束,但仍然时不时地会和一部分人在无关紧要的细节问题上产生冲突。艾森豪威尔初到伦敦时,就与英军将领蒙哥马利将军发生了不愉快的事情。那天,蒙哥马利邀请总司令去听他的讲演。严肃认真的蒙哥马利将军没讲多久,艾森豪威尔的烟瘾便上来了。他大大咧咧地抽出一根香烟,便抽了起来。

艾森豪威尔和蒙哥马利在一起

蒙哥马利突然停止了演讲,大声问道:"谁在抽烟?"

艾森豪威尔回答说:"我。"

蒙哥马利严厉地申斥道:"不准在我的会议室里抽烟!"

艾森豪威尔不得不默不作声地把烟掐灭了。这次事件虽然并没有影响艾森豪威尔与蒙哥马利之间的关系,但到底还是让艾森豪威尔这位总司令感到了些许不快!但他对蒙哥马利的评价并不坏,他认为蒙哥马利是一个"性格坚毅、精力充沛、具有良好的职业修养的人。"

在伦敦的那段日子,艾森豪威尔一直和新闻界保持着相当不错的关系。他经常举行记者招待会。他在与记者打交道以及谈话方面都是一个天才。他随和、不拘礼节的风度,像他的昵称"艾克"一样,很有感染力。他时常在谈话中提及自己的故乡阿比伦,他称自己只是一个"头脑简单的乡下佬"。对那些他早已胸有成竹的问题,但又不便向记者透露的时候,他会叹息着或皱起眉头说:"对一个像我这样笨手笨脚的家伙来说，这个问题简直是太复杂了。"

公众听到关于艾森豪威尔的事情越多，也就越喜欢这位从美国来的坦克专家，报纸上关于他的报道也就越多。人们不但关心他的军事指挥才能，似乎对他的生活也非常关注。刚到达伦敦时，英国军方在伦敦最豪华的克拉里奇斯宾馆为他留出了一套房间。这里距离他的办公室所在的格罗夫纳广场20号只有三个街区。英国方面如此安排是为了方便这位欧洲战区总司令的工作。格罗夫纳广场是美国使馆所在地，广场周围大部分的办公楼都由美国国务院占用或者由陆军和海军人员占用。艾森豪威尔来到之后，人们便将其戏称为"艾森豪威尔广场"。

住在伦敦最豪华的宾馆里，艾森豪威尔感到浑身不舒服，简直坐卧不安。一个星期后，他便搬到了多彻斯特宾馆。这里的设施要朴素多了，而且比较现代化，很符合艾森豪威尔的胃口。此时，他的办公室也从格罗夫纳广场搬到了海德公园街对面。两地的距离很近，他每天走着就可以去上班了。

在多彻斯特，他订了三个房间，一个为多用途的起居室，两间简朴的卧室。艾森豪威尔住一间，他的联络副官布彻住一间。他每天早晨6点15分起床，吃完早餐便到办公室去办公。他每天工作不少于12个小时，常常要过了午夜才能就寝。睡觉之前，他喜欢看一些描写19世纪下半叶美国西部生活的小说。这些小说没有什么情节，其结局也是显而易见的。但艾森豪威尔却十分喜欢，因为它们读起来不用思考，正好可以缓解战争给他带来的紧张感。

1942年7月7日，美国政府授予艾森豪威尔中将军衔。这是艾森豪威尔在过去16个月中的第四次升迁。那时，他不过是一个中校，而如今已经成为了美军16名中将之一。美国政府之所以这样安排，一方面是看中了他的军事指挥才能，另一方面也是为了方便他的工作。因为当时他手下的将领们大部分都比他的军衔要高。

在伦敦期间，有一位女性走进了艾森豪威尔的生活，她便是凯·萨默斯比小姐。萨默斯比是一个高个儿、身材匀称的黑发姑娘。英国人暂时把她派到艾森豪威尔这里当私人司机。当萨默斯比第一次驾车接送艾森豪威尔的时候，她感到十分失望，因为她的主人只有一颗星，只是一

上将总统 艾森豪威尔

凯·萨默斯比

个少将。但是，在与艾森豪威尔接触了一段时间之后，她却喜欢上了这位欧洲战区总司令。后来，当艾森豪威尔的军衔升为五星上将之时，她还经常在自己的女伴面前炫耀艾森豪威尔的军衔和他的好脾气。

萨默斯比曾不只一次地驱车接送过英国首先丘吉尔。当丘吉尔情绪好的时候，他会跟这位漂亮的女司机开几句玩笑。有一次，他对萨默斯比说："别把艾克将军弄丢了。"

丘吉尔的担心是多余的，萨默斯比在整个战争期间一直陪在艾森豪威尔的身边。当她得到了军官的衔位后，成了艾森豪威尔的秘书。和所有的名人一样，他们之间亲密的工作关系也被媒体炒作成了情人关系。当这种炒作传到玛丽的耳朵里之后，她的心中多少有些不舒服。不过，她相信自己的丈夫，正如她相信自己一样。她一直在华盛顿默默地等待着丈夫凯旋归来！

第七章

指挥"火炬"行动

一

发起"火炬"行动

1942年，美、英两国的军队已经扩充到了1000余万的规模。同年4月，苏联红军在莫斯科保卫战中以巨大的伤亡为代价，打破了希特勒吹嘘德军天下无敌的神话。德军在进攻莫斯科的战役中彻底失败了。不管是在兵力上，还是在技术装备上，德军都遭到了沉重打击。据战后统计，德军在莫斯科战役中伤亡50余万，投降9万，总兵力损失达60万；被苏联红军击毁、缴获的坦克1300辆、火炮2500门、汽车1.5万辆以上，其他技术装备的损失也十分严重。

这是第二次世界大战以来，希特勒遭受到的首次战略性失败。恼羞成怒的希特勒撤换了德军35名高级将领，并调集266个师的兵力在东线与苏联红军鏖战。但是，由于战略物资损失惨重，兵源不足等问题，德军在苏德战场上已经逐渐处于被动之势了。

德军全力在东线与苏联红军鏖战，必然会造成西线兵力不足的问题。在这种情况下，美国总统罗斯福认为，在欧洲开辟第二战场，减轻苏联红军正面压力的时刻已经来临了。1942年7月中旬，罗斯福总统派总参谋长马歇尔、美国海军总司令厄内斯特·金和总统顾问霍普金斯飞抵伦敦，同英国方面商谈尽早开辟第二战场的问题。

在英美参谋长联席会上，马歇尔和艾森豪威尔主张强渡英吉利海峡，直接打击德国。艾森豪威尔还制定了一项代号为"大锤"的两栖作战计划。根据这一计划，英军4个师、美军两个师的兵力将于9月15日在法国勒阿弗尔附近登陆，直接攻击驻守在那里的德军部队。

这一计划遭到了英国方面的断然拒绝。英国总参谋长布鲁克将军嘲笑马歇尔说："参谋长先生，我想这一定不是你本人制定的计划吧！这个计划是如此的愚蠢！你知道跨海作战的话，我们要承受多大的损失吗？6个师的兵力就能够把德国部队从东线吸引过来吗？一旦作战失败，恐怕对苏联也不会有多大的好处。"

艾森豪威尔（中）在二战中任盟军总司令，（左起）：奥马尔·布拉德利中将，伯特伦·拉姆齐海军上将，亚瑟·特德上将；伯纳德·蒙哥马利将军，特拉福德·利·马洛里上将，沃尔特·比德尔·史密斯中将。

由于英国方面的竭力反对，"大锤"计划被否决了。布鲁克将军建议在法属北非对德军展开行动。马歇尔和艾森豪威尔认为布鲁克的这种想法是荒谬的，德国大量部队就驻扎在英吉利海峡的对岸，离英国的多佛尔港甚至不到40公里，为什么要赶到伦敦以南1500公里以外的北非去寻找敌人作战呢？这显然是消极的、防御性的作战思想，对在东线苦战的苏联红军没有丝毫帮助！

7月22日，美国总统罗斯福在电报中指示马歇尔，由于英国不愿参加"大锤"行动，美国将不得不在进攻北非方面和英国人合作。英国首相丘吉尔将这次新的行动命名为"火炬"行动。"火炬"行动是第二次世界大战开始以来的英美首次联合进攻。

罗斯福总统的决定让"大锤"计划的直接制定者艾森豪威尔感到十分沮丧。7月23日早晨，艾森豪威尔对地面部队司令马克·克拉克将军说："哎，我真不知道接下来的日子怎么过。这一天简直就是历史上最黑暗的日子。"

8月底，盟军总部成立了。罗斯福与丘吉尔商议之后认为，艾森豪威尔是担任盟军总司令的最佳人选。于是，他们便以美国总统和英国首相的身份任命艾森豪威尔为盟军总司令，负责筹划和指挥"火炬"战役的工作。

根据计划，英美联军将于1942年11月8日在法属北非登陆，然后再由西向东对德、意两国驻守在那里的部队发动进攻，以彻底歼灭北非的德、意军队，控制地中海，巩固中东，为之后在意大利和巴尔干半岛的军事行动创造有利条件。

这一计划完全符合丘吉尔的意愿。丘吉尔素来对社会主义国家苏联持敌视态度。他之所以舍近求远，在北非打开进攻意大利和巴尔干的大门，是想从巴尔干打进中欧，不让苏联红军进入奥地利、罗马尼亚和匈牙利，以防苏联在战后插手中欧的事务，成为英国最强大的敌人。

法属北非包括法属摩洛哥、阿尔及利亚和突尼斯，隔地中海与欧洲大陆相望。法国沦陷之后，德国扶植了傀儡政权，因其政府所在地在法国中部的维希，故名维希政府。维希政府在法属北非约有军队20万人、飞机500架。在法国的土伦港和法属北非各港口尚有4艘战列舰、12艘巡洋舰、40艘驱逐舰、20多艘潜艇和其他舰艇。这是一支不可忽视的力量。

有趣的是，英、美这两个盟国中最主要的大国在对待法国的态度上极不一致。丘吉尔支持戴高乐将军领导的自由法国运动，并且曾同维希的武装力量发生过几次冲突，所以北非法国当局的反英情绪也很强烈。同时，他们对惟英国马首是瞻的戴高乐也十分反感。罗斯福对戴高乐也极为反感，在战争中一直与德国扶持的傀儡政权维希政府保持着外交关系。罗斯福对待戴高乐的态度使得法国在战后曾一度掀起了"反美抗霸"之风。这是后话了！

鉴于当时的情况，盟军在北非登陆作战是打着美国旗号，形式上表现为纯粹是美国的军事行动。丘吉尔和罗斯福这样做，最主要的原因，就是希望维希政府在北非的军队不要阻止盟军的军事行动，最好能与他们一起对德、意军队发起进攻。

身为总指挥的艾森豪威尔感到身上的担子十分沉重。他在回忆录中写道："考虑到1942年8月初我们在伦敦所遇到的问题是非常严峻的。如果我们要在那一年发动一场认真的进攻，那么，就必须抓紧每一分钟的时间来进行战役准备工作。因为夏季已接近尾声，适合于作战的天气即将消逝，各项工作必须分秒必争。"

首先是军队的训练与动员工作，其次是具体的作战计划。军队的训练与动员不需要艾森豪威尔直接负责，但作战计划却要他来制定。由于盟军航空母舰的数量很少，为登陆舰艇提供空中掩护的重担几乎全部得由从陆上基地起飞的飞机来承担。在"火炬"行动中,唯一可以利用的基地只是直布罗陀。这就限制了盟军行动的范围。

经过反复研究,艾森豪威尔决定,在力所能及的最大范围内,将大西洋海岸的卡萨布兰卡、奥兰、阿尔及尔,以及地中海岸的波尼地区作为预选登陆点。最终,他确定了两个方案:一个方案是进攻卡萨布兰卡、奥兰和阿尔及尔;另一个方案则是进攻奥兰、阿尔及尔和波尼。联合参谋长会议最后批准了第一个方案。

进攻地点问题决定后,下一个重大问题是决定进攻的时间。气象报告指出,从初秋开始,天气将不断恶化。因此,时间就自然而然地成为重要问题了。战役发起的时间越早对盟军越有利,否则的话,很有可能会因为贻误战机而使整个计划成为泡影。当时,德国的"狼群"在地中海肆虐,英国的护航舰队不断遭受攻击。曾被划拨给"火炬"行动使用的航空母舰"鹰"号在初秋时节便被德军鱼雷击沉了。面对不断变化的情况,艾森豪威尔也必须及时修改自己的计划。

除了在军事和物质方面的考虑之外,"火炬"行动还必须考虑到北非复杂的政治因素。鉴于美国与维希政府之间的关系以及其间搜集的一些情报,罗斯福总统和艾森豪威尔等大多数高层都相信,盟军一旦发动进攻,维希政府的军官很可能进行象征性的抵抗以满足自己的自尊心,然后便会顺乎潮流地缴械投降,甚至参加到抗击曾在1940年屈辱过他们的德国法西斯的战斗中来。

为了争取维希政府驻北非部队的军官们,罗斯福总统派驻阿尔及利亚特使梅菲试探法国军队的心情并与可能支持盟军进攻的人士建立沟通。梅菲不负重望,成功地与数名法国军官建立了沟通关系,其中包括驻阿尔及尔的法国军团司令的参谋长查尔斯·马斯特将军。他们愿意和盟军合作,但要求与一名盟军高级军官在阿尔及尔进行一次秘密会议。1942年9月16日,梅菲在极其秘密的情况下来到伦敦,同艾森豪威尔举行了长达24小时的会晤。

梅菲告诉艾森豪威尔,他可以利用在戴高乐与维希政府之外的亨利·吉罗将军,从而绕过戴高乐的自由法国、贝当元帅的维希法国和法国殖民部队中的各种派别之间的斗争。吉罗是一位退休的军官,在第一次世界大战对德战争中失去一条腿。1940年，他从战俘营中跑了出来。当时他正住在没有被德军占领的法国南部。

驻阿尔及尔的法国军团司令的参谋长查尔斯·马斯特将军向他保证，如果吉罗到阿尔及尔，所有法国殖民部队都会集结在他的周围，因此，如果吉罗出面，盟军登陆时不会遭到抵抗。吉罗提出，要由他来指挥"火炬"行动，因为他的军衔比艾森豪威尔高，而且"火炬"行动又是在法国的领土上进行的。

艾森豪威尔断然拒绝了吉罗的无理要求。吉罗这个手中没有一兵一卒的将军居然想把英美联军抓在手中，简直就是痴心妄想。艾森豪威尔告诉梅菲，如果维希法国的军队真的进行抵抗，他就打算以足够的兵力强行登陆，攻破法军的防线。次日，吉罗又表示，他可以不要求当盟军总司令，愿意接受艾森豪威尔的指挥与领导。于是，艾森豪威尔便任命他为法属北非的总督，去处理那里的微妙局势。

1942年10月16日，梅菲返回阿尔及尔后给艾森豪威尔发来了两份电报。梅菲告诉艾森豪威尔，除吉罗之外，还有另外一个选择——维希政府武装部队的总司令达尔朗上将。达尔朗将军的儿子曾找到梅菲，并向他保证，达尔朗愿意和盟军合作。单纯地从军事角度来看，与达尔朗合作，要比与吉罗合作更加吸引人。吉罗手下没有一兵一卒，而达尔朗却是维希政府武装部队的总司令，只要他一声令下，整个维希法国的军队都会和盟军合作，转而进攻德、意法西斯。

但从政治上考虑的话，达尔朗显然不是一个合适的人选。这位海军上将是纳粹的热心合作者，是维希反犹太法令的主谋，敌视英国和戴高乐将军领导的自由法国运动。正如罗斯福和丘吉尔所说的，达尔朗几乎完全代表着盟国正在与之战斗的欧洲反动势力。

艾森豪威尔接到梅菲的电报之时正值星期天，丘吉尔休假去了。艾森豪威尔打电话给丘吉尔，让他回到伦敦讨论是否可以与达尔朗合作。回到伦敦之后，丘吉尔思索了一会儿说："若是你一定要把法国海军搞到手，就得去拍达尔朗的马屁！"

不过，考虑到政治影响，这次会议没有做出最终决定。丘吉尔要求艾森豪威尔视具体情况，再临时决断。

二

"火炬"行动受阻

一切准备就绪之后,"火炬"行动开始了。离开伦敦前夕,艾森豪威尔在给妻子玛丽的信中写道:"我希望你不要烦恼和忧虑。战争不可避免地给人带来危险,但是就我的情况来说,我的运气一直很好,这件事你必须永远记着。即使我遇到最坏的情况,也请你不要过分悲伤……我真正感到美国和全世界今天面临的局势,比我们任何人所能理解的都要严重得多。因此,我们不应让个人的牺牲和损失把我们压倒。"

这是艾森豪威尔一生之中第一次到战场。虽然他作为盟军总司令,并不需要领兵冲锋陷阵,但对战场做视察却是十分必要的。11月5日,艾森豪威尔冒险飞抵直布罗陀。直布罗陀在第二次世界大战爆发之后已经被改造成了一个固若金汤的永久工事。"火炬"计划所使用的大批飞机就集中在这里。整个地峡挤满了飞机,共有14个战斗机中队集中在那里待命出击。

由于直布罗陀完全在德军的视野之中,盟军并没有采取任何隐蔽措施,一切都暴露在德军的视线之中。也正是因为盟军大张旗鼓地准备,导致德军错误地认为,这些飞机是支援马耳他岛的。艾森豪威尔曾说:"倘若没有英属直布罗陀,就不可能进攻西北非。"

11月7日晚,艾森豪威尔正式向部队下达了进攻的命令。参加"火炬"作战的英美军队共有13个师、665艘军舰和运输舰,其中包括3艘战列舰、7艘航空母舰、17艘巡洋舰和64艘其他作战舰艇。军舰分别被编成"西部"、"中部"和"东部"3个特混舰队。首批登陆的兵力为7个师,其中有美国的4个步兵师和两个装甲师,英国的一个步兵师,共约11万人。

这是艾森豪威尔有生以来第一次指挥一个战役，而且是如此巨大规模的战役。艾森豪威尔焦虑万分，"火炬"行动成功的话，他必定会在一夜之间成为世界上最著名的军事将领之一；如果失败了，会是什么后果呢？他不知道，也不敢去想……

艾森豪威尔的司令部设在直布罗陀的山岩中。司令部的上方矗立着一块巨大的花岗石。艾森豪威尔曾如是写道："我的指挥所在直布罗陀、不列颠帝国强盛的象征之中。"战役开始后，艾森豪威尔并没有放松紧绷的神经。他背着双手，不停地在司令部踱来踱去。

此时，盟军的3个特混舰队分别驶抵阿尔及尔、奥兰和卡萨布兰卡地区，准备强行登陆。正在这时，一件意外的事情发生了。达尔朗上将的儿子突然得了小儿麻痹症，住在阿尔及尔的一家医院里。刚从北非巡视回到法国的达尔朗于11月5日飞回了北非。梅菲希望达尔朗能在盟军登陆之前离开北非，但达尔朗爱子心切，在阿尔及尔多逗留了一天，住在一位法国官员费纳尔海军上将的别墅里。

由于达尔朗在北非，与梅菲已经达成协议的法国驻北非陆军总司令朱安将军便无法控制驻守在北非的法军。11月7日午夜，梅菲访问了朱安，告诉他盟军登陆的时刻已经来临了。朱安闻讯不禁大吃一惊。经过商议，梅菲与朱安决定打电话给达尔朗，请他马上到他们这里来。

11月8日凌晨，朱安将军打电话唤醒了达尔朗，声称有要事需要面谈。当达尔朗听到了盟军即将登陆的消息后，暴跳如雷，气得满脸胀红。他说："我早就知道英国人是愚蠢的，但是我一直认为美国人要比英国人聪明一点。现在我开始认为美国人所犯的错误之多，也不亚于英国人。"

随着苏联红军在东线战场的节节胜利，达尔朗对法西斯德国的态度有所改变了。但他依然忠实地效忠于卖国投敌的贝当元帅。因此，尽管梅菲和朱安百般劝说，达尔朗在大兵压境的情况下也只是答应发电报请求贝当，请他允许自己自由行事。

11月8日上午，艾森豪威尔在司令部接到了第一份交火报告。美国军舰"托马斯·斯东"号载着美军的一个加强营在驶向阿尔及尔的途中，距目的地仅240公里之时被德国的鱼雷击中了。军舰上的士兵在附近的一个港口企图乘坐救生艇继续前进，以按时发动进攻。但由于当天下午起了大雾，他们未能按照计划登陆，只得登上了驱逐舰和其他护航舰。结果，他们登陆的时间比原定时间晚了20个小时。可喜的是，这些部队的迟到并没有明显影响部队的登陆计划。

英国海军少将布罗斯指挥的"东部"特混舰队于11月8日凌晨1点开始在阿尔及尔及其东、西两面登陆。法军仅仅进行了象征性的抵抗，便放下武器投降了。上午11点30分，达尔朗给贝当元帅发了一封电报："阿尔及尔可能于今晚失守。"

下午5点，焦急万分而又已产生动摇之心的达尔朗再次给贝当发了一封电报。他在电报上说："我军虽尽力阻挡，但美军业已进入市区！我已命当地驻军司令朱安将军就阿尔及尔城投降一事进行谈判。"

下午7点，朱安将军率部投降了。由这时起，达尔朗海军上将就落到美国人手里，朱安将军在盟军的支持下重掌大权。

美国弗里登少将指挥的"中部"特混舰队也于11月8日1点向奥兰发起了进攻。法军在这里的抵抗比在阿尔及尔较为猛烈。两艘载运美军的英国军舰，在强行驶入奥兰港时被击毁，乘员和部队伤亡过半。直到11月9日，美军在这里的进攻也没有任何起色。

巴顿少将指挥的"南部"特混舰队在11月8日拂晓前抵达摩洛哥海岸。由于夜间行驶，而且航程较远，所以登陆时间比原计划晚了3个小时。巴顿按照既定计划，指挥士兵们在卡萨布兰卡附近的费达拉、利奥特港和萨菲登陆。登陆部队在登陆时并没有遇到法军的顽强抵抗，但登陆后向前推进时，战斗却相当激烈。11月9日，美军一面巩固自己的登陆点，一面向纵深推进，但因弹药、油料还堆积在滩头，来不及运给战斗部队，所以部队前进的速度极为缓慢。

11月9日早晨，艾森豪威尔命克拉克将军陪同吉罗一起飞往阿尔及尔，企图同法属北非当局达成协议，希望法国人能够停止抵抗，并在盟军对德的作战中给以必要的协助。出乎意料的，非洲的法国人对吉罗非常冷淡，根本不理会这个手中没有一兵一卒的空头将军。艾森豪威尔收到了阿尔及尔发来的电报。正是由于达尔朗在阿尔及尔，吉罗才遭到了法国人的冷落！

这时，艾森豪威尔想起了丘吉尔对自己说过的话，必要的时候，要拍达尔朗的马屁！法国人无论做什么事，都十分注重名正言顺。许多法军士兵之所以在1940年向德国投降，仅仅是忠诚的军人服从合法命令的行为。如今，他们拒绝向盟军靠拢的主要原因便是他们都向贝当元帅宣过誓，要效忠于他。如果他们的合法总司令、那位被他们视作贝当元帅的直接代表和私人代表的达尔朗能够下达让他们停止抵抗的命令，一切就会完全不同了。

11月9日，艾森豪威尔命令克拉克将军在阿尔及尔圣乔治大饭店会见达尔朗，要求他发布停火令。身材高大的克拉克将军俯视着瘦小的达尔朗上将，高声说："立即发布停火命令，否则的话，就把你送到监狱里去。"

达尔朗并没有被克拉克将军的气势吓倒，他淡淡地回答说："我要等候贝当元帅的命令。"

克拉克将军发起火来，臭骂了达尔朗一顿，并威胁他说："如果你再不配合的话，我就枪毙你！"

朱安将军把达尔朗拉到一边，对他说："盟军已经登陆，抵抗对我们来说是毫无意义的。"

在克拉克将军软硬兼施和朱安将军的劝导下，达尔朗终于同意命令卡萨布兰卡和奥兰的法军停止抵抗。不过，他仍然拒绝指示突尼斯的维希法国部队调转枪口，抗击德国法西斯。

三

卷入一场政治风波

维希政府在盟军登陆初期的态度非常暧昧，他们中的成员大多和达尔朗一样，既不愿意拼尽全力抵抗，也不愿意一枪不开地放盟军进入法属北非。但在希特勒的压力下，维希政府很快便改变了这种暧昧的态度。他们接受了德国在西西里岛和撒丁岛为其提供空军援助的建议。这就使得西西里岛和撒丁岛这两个地中海中重要的战略要地成为了德军攻击盟军的空军基地。11月9日，维希政府还单方面宣布，同美国断绝了外交关系。与此同时，希特勒以惊人的效率对盟军在北非登陆作出了反应。他通过飞机，大量往突尼斯运送精锐部队和坦克，准备向盟军发动进攻。

11月11日，希特勒突然决定占领法国全境，登陆科西嘉岛，在突尼斯建立一个桥头堡。11日早晨，德军的机械化部队和意大利的6个师迅速侵入原先没有被占领的法国南部地区，维希政府就此在形式上也失去了任何意义。

达尔朗借此给自己找了一个台阶，他宣布说："贝当元帅在此时实际上已经成为了一名俘虏，失去了行动自由。我曾得到贝当的秘密命令，授权我在这种情况下采取行动。"

此时，艾森豪威尔沮丧地认为，"火炬"获得战略胜利的可能性已经消失了。要想使得这次行动取得战役性的胜利，也必须联合在突尼斯的法国人。如何联合在突尼斯的法国人呢？这条线还必须从思想上业已松动的达尔朗身上来寻找。可以说，达尔朗的命令对许多维希法国军官来说，是一个关键因素。艾森豪威尔相信，达尔朗能够说服突尼斯的法军抵抗德国人，能将法国的舰队交给盟军。

这样不但可以大大加速"火炬"行动的进程，还可以降低盟军的伤亡。艾森豪威尔曾说："只要他们此刻头脑清醒过来，我们可以避免好几个星期的战斗。"

在这种情况下，艾森豪威尔便命令克拉克将军和达尔朗达成协议，让达尔朗担任北非高级专员，吉罗和朱安分别当法国武装部队总司令和副总司令，负责指挥地面部队。为了取得一个稳固的后方，艾森豪威尔还命令克拉克将军尽量与维希法国当局合作，不管其声名在国际上是多么狼藉！

艾森豪威尔之所以选择与维希政府合作，是因为这样做具有重要的军事意义。北非的阿拉伯人骁勇善战，他们已经习惯了在法国政府的统治下生活。一旦维希政府向他们发出号召，或者盟军在他们之间无意中挑起了争端，盟军很有可能会陷入四面皆敌的境地。于是，艾森豪威尔于11月13日亲自从直布罗陀飞到了阿尔及尔，会见了达尔朗，当面与其完成了这笔交易。

出于政治上的考虑，艾森豪威尔强调，这份协议只是他代表盟军同维希政府签订的，美、英两国政府并没有做出任何形式上的政治承认！

随即，达尔朗便向法国军队下达了命令，配合盟军作战。11月27日，德军在进攻法国南部的土伦港时，达尔朗命令土伦海军决不让舰艇落入德国人之手。法国水兵凿沉了73艘军舰，其中包括1艘战列舰、2艘战列巡洋舰、7艘巡洋舰、29艘驱逐舰和鱼雷艇，以及16艘潜艇。

由于法军的配合，盟军在北非的行动十分迅速。很快便占领了除突尼斯之外的整个法属北非，而且伤亡数字也比预想中的要少得多！计划中估计"火炬"的登陆作战，美国的损失将高达18000人，但事实上只有1800人！达尔朗协议实际上让美国士兵的伤亡减少了16200人。

艾森豪威尔与达尔朗签订的协定在事实上给盟军在北非的军事行动带来了极大的便利，但却招来了世界舆论的非议。许多人认为，这是一桩卑鄙龌龊的勾当，因为签订这份协议的对象"是一位与我们不共戴天的仇敌"。许多报纸纷纷指责艾森豪威尔为"法西斯主义者"、"人民的敌人"……

丘吉尔称这一协议简直是"晴天霹雳"，英国外交部说达尔朗的历史这样丑恶，不能考虑让他当北非的常任首脑。大部分英国人则说：

"我们正在为国际的体面而战斗,而达尔朗却是它的反面。"

如此一来,他所指挥的"火炬"行动在北非所取得的胜利,甚至连阿拉曼战役的胜利,都被人们忽略了。艾森豪威尔十分沮丧,他写信给他的二哥埃德加说:"唯一使我对此事有点气恼的是,竟有人认为我是这样令人难以置信地愚蠢,竟没有意识到这是军事上的权宜之计。"

在众多的责难之中,艾森豪威尔对来自英国官方的责难尤其不满。在"火炬"行动开始前,丘吉尔就曾对他说过,可以去拍达尔朗的马屁!也就是说,艾森豪威尔与达尔朗签订的协议,是得到了丘吉尔的默许的。如今,他又装模作样地表示这简直就是"晴天霹雳",实在让艾森豪威尔无法接受。

于是,艾森豪威尔迅速地作出了反应。11月14日早晨,他给盟国参谋长联席会议发了一份很长的电报,为自己的行动进行了辩护。在给丘吉尔的电报中,他委婉地指出:"请放心,我经常地听从你的明智忠告,我没有完全被这里如此之多的骗子们捆住手脚,蒙住眼睛。"

11月17日,丘吉尔致电罗斯福。他在电报中说,他理解艾森豪威尔所采取的行动"是一种仅仅由于战事急迫而不得已才采取的权宜之计",但同时也对艾森豪威尔大加批评,隐隐有撤换艾森豪威尔之意。

美国陆军部长史汀生和总参谋长马歇尔极力要求罗斯福总统支持艾森豪威尔。马歇尔还在一次记者招待会上说,美国新闻界对艾森豪威尔和达尔朗协议的抨击是非常愚蠢的,这会上英国人的当,他们正想着由一个英国人来代替艾森豪威尔的位置呢!如果这种抨击继续下去,美国在世界上的声誉肯定会受到严重的影响。罗斯福也在收到丘吉尔电报的第二天发表了一项公开声明,指出艾森豪威尔与达尔朗的协议仅仅只是"由于战事紧迫而不得已采取的一种权宜之计"。

11月20日,罗斯福在给丘吉尔的信中说:"昨天我私下对报界讲了一个在巴尔干流传已久的希腊教会格言……这句格言是:'我的孩子们,在大难临头之际,你们可与魔鬼同行,直到你们下桥为止'。"

人们对艾森豪威尔的指责逐渐平息了。但达尔朗协议对艾森豪威尔个人声誉的损害远远超出了预期。斯大林据此怀疑英、美两国和法国维希政府在背地里达成了某种损害苏联利益的协议,自由法国运动的领导人戴高乐也对此表示了强烈的不满。

由于艾森豪威尔在阿尔及尔被政治问题所纠缠，延误了向突尼斯进军的速度，导致德军在突尼斯大量集结，致使盟军在强行攻占突尼斯城之时遭到了严重的失败。军事上的受挫让艾森豪威尔更加沮丧。在给妻子玛丽的信中，他如是诉苦道："我从来没有像现在这样拼命工作过，但却没有取得好的结果。"

12月22日，艾森豪威尔亲自到前线去了解情况。连日的阴雨天气，已经让农村地区变成了一片沼泽。汽车根本无法离开公路行驶，即便是在公路行驶也非常困难。在万般无奈之际，他决定推迟进攻突尼斯城的时间。在向盟国参谋长联席会议报告时，他说："暂时放弃全力出击的计划是迄今为止令我最失望的事情。做出这个决定，对我来说实在是太痛苦了！"

鉴于战况紧急，马歇尔命令艾森豪威尔："授权你的部下去处理国际外交问题，集中你的全部精力于突尼斯的战斗。"

12月23日，达尔朗遇刺身亡。这个臭名昭著的纳粹分子被一名积极拥护戴高乐的年轻人暗杀了。此后，吉罗便掌管了法属北非的军政事务。当通讯兵把这个消息告诉艾森豪威尔之时，他长长地松了一口气。达尔朗的死完全是他自己咎由自取，但却为艾森豪威尔解除了一个政治上的包袱。

· 第八章 ·

大军横扫地中海

一

保住总司令的职务

　　1943年初的突尼斯异常寒冷，多风和潮湿的天气让盟军对突尼斯的进攻一拖再拖。盟军与德军展开了一场后勤大战。德军占据着突尼斯城和西西里岛上两个优良的机场，还有靠近战场的海港，使得他们在后勤补给和兵力运输方面占据着得天独厚的优势。突尼斯方向的于尔根·冯·阿尔尼姆上将和在突尼斯同利比亚边界上的马拉斯防线的隆美尔元帅指挥的部队无论在装备上，还是士兵的战斗经验方面都占有优势。

　　这些情况怂恿着希特勒试图从突尼斯向卡萨布兰卡推进。不过，希特勒的阴谋并没有得逞。因为盟军在数量上占据着绝对优势。苏德战场上的紧张形势使得希特勒无法在北非投入太多的兵力。另外，德军在突尼斯城的火炮防御也十分薄弱。

　　与此相比，盟军的问题仅仅是怎样找到足够数量的船只，将大量战略物资从美国源源不断地运到前线。艾森豪威尔在这方面做得相当不错。很快，他们在武器装备上就超过了德军。当隆美尔指挥的部队在1943年2月与美国部队首次遭遇时，他根本没有想到美军会有如此精良和充足的装备。以致德军在与美军遭遇之时吃了大亏！

　　到1943年1月底，英、美、法等国在北非集结的军队已经超过了50万人。艾森豪威尔准备发动一场大规模的进攻，以转移人们在达尔朗协议上的纠缠不休。让艾森豪威尔没有想到的是，达尔朗协议的风波还没有完全平息，另一场风波又开始了。1月初，艾森豪威尔任命马塞尔·佩鲁顿为阿尔及利亚总督。这立即招致了世界舆论的非议，因为佩鲁顿曾任维希政府的内政部长，是一名臭名昭著的法西斯分子！

　　艾森豪威尔这次并没有像上次一样公开为自己辩解，他知道，一切辩解在世界舆论面前都显得苍白无力。不过，他却在日记中解释了自己这样做的原因。他说："佩鲁顿的任命在国内引起了一片痛苦的咆哮。他们想要谁呢？他是一位有行政经验的人，在非洲法国人当中，很难找到像他这样的人。"

与此同时，一向反对戴高乐领导的自由法国运动的吉罗将军又逮捕了在北非的自由法国分子。这又招致了支持戴高乐的英国人的不满。

丘吉尔写信给罗斯福说，从政治上说，保留艾森豪威尔的职位是不恰当的。美国国内也传闻，罗斯福总统可能会出于政治上的考虑，撤掉艾森豪威尔的职务。妻子玛丽写信警告艾森豪威尔说："头头们正在准备把你撤职。"他的联络副官布彻在记录上也这样写着："我告诉他，他的脖子已经套在绞索上了！"

根据当时的情况来看，在沙漠地区作战的英军总司令哈罗德·亚历山大将军很可能成为盟军新的总司令。亚历山大的军衔比艾森豪威尔高，而且打了大胜仗，有着丰富的经验。另外，参加突尼斯战役的英军有第八和第一两个集团军，而美国仅有一个军。如此看来，亚历山大取代艾森豪威尔成为盟军新的总司令似乎是顺理成章的事情。

1943年1月14日至24日，罗斯福、丘吉尔各带一批军政要员赶赴卡萨布兰卡，召开了一次重要的会议，以便对该年度的作战进程做出安排。1月15日，艾森豪威尔到卡萨布兰卡去了一天，报告他的战区的形势。他乘坐的飞机在飞越阿特拉斯山脉时，有两台发动机突然失控。艾森豪威尔异常紧张，几乎要跳伞了。在飞行员的努力下，飞机才转危为安。但艾森豪威尔始终没能放松自己的情绪。

罗斯福对艾森豪威尔的紧张情绪表示不满，他对总统顾问霍普金斯说："艾克看上去紧张不安。"

霍普金斯帮助艾森豪威尔解释说，这是由于他乘坐的飞机出了问题。罗斯福没有说话。尽管他对艾森豪威尔表现出来的紧张感到不满，但对他的工作表现倒是十分欣赏。在马歇尔的竭力支持下，罗斯福与丘吉尔最终一致同意保留艾森豪威尔盟军总司令的职务，继续指挥"火炬"行动。此外，英军第八集团军开抵突尼斯边境线之后，也归艾森豪威尔指挥。

当然，丘吉尔这样做也有他自己的考虑，因为他知道，法国军队是不会接受一个英国人来指挥的。当然，英国人也不会同意把盟军交给一个法国人去指挥的。因此，突尼斯战役非得由艾森豪威尔继续担任盟军总司令不可。

与此同时，盟国参谋长联席会议任命英军总司令亚历山大为盟军地面部队副总司令，英国坎宁安海军上将为海军副总司令，英国空军元帅阿瑟·特德为空军副总司令。他们的军衔都比艾森豪威尔高，但仅为临时中将的艾森豪威尔并没有被军衔吓住，他与他们建立了亲密的个人关系，彼此合作得很好。

艾森豪威尔

从对盟军司令职务的安排上可以看出，英国人企图架空艾森豪威尔的指挥权。英军总参谋长布鲁克将军就曾公开表示过这种想法。但实际上，艾森豪威尔并没有让布鲁克的这种想法得逞。1月20日，盟国参谋长联席会议发出指示，由副总司令实际掌管作战。艾森豪威尔得知之后，立即口授了一份措词十分激烈的电报，反对这样侵犯他的指挥体制的行为，坚持要求维护统一指挥的原则。

英国人的这种做法不但激怒了艾森豪威尔，也激怒了远在大洋彼岸的美国人。为了帮助艾森豪威尔维护统一指挥，美国参谋总部决定推荐他为上将。1943年2月10日，艾森豪威尔被晋升为四星上将。四颗星的军衔在当时美军中是最高的。当时，美军之中仅有马歇尔和艾森豪威尔两人拥有这个军衔。如此一来，艾森豪威尔不但没有丢官，反而得到了晋升，指挥的范围和规模也比以前更大了。

卡萨布兰卡会议讨论的另外一个议题是谁来接替达尔朗的位置。自从达尔朗被暗杀之后，北非法国人与维希方面的唯一联系就中断了。艾森豪威尔让吉罗接替了达尔朗。但丘吉尔与戴高乐均对此表示不满。在丘吉尔的一再坚持之下，罗斯福同意让戴高乐和吉罗都到卡萨布兰卡，由他出面，为他们举行一场"强迫的婚礼"，迫使双方合作。实际上，这并没有改变吉罗在美国的支持下掌控北非的局面，手中没有一兵一卒的戴高乐留下了一张与吉罗握手的照片之后，便两手空空地回到了伦敦。

二
突尼斯战役的胜利

卡萨布兰卡会议结束之后，盟军的空军力量已经明显超过了德军，并逐渐将制空权抢了过来。这就使得德军异常恐慌，因为他们意识到，要想保住自己的供应线，已经越来越难了！艾森豪威尔打算在进攻突尼斯之前，加紧积蓄力量，整顿部队，向隆美尔发动一次强大的攻势。艾森豪威尔之所以作出这个决定主要有三个方面的原因。首先，突尼斯城南部是老练善战的德军元帅隆美尔的防区，如果不将其击溃，盟军就很难保证顺利地攻下突尼斯城。

其次，由于盟军已经基本掌握了制空权，使得这一地区成为德军漫长供应线的末端。如果突然攻击，德军很难得到后勤保障。

艾森豪威尔和士兵

最后，与隆美尔的部队在正面对峙的是美国二军团的4个师。除了在登陆北非之时，他们与装备落后、战斗力低下的法军发生过零星的交火之外，根本没有上过战场。士兵们的战备观念极差，在国内根本没有受过严格认真的训练。在一次视察时，艾森豪威尔吃惊地发现，一支部队已经进入阵地两天，但是仍然没有布设雷区。

艾森豪威尔大发雷霆，质问他们为什么没有布雷时，一个军官居然回答说："我们准备在第二天解决这个问题。"

艾森豪威尔狠狠地骂了他们一顿。他命令部队，在德国人进入防御阵地时，必须布雷，机枪进入掩体，部队在两小时内进入一级战备状态。

让他更加气愤的是，第二军团的部队在撤出前线之后，军官们居然允许士兵到附近的村庄去休息。这与英国军队产生了鲜明的对比。每当英国军队撤离前线时，军官们都要组织士兵，进行实战训练。哪怕是最有战斗经验、战斗力最强的部队也不能例外。于是乎，艾森豪威尔便命令手下的美国军官们，务必加紧战备，严格训练，随时准备向敌人发起进攻。

2月11日，盟军总部的情报处长艾里克·莫克勒·弗里曼准将报告说，隆美尔的非洲军团正向突尼斯城增援，将于短期内在美军第二军团防线北端的丰杜克发动主攻。艾森豪威尔闻讯后，立即驱车赶到前线A战斗群司令部，部署战斗。

整个沙漠在月光的照射下显得异常安静。司令部的东方有一个黝黑山峦，其中有一个隘口，那就是法伊德山口。在山口的那边，隆美尔的非洲军团正在集结，但是在山口里毫无动静。艾森豪威尔部署完毕，便驱车前往第二军军长弗雷登达尔的司令部。抵达之后，他才获悉，在他离开法伊德山口半个小时之后，德军已经通过山口向A战斗群发动了进攻。艾森豪威尔想起莫克勒·弗里曼准将的信息，认为这是德军的佯攻。

他来不及休息，立即驱车回到设于君士坦丁的前进指挥所。在那里，他可以密切注视整个战线。当他于2月14日中午抵达君士坦丁时，才获悉，德军在法伊德山口发动的进攻根本不是佯攻，而是主攻方向。美军一个坦克营全军覆没，一个炮兵营已经溃不成军，余部已经被隆美尔团

上将总统 艾森豪威尔

突尼斯战役期间，艾森豪威尔同巴顿在北非战场

团包围。艾森豪威尔这才意识到，莫克勒·弗里曼准将提供的情报是错误的。

艾森豪威尔要丰杜克的 B 战斗群司令安德森立即投入战斗，救援 A 战斗群。但是安德森并没有执行艾森豪威尔的命令，他坚持认为莫克勒·弗里曼提供的情报是正确的，德国的主攻将在北面，而拒绝这样做。艾森豪威尔无奈，只好试图调别的援军到法伊德地区救援 A 战斗群。但是由于距离较远，公路状况又不佳，援军迟迟不到。A 战斗群陷入了孤军作战的不利境地。A 战斗群损失惨重，截至 2 月 15 日，美军已损失坦克 98 辆，半履带战车 57 辆和火炮 29 门。

2 月 16 日，隆美尔的非洲军团扑向另一山脉和穿过其中的卡塞林山口时，安德森匆忙调出 B 战斗群的一个营企图迂回到隆美尔的侧翼。这一企图被隆美尔识破，这一营很快便被德军吃掉了。艾森豪威尔在日记中写道："所有这一切结果，都成了零敲碎打的行动，而敌人之所以能够迅速向前推进，其根本原因就在于他们坦克数量上大大超过我们。"

2 月 21 日，隆美尔率部越过卡塞林山口。如此一来，德军便仅有一条漫长的、通过狭隘山口的补给线了。艾森豪威尔催促安德森和弗雷登达尔立即向隆美尔的侧翼发动进攻，抢占山口，切断非洲军团的后路，然后消灭它。安德森和弗雷登达尔再次拒绝执行艾森豪威尔的命令。他们认为隆美尔之所以敢这样做，完全是因为他有足够的把握，并且准备发动另一次攻势。于是，他们便采取了守势来对付隆美尔进攻。隆美尔随即意识到自己将退路暴露在了美军的攻击范围之内，当晚便退却了。盟军由此丧失了稍纵即逝的良机。

这次战斗，美军损失惨重，从战术上讲是失败了。不过，隆美尔的这次行动却帮了艾森豪威尔的大忙。美军第二军团从正面跟德军交锋，提高了他们的战斗力。同时，艾森豪威尔高超的军事指挥艺术也得到了下属们的认可。艾森豪威尔撤掉了平庸无能的弗雷登达尔,任命巴顿为第二军军长,老同学布雷德利为副军长。

到 1943 年 3 月,盟军在北非战场上的兵力已经明显超过了德意联军。盟军有 20 个师,外加两个旅,人员和装备齐全。而德意联军只有 14 个师和两个独立旅,人员和装备的缺额很大,每个师平均人数不超过 5000 人,且又处于亚历山大和蒙哥马利两支大军之间,态势十分不利。

德军元帅隆美尔认为,德意联军如若再留在非洲,就等于"明显的自杀"。3 月 9 日,他把指挥权交给了属下阿尔林将军,返回欧洲养病去了。他极力劝说希特勒从北非撤兵,并历陈其中的原因。但疯狂的希特勒认为隆美尔被盟军吓破了胆,是一个彻头彻尾的悲观主义者。于是,希特勒剥夺了隆美尔对非洲军团的指挥权。希特勒此举等于帮了盟军一个大忙,撤换了被誉为"沙漠之狐"的隆美尔从一定程度上加速了北非德意联军的灭亡。

1944 年 8 月 27 日,艾森豪威尔和布雷德利在巴黎图书馆前

3月下旬，艾森豪威尔指挥盟军对北非的德意联军发动了猛烈的进攻。盟军节节胜利，一步一步地把德意联军逼向了突尼斯。到4月中旬，德意联军全部退至突尼斯北部，终于成了"瓮中之鳖"。

4月19日，盟军集中优势兵力发起总攻。英军第八集团军自南向北实施突击，美英联军自西向东发起进攻。德军在比塞大和突尼斯的桥头堡部署重兵防守，死战不退。艾森豪威尔命令英国第八和第一集团军以及美国第二军3支部队轮番进攻该桥头堡。英国的两个集团军一直攻到4月下旬也没有什么起色。但德军的后勤保障及兵员补充已经基本断绝了。

艾森豪威尔下令英国军团停止攻击，准备派美军第二军上去。此时，布雷德利已经升任第二军军长，艾森豪威尔在老同学的陪同下巡视了前线。美军步兵第一师、第九师和装甲第一师表现均不错。在卡塞林山口战役表现不好的步兵第三十四师士气显得有些低落。为了提高该师的士气，艾森豪威尔要求布雷德利分配给第三十四步兵师一个重要目标，并务必保证它拿下这个阵地。布雷德利执行了艾森豪威尔的命令，把609高地这个战略要点分给了步兵第三十四师。

步兵第三十四师的全体官兵见艾森豪威尔将如此重要的高地交由自己这支败兵来进攻，都感到非常意外。结果，该师在作战中表现得异常英勇，不但攻占了这一高地，而且还顶住了德军的疯狂反扑。步兵第三十四师在整个战役中立下了卓越的功勋。

到5月上旬，阿尔尼姆的桥头堡已缩小到紧挨着比塞大和突尼斯两市的周围地区。艾森豪威尔命令盟军全力进攻，不给阿尔尼姆任何喘息之机。5月7日，安德森率领部队攻入了突尼斯。与此同时，布雷德利的第二军也攻占了比塞大。盟国的空军在整个战斗中作出了十分出色的努力。一天之内，空军出动飞机2500架次之多，但法西斯在面临这一危机之时，只能出动飞机60架次作为报复。此外，盟军海军也从海上封锁了德军的退路，切断了他们的后援。在北非的德意联军完全成了一股孤立之敌。

艾森豪威尔在此时亲临前线，想亲眼看到德军投降的场景。5月13日，在盟军的强烈打击下，德意联军在突尼斯的残余部队投降了。艾森豪威尔统率的盟国武装部队，共俘虏敌军27.5万人，其中一半以上是德军。在整个战役之中，德意联军损失惨重：伤亡和被俘的士兵达95万以上，被击沉的军舰总吨位达240万吨，被击落飞机近8000架，损失火炮6200门、坦克2550辆、卡车7万辆。

在战役中，艾森豪威尔看到了盟军战士们的英勇无畏。同时，这也激励着他的斗志！他在给妻子的信中说："每当我感到烦恼时，我就会想起战士们浑身泥浆，坚持在突尼斯寒冷的山地上、在寒冷的雨水和污泥中奋勇冲杀的情景。每每想到这些，我的心情就平静下来了。"

三

西西里岛登陆战役

1943年1月,在卡萨布兰卡会议上,罗斯福和丘吉尔便决定在突尼斯战役结束后立即实施西西里岛登陆战。但美、英两国在诸多事情方面均存有分歧,以致这件事情在突尼斯战役快要结束之时,西西里岛登陆战的具体事宜仍然没有确定下来。5月,盟国参谋长联席会议在华盛顿商讨此事,但他们争论了两个星期,始终没有达成一致意见。最后,两国的参谋长同意在1944年横渡海峡进攻欧洲大陆,将西西里战役的决策权交给了盟军总司令艾森豪威尔。

罗斯福与马歇尔都希望盟军能够尽快横渡英吉利海峡,在欧洲开辟第二战场,和苏联红军夹击德国法西斯。不过,丘吉尔却另有打算,他担心苏联在战后插手西欧事务,于是力主从意大利登陆,而后进攻巴尔干半岛,切断苏联红军西进之路,尽量扩大英国在欧洲的影响力。既然是否实施西西里岛登陆战由艾森豪威尔来决定,丘吉尔这位英国首相也不得不屈身去求作为他属下的盟军总司令了。

于是乎,丘吉尔便从伦敦飞到阿尔及尔,劝说艾森豪威尔对意大利发动进攻。英军参谋长布鲁克将军还劝说马歇尔陪着丘吉尔一道前往。这便形成了第二次世界大战期间一道奇特的风景线——上级来恳求下级。

一连一个星期,丘吉尔都在阿尔及尔向艾森豪威尔施加影响,想让他下令进攻意大利本土,逼迫墨索里尼退出战争。5月30日晚,丘吉尔打电话给艾森豪威尔,迫不及待地问:"艾克,你现在方便吗?我想过去拜访你!"

艾森豪威尔看了看表,当时已经是夜里11点了多,他推脱:"首相先生,我想休息了。再说,我也不想反复和你商讨此事。"

丘吉尔坚持要来，艾森豪威尔只好应允。15分钟之后，丘吉尔来到了艾森豪威尔的宿舍。两人足足谈了两个小时，艾森豪威尔终于被丘吉尔说服了。英军总参谋长布鲁克将军曾说："在这一周内，我看到艾森豪威尔非常疲倦，他被丘吉尔折磨得够呛！"

在进攻该岛之前，艾森豪威尔主张先攻占位于突尼斯和西西里之间的班泰雷利岛。这座岛屿有意大利的重兵把守，海岸都是岩石，没有沙滩，唯一的通道是一个狭窄的海港。如若要在西西里岛登陆，必须要有一个稳固的前沿阵地，以便飞机起降。将这个小岛作为盟军的机场和前进基地最合适不过了。不过，攻占这座小岛绝非易事。副总司令亚历山大和海军司令坎宁安都反对艾森豪威尔的意见。只有空军司令特德支持艾森豪威尔这一主张。

于是，艾森豪威尔便令特德组织空军力量，对班泰雷利岛实施轰炸。经过三周的轰炸，岛上的意大利守军已经溃不成军，士气低落到了极点。坎宁安见状也改变了主意，同意艾森豪威尔的主张。但亚历山大和负责指挥突击的英国将军依然反对。他们认为艾森豪威尔的这一计划根本行不通，而且将会付出惨重的代价。由于反对意见异常强烈，艾森豪威尔决定在实施突击之前亲自到前线去侦察一下。

6月7日晨，艾森豪威尔和海军司令坎宁安乘坐英国皇家海军"曙光号"，驶往班泰雷利岛。艾森豪威尔令水手将军舰一直开到海岸附近，然后又向岸上开了几炮。艾森豪威尔的预料一点也没有错，岛上的意军几乎没有还击，只有两门意大利海岸炮胡乱地向大海中开了几炮。艾森豪威尔兴奋地对坎宁安说："如果有一艘小艇，我们两个人就能占领这个地方。"

此次侦查坚定了艾森豪威尔的信念，他确信意军根本不堪一击，只要枪炮声一响，他们定然会缴械投降的。回到阿尔及尔之后，艾森豪威尔立即命令部队，按计划发动攻击。果不其然，岛上的意大利守军几乎没有组织有效的炮火还击，他们与盟军甫一接触，便溃不成军，缴械投降了。此次战斗，盟军以一伤一亡的微小代价攻占了班泰雷利岛，并俘虏了11000名意大利士兵。有意思的是，盟军这名受伤的士兵还不是在战场上受的伤，而是被骡子咬伤的。轰轰烈烈的西西里岛登陆战就此拉开了帷幕。

首战告捷让艾森豪威尔兴奋异常。7月7日，艾森豪威尔飞往设在马耳他的海军指挥所，亲自指挥这项代号为"哈斯基"的西西里岛登陆战役。当时，驻守在西西里岛上的意军有11个师，23万人之多，但其中7个师是战斗力极弱的海岸防卫队，这些部队的士兵士气低落，战斗力也极其有限。倒是"协助"意军驻守岛上的4万德军不好对付。德军有两个坦克师，其中一个是精锐的戈林党卫师。

艾森豪威尔计划在7月10日凌晨发动攻击。7月9日下午，海面上突然刮起了7级西北风，海上波涛汹涌。驻守在西西里岛上的意大利士兵判断，在如此恶劣的天气之下，盟军是不会登陆的。因此，一到晚上，他们就像平时一样，躺到了床上，并得意地说："谢天谢地，今天夜里他们无论如何也来不了。"

由于海浪太大，参谋人员建议艾森豪威尔推迟进攻的时间，但艾森豪威尔拒绝了这一建议。他说，正因为天气恶劣，岛上的德意联军才不会加强防备。另一方面，坎宁安将军的气象专家对他说，这场大风很快就会停止。实际上，艾森豪威尔在此时也拿不定主意，如果海风一直如此强劲的话，登陆只能推迟。当马歇尔发来电报，询问战役进程之时，艾森豪威尔含糊地搪塞了过去。他回电说："但愿我能知道！"

风力逐渐减弱了，但却下起了雨。艾森豪威尔决定继续进行。命令发出之后，艾森豪威尔和海军司令坎宁安爬上了马耳他的制高点，注视着英军第一空降师冒雨飞往西西里。深夜，盟军16万士兵在蒙哥马利和巴顿将军的率领下，乘坐军舰和运输船只向西西里岛东南部发动了总攻。在1000余架飞机的掩护下，登陆战进行得很顺利。

盟军登陆之后，德、意军队才反应过来，并组织了防御火力，其中德军的抵抗尤为顽强。德第十五装甲师从岛上西部调到了东岸，以阻止蒙哥马利的英第八集团军向北面的奥古斯塔推进；德军的戈林装甲步兵师和意大利的两个摩托化步兵师则向巴顿的美第七集团军发起反击。战斗进行得异常激烈。7月11日，美军攻占了杰拉城。次日，东面的英第八集团军攻克了锡腊库扎。

遭受惨重的损失之后，德军南线总司令凯塞林元帅决定与盟军混战以拖延时间，牵制盟军，然后经墨西拿海峡退至意大利的卡拉布里亚。希特勒亲自批准了凯塞林的计划，将驻卡拉布里亚的德军第二十九装甲师和驻法国的第一空降师调往西西里岛。

在加强兵力的同时，德意部队加紧调动，以阻止英第八集团军威胁墨西拿。德戈林装甲师被调往东部的卡塔尼亚；德军第一空降师也同时在卡塔尼亚空降；德第十五装甲师在恩纳附近阻止美第七集团军北进；新调来的第二十九装甲师部署在埃德纳火山西南。这样德意部队构筑了从恩纳到卡塔尼亚的坚固防线。

7月13日，蒙哥马利手下的第十三军奋力突击卡塔尼亚，盟军145架飞机载着英第一空降旅1900名士兵从突尼斯出发在卡塔尼亚空降，配合地面部队联合进攻。德军以德戈林装甲师和第一空降师进行顽强抵抗，牢牢控制着从卡塔尼亚通向墨西拿的海岸公路。蒙哥马利正面进攻受挫，被迫调第三十军绕过埃德纳火山西侧，在美第七集团军的支援下进攻墨西拿。

巴顿不甘心让蒙哥马利独唱主角，他兵分两路，一路由布莱德利将军率领美第二军在西西里岛中部支援英军作战，一路由凯斯将军率领一个暂编军直取西西里首府巴勒莫。7月22日，美军不战而克巴勒莫，俘虏意军5.3万人。巴顿的虚荣心得到了极大的满足，艾森豪威尔也为美军的胜利而兴高采烈。与此同时，由于德军将主要兵力都用在了对英军的阻击上，蒙哥马利陷入了困境，他的第十三军被阻于卡塔尼亚，而向西迂回的第三十军也在阿德拉诺地区徘徊不前。

巴顿和布莱德利见蒙哥马利受阻，决心变助攻为主攻，抢在蒙哥马利之前拿下墨西拿。布莱德雷的美第二军在攻占北部的佩特拉里亚后，迅速调头东进，沿北海岸公路直扑墨西拿。

8月10日，德意部队退到墨西拿附近，由于盟军没有切断墨西拿海峡的计划和行动，4万德军和7万意军顺利地通过墨西拿海峡退到了意大利本土。

到8月中旬，岛上的战斗已经结束了，盟军向墨西拿的进军变成了美英两国军队的赛跑。蒙哥马利和巴顿都极力敦促部队前进，企图抢先进入墨西拿。8月16日傍晚，美军第三师的先头部队到达墨西拿城下。

8月17日上午6点30分，美先遣部队进入墨西拿。随后，巴顿乘坐指挥车率领一个摩托车队驶进了城里。一小时后，一队英军也吹吹打打地进了城。一位英国军官走到巴顿面前，同他握了握手说："这是一场有趣的竞赛，我祝贺你的成功。"

西西里岛登陆战结束了。在这次攻占西西里的战役中，盟军官兵伤亡和失踪者共为31158人，其中美军损失7445人。意德军的损失共165000人，其中被俘132000人，逃亡意大利本土的有100000人以上。盟军占领了西西里岛，从此在地中海往来无阻，打开了登陆欧洲的大门。

四

意大利无条件投降

西西里岛登陆战役结束之后,各方的贺电像雪花一样飞到了艾森豪威尔的司令部。但艾森豪威尔并没有因一次战役的胜利便洋洋得意。丘吉尔敦促他尽快向意大利本土进军。艾森豪威尔也想趁热打铁,快速进军意大利,迫使意大利政府退出轴心国同盟。

就在此时,巴顿将军惹祸了。巴顿脾气暴躁、满口脏话,看上去一点也不像将军,倒像是一个穿着将军服的大兵。正是因为这样,美英两国的记者极其关注巴顿的一言一行,巴不得看他出丑。

就在巴顿将军进入墨西拿之日,军医向艾森豪威尔递交了一份报告。这份报告是一个野战医院的医生写的。报告说,巴顿将军在一个星期前视察野战医院时,看到一个并未受伤的士兵躺在病床上,便走上去问:"你得了什么病?"

那个士兵回答说:"我神经有毛病。我再也受不了炮弹的爆炸声。"

说完,那个士兵竟然嘤嘤地哭泣起来。巴顿勃然大怒,一边破口大骂,一边伸手给了他两个耳光。打完之后,巴顿还命令军医不准让这个"胆小鬼"住院。

艾森豪威尔看了这份报告以后,心下大惊。如果这件事情捅出去了,这个脾气暴躁的老朋友岂不是要被英美两国的记者抓住不放了。于是乎,艾森豪威尔便把报告放在了自己的秘密文件中,并给巴顿将军写了一封长信。

艾森豪威尔在信中开宗明义地说:"我非常清楚,有时候为了达到预期的目标,采取一些坚定和断然的措施是必要的。但是,我们绝不能粗暴地辱骂伤员,也不能在下级面前控制不住自己的脾气。"

为了息事宁人，艾森豪威尔命令巴顿写一篇深刻的检查，并向挨打的士兵道歉，向医院里的护士和医生道歉。

巴顿知道艾森豪威尔是在保护自己，便按照他的要求做了。后来，他给艾森豪威尔写了一封信。他在信中说："我无法用言词来表达自己的悔恨和忧伤。你是我感激不尽的人，我心甘情愿为你献出我的生命。"

此时，艾森豪威尔将主要的精力都放在了与意大利新政府的谈判上。7月19日，盟军对罗马进行首次空袭，破坏了市内重要的军事目标和铁路车站。在北非、地中海、西西里岛以及东线战场上接二连三的惨败，早已让墨索里尼政权在军事、经济和政治上陷入了全面的危机。盟军对罗马的空袭更是让整个意大利陷入了恐慌之中。

疯狂的墨索里尼已经走到了穷途末路。为了扭转局势，他决定动员100万人，强迫14岁到70岁的男子参加军队，14岁到60岁的妇女为国家服役。但人民厌倦了，军队士气涣散，反战情绪普遍增长。意大利国内掀起了一股反对墨索里尼的运动，人们纷纷要求墨索里尼下台。

1943年7月24日下午5点，意大利法西斯最高委员会开会。这是一次与墨索里尼摊牌的会议。该党的元老、前外交部长和驻英大使迪诺·格兰迪提出了一项决议案，内容包括要恢复宪制，国王应掌握更大的权力，指挥军队；墨索里尼只是党的领袖，不应再主持国务等。25日凌晨2点30分，最高委员会以19票赞成，8票反对，1票弃权的结果通过了这项决议。墨索里尼愤怒地说："你们挑起了政权的危机。简直糟糕透了！"

让墨索里尼没有想到的是，这场会议结束了他在意大利长达21年的独裁统治。当天下午5点，意大利国王埃曼努尔在萨沃伊宫接见了墨索里尼，宣布废黜他的一切军政职务，由巴多格利奥组织新政府。国王说："事情再不能这样继续下去了。军队反对你，阿尔卑斯山轻步兵在唱一支歌子，歌中说他们不再以墨索里尼的名义去打仗。"

随后，国王将墨索里尼拘禁了起来。次日，巴多格利奥在电台上宣布墨索里尼下台的消息，并声明："战争在继续进行。意大利将信守它的诺言。"

由于这一声明说得不明不白，人民的恐慌更加严重了。巴多格利奥所说的战争是为谁而战呢？是站在盟军的一方，还是继续站在希特勒一方呢？艾森豪威尔从意大利的这次政变中看到了希望，他决定利用"意大利的背叛"，将巴多格利奥争取到自己一方。他想急于利用这一机会进行谈判，但是罗斯福和丘吉尔则表示，意大利除了无条件投降之外，别无出路。也就是说，他不愿意跟巴多格利奥谈判，罗斯福甚至将巴多格利奥称为意大利的达尔朗。

意大利战役结束后，美第五集团军一位法裔士兵从一个一脸严肃的小女孩那里接受了一朵玫瑰花。他把收到的其他类似礼物插在头盔的网眼里。

就在罗斯福和丘吉尔商谈时，希特勒行动了。墨索里尼垮台的当天，德国人立即赶调部队进入意大利北部，其中包括从法国调来的两个师，计划占领罗马以北的意大利。

艾森豪威尔在此时也制定了种种计划，希望能够利用墨索里尼垮台所造成的有利局势，不费一兵一卒地占领意大利半岛。他甚至愿意再冒一次个人风险，与巴多格利奥达成某种协议，以减少盟军的伤亡，并在德军之前赶到罗马。

在墨索里尼垮台的当晚，艾森豪威尔便起草了一份投降条款，"准许意大利得到和平，和允许萨沃伊王朝和巴多格利奥继续执政"。这些条款比无条件投降优厚得多。这份投降条款理所当然地受到了罗斯福与丘吉尔的指责。艾森豪威尔不得不按照美英两国首脑的意思，对投降条款进行了修改。但是，等新的条款得到认可之时，德军已把19个师调进了意大利。兵不血刃的攻占意大利半岛的时机就这样失去了。

艾森豪威尔在给妻子玛丽的信中说："年轻的时候，我常常阅读将帅们的回忆录，我非常羡慕他们享有行动和决策上的自由。多美的想法啊！但他们提出的这些必须予以满足的要求之时，我已经成为了奴隶，而不是主人！"

9月3日，英美两国与巴多格利奥的秘密谈判终于取得了实质性的进展，双方秘密签订了停战协定。蒙哥马利率领的英军通过墨西拿海峡，在意大利本土登陆，并迅速向罗马挺进。

9月6日，艾森豪威尔决定派第八十二空降师司令泰勒少将秘密前往罗马，同巴多格利奥作最后安排，视情况需要作些变动。泰勒抵达罗马之后，立即给艾森豪威尔发来了电报。意大利军队惊慌失措，认为派来罗马的盟军力量太小，抵挡不住德军的进攻。更为严重的是，巴多格利奥拒绝给盟军第八十二空降师提供机场，也不愿公开发表与盟军合作的声明。

9月8日，泰勒将军的电报转到了艾森豪威尔的手上。看完电报之后，艾森豪威尔满脸通红，两眼闪光，全身肌肉收紧，抓起一支铅笔，用力折为两截，扔在了地上。他瞅了瞅电报，又抓起一支铅笔，折断了扔在地上。艾森豪威尔气愤不已地咒骂巴多格利奥，但随即又冷静了下来。他开始口述给巴多格利奥的答复："我要按原定时间广播停战协定。如果你不能按原先同意的那样合作，我要向世界公布这件事情的全部记录。你们不执行已签署的协议所规定的全部任务，将对你们的国家造成最严重的后果。你们今后的任何行动都不能恢复对你们的信任，因而结果将是你们的政府和国家的解体。"

根据停战协定，盟军与意大利应该在9月8日晚上6点30分向全世界公布意大利无条件投降的消息。艾森豪威尔给巴多格利奥发这封电报的时候，距离发表公开声明的时间已经不到12个小时了。

当晚6点30分，艾森豪威尔按计划在阿尔及尔的无线电台上发表了广播演说。他说："我是盟军总司令德怀特·戴维·艾森豪威尔将军。意大利政府已经让它的武装部队无条件投降。我以盟军总司令的身份，已批准军事停战协定。"

艾森豪威尔发表了演说之后，就静静地等待罗马方面的消息。十几分钟之后，巴多格利奥仍然没有发表公开声明。艾森豪威尔便将巴多格利奥声明的全文通过阿尔及尔电台广播了出去。这份声明命令意大利武装部队停止一切对盟军的敌对行动，敦促他们去同德国作战。直到一个小时之后，巴多格利奥才被迫在罗马电台广播了同一内容的声明。艾森豪威尔虽然不满，但总算是赢了。意大利无条件投降了，轴心国已经在实际上解体了。

当盟军司令部和巴多格利奥政府公开发布停战宣言后，驻意大利的德军，奉希特勒之命立即包围了罗马，解除了意军武装，占领了意大利大部分领土。意大利王室和巴多格利奥内阁阁员，仓皇乘坐两艘潜艇于9月10日清晨从罗马逃往布林德西避难。

此时，意大利尚有约170万人的地面部队。但在国王和巴多格利奥逃离首都之后，这些部队似乎在一夜之间全部蒸发了。德军解除了大部分意军的武装，剩余的部分也丢掉了军装和武器，混杂在平民之中了。

艾森豪威尔打电报给巴多格利奥，敦促他采取行动，号召全体爱国的意大利人"卡住德国人的脖子"。巴多格利奥的号召并没有起到什么作用，意大利的地面部队消失了。不过，意大利舰队驶离了港口，前来参加盟军。如此一来，盟军海军司令坎宁安的部队便顺利地进驻了巴里、布林迪西、塔兰托等港口。除了舰队之外，盟军从停战中所得到的，是业已逃离首都的国王和巴多格利奥的象征性的领导权。

由于在无休止的谈判中贻误了战机，导致盟军在意大利本土登陆时遭受到了沉重的打击。直到9月18日，德军凯塞林元帅才放弃阻击，开始有步骤地脱离与盟军的接触，向北方撤退。当蒙哥马利的右翼和从意大利靴跟部开来的英国第一空降师左翼会合时，艾森豪威尔的部队横越意大利并连成了一线。盟军付出了惨重的代价，美军第五集团军损失伤亡14000人，英第八集团军伤亡600人。

经过一系列的战斗之后，艾森豪威尔于9月27日命令部队从陆路向罗马推进。他之所以不选择水陆两路夹击而从陆路上向罗马发动进攻，重要原因是盟军缺乏登陆艇及重型轰炸机的支持，无力再打一次登陆战。

另一方面，情报机构获取了德军的"超级机密"。"超级机密"透露，希特勒计划撤退到意大利北部。

9月下旬，第五集团军占领了那不勒斯，第八集团军占领福季阿。艾森豪威尔命令部队继续向前推进，否则的话，凯塞林很可能会反击。此时，凯塞林已经说服希特勒，他可以在罗马以南地区有效地进行阻滞战，并批准他构筑一条"冬季防线"。这条"冬季防线"是在罗马以南地区，横跨意大利半岛纵深配置的一连串的防御阵地。

艾森豪威尔并不知道德军的部署出现了新情况，所以他在9月底仍然希望在10月底以前攻占罗马。但他错了，意大利的秋冬季节多雨潮湿，盟军因为倾盆大雨不能出动，坦克不能离开公路活动，大炮陷于泥泞之中……这种种情况再加上凯塞林的"冬季防线"，导致盟军向前推进的速度十分缓慢，而且每前进一步都要付出血的代价。直到11月，艾森豪威尔始终未能打破意大利战场的僵局。

艾森豪威尔决定将司令部往前移，更加靠近前线。他不愿意军官们在一个地方呆得太久，尤其是像阿尔及尔这样一个大城市。军官们有舒适的宿舍，又有社交活动，工作起来根本不卖力。更加要命的是，士兵们见到军官们华丽的生活都十分反感。官兵不和对部队的士气有很大的影响。

一个多月之后，艾森豪威尔的盟军总部搬到了那不勒斯附近。但这样的安排仍不合艾森豪威尔的意愿。他本想靠近前线，让总部的军官和参谋们也体验一下战场上的气氛，但副官布彻却给艾森豪威尔挑选了一栋别墅。由于别墅常年无人居住，蚊虫较多。艾森豪威尔刚走进房子，副官就从楼上跑下来，报告说："将军，浴室里有一只老鼠。"

艾森豪威尔当即抽出腰间的左轮手枪，跑到了浴室，对着东窜西跳的老鼠连开4枪，但均未打中。最后，布彻拿了一根木棍进来，将老鼠打死了。盟军总司令开枪打老鼠倒是一件轶事！

第九章

指挥"霸王"行动

一

"霸王"行动的统帅

意大利无条件投降之后,盟军便把"霸王"行动(原称"围捕"计划)提上日程。1943年8月,罗斯福与丘吉尔在加拿大魁北克会晤,商讨在欧洲开辟第二战场的日期。此时,德军在苏德战场已经接连遭受了斯大林格勒和库尔斯克两次重大失败,苏联红军已经转入了全线反攻。盟国在欧洲开辟第二战场的必要性越来越迫切了。

随着战局的发展,意大利战场已成为次要战场,盟军正在为"霸王"行动积极准备着。此时,盟军总部关于更换司令官的事,传说纷纷。有传言说,马歇尔将到伦敦来担任总司令一职,而艾森豪威尔回华盛顿接替他的工作。

艾森豪威尔对此颇为不满。有一次,艾森豪威尔跟副官布彻等人一起吃早餐。布彻谈及此事,艾森豪威尔悻悻地说:"这是一个极大的错误,因为我在气质上不适合这种工作。"

作为一名职业军人,艾森豪威尔对政治家们的争论没有耐性,更加不愿意陷入与政治家的争论之中。但是谁也没有想到,就是这个对政治没有丝毫兴趣之人,在多年之后竟然做了美国第三十四任总统。

尽管艾森豪威尔对总参谋长的工作不甚满意,但他也认为,实施"霸王"行动这样大规模的军事计划也惟有马歇尔才能胜任。当然,更换盟军总司令和美军总参谋长事关重大,并不是一朝一夕就可以决定下来的。美军参谋长联席会议的几位重要人物都坚决反对任命马歇尔为欧洲盟军统帅。作为美国三军总司令的罗斯福在下最后决策之时也不得不考虑美国武装力量的多数指挥人员和顾问的意见。

1943年11月,罗斯福在去开罗参加盟国参谋长联席会议的途中顺道来到了地中海。艾森豪威尔乘坐飞机到奥兰去迎接总统，然后陪同他到突尼斯。在长谈之中，罗斯福与艾森豪威尔谈及了"霸王"行动。他说，他不愿想象马歇尔离开华盛顿之后的情形。但是他又说："你和我，艾克，都知道内战时期参谋长的姓名，但是不干这一行的美国人，就很少有人知道。"

罗斯福说这句话的意思非常明显，他认为应该让马歇尔有机会作为野战部队的司令而名垂史册。也就是说，他是主张将马歇尔调到欧洲担任盟军总司令的。

11月21日，罗斯福离开了突尼斯，来到开罗参加盟国参谋长联席会议。中、英、美三国首脑讨论了联合对日作战计划，并发表了《开罗宣言》。罗斯福和丘吉尔就欧洲战局也进行了激烈的讨论。英国人坚持加速地中海作战地区的军事行动，但美国人却主张尽快在欧洲开辟第二战场，按原先商定的计划，实施"霸王"行动。

开罗会议结束之后，丘吉尔和罗斯福又赶赴德黑兰，同斯大林举行会晤。在三巨头会议上，斯大林一再敦促盟军在欧洲开辟第二战场。盟军从西向东，苏联红军则从东向西，夹击法西斯德国。罗斯福向他保证，盟军定会在1944年春天开辟第二战场。斯大林要求知道由谁担任这一战役的总司令。罗斯福回答说："暂时还没有任命'霸王'行动的统帅，但我相信在最近三四天内，当我们一回到开罗就会任命的。"

德黑兰会议结束之后，罗斯福便同丘吉尔、马歇尔等人商议，由谁来担任"霸王"行动的统帅。经过反复商议，大家终于在这件事情上达成了一致意见。11月29日，罗斯福向马歇尔口授了一封电报，要他发给斯大林。电报上写道："美国总统罗斯福致斯大林大元帅：现已经决定任命艾森豪威尔将军指挥'霸王'行动。"

罗斯福为什么又突然决定任命艾森豪威尔为"霸王"行动的统帅呢？一方面，华盛顿确实离不开马歇尔，如果让他到海外指挥作战，艾森豪威尔真不一定能把总参谋长的工作做好；另一方面，"霸王"行动像"火炬"行动一样，将是一次联合作战行动，如何协调多国士兵和将军之间的关系，将军队拧成一股绳，就成了最重要的事情。艾森豪威尔的工作已经表明，他具备这种素质。英国海军上将坎宁安曾对艾森豪威尔说："我认为除了你，没有人能做到这一点。"

最重要的一个原因是，艾森豪威尔深得部将们的喜爱。他在工作中喜欢听取部下的建议，并及时作出调整。而且他把士兵的性命看得很重，总是千方百计地减少伤亡。这就使得他手下的将军和士兵们无不喜欢他。因此，当艾森豪威尔被任命为"霸王"行动总指挥的消息传开之后，盟军总部的官兵们无不兴奋异常。

1943年底，当艾森豪威尔春风满面之时，另一件好事也被他赶上了。马歇尔给艾森豪威尔发了一封电报，给了他两个星期的假期，准许他回国跟家人团聚。1944年1月2日凌晨，艾森豪威尔匆匆抵达华盛顿。玛丽在飞机抵达华盛顿之前几个小时才知道丈夫要回来。她兴奋异常，一夜没有睡觉，在沃德曼·帕克饭店等候丈夫。

那一夜，他们整整谈了一夜，谈到老朋友的情况，谈到艾森豪威尔的新任命，谈到儿子的进步和许许多多其他事情。在战争年代，作为一名职业军人的妻子，想与丈夫时刻厮守是不现实的。艾森豪威尔吃完早饭之后便匆匆赶往陆军部去见马歇尔了。这次他回国，名义上是休假，实际上是在运筹"霸王"战役。

在陆军部，艾森豪威尔电令他的参谋长史密斯将军提前去伦敦，研究英国弗雷德里克·摩根中将制订的计划。摩根将军把艾森豪威尔在1942年制订的"围捕"计划作为蓝本，对计划进行了修改。

一直忙活到1月6日，艾森豪威尔才带着妻子玛丽登上了马歇尔的专列，到"白琉璜喷泉"去度假。马歇尔在那里为他们准备了一幢幽静的房子。在"白琉璜喷泉"玩了几天之后，艾森豪威尔又乘飞机到堪萨斯州的里莱堡，然后乘一小段路程的汽车到曼哈顿去看望年迈的母亲和久别的弟兄们。玛丽不能坐飞机，回华盛顿去了。曼哈顿是堪萨斯州立学院的所在地，米尔顿刚刚担任院长。艾森豪威尔的母亲艾达从阿比伦赶来，而阿瑟和他的妻子从堪萨斯城坐汽车前来。

米尔顿对哥哥艾森豪威尔说："自从父亲戴维去世之后，母亲艾达便丧失了记忆力，有时候认识大家，有时候又全然不认识。所以，你不能对她抱有太高的希望。"

艾森豪威尔点了点头。当他拥抱母亲的时候，身材瘦小、满头白发的母亲居然一下子认出了他。艾达惊奇地说："哦！是德怀特啊！"

随即，艾达搂着儿子，念念叨叨地诉说着自己的思念之情，完全不像是一个生了病的老太太。整个下午，艾森豪威尔跟大家坐在一起，有说有笑，其乐融融！艾森豪威尔的老练、自制、沉着自信和坚定的决心给兄弟们留下了很深的印象。大哥阿瑟说："现在你看着艾克，就不得不为他的敌人感到一点遗憾。"

与家人团聚之后，艾森豪威尔立即飞赴华盛顿，就"霸王"行动的有关事宜同三军高级将领以及罗斯福总统作了沟通。大家尚未取得一致意见，两个星期的假期便过去了，艾森豪威尔又要到伦敦去了。临行之前，玛丽趴在丈夫的怀里说："艾克，战争打完了就回来，我经受不起再次离开你。"

艾森豪威尔紧紧将妻子拥在怀里，而后头也不回地登上了飞机。一个星期后，艾森豪威尔在给妻子的信中说："尽管情况似乎有点恼人，但是我觉得回家是一件让人很高兴的事。我认为，这正是因为我们分离时间太长的原因。不过，这次相聚的时间似乎太短了！无论如何，我这次回家还是很有收获的！"

二

积极做好战前准备

回到伦敦以后，艾森豪威尔立即投入到了紧张的工作之中。但与两年前实施"火炬"行动相比，现在工作起来要轻松多了。盟国远征军最高司令部的成员主要来自盟军总部。他们大都在北非和地中海取得了实战经验，艾森豪威尔也有了两栖作战的经验。这个领导班子是受过战斗考验的。艾森豪威尔描述这段时间的工作时曾说："秩序代替了混乱，坚定和信心代替了恐惧和怀疑。"

经过两年多的相处，艾森豪威尔与英军高级将领都已成为了好朋友，其中尤以空军司令特德和海军司令坎宁安为好。1944年2月，坎宁安为艾森豪威尔举行了一场宴会。来参加宴会的客人都是在北非和地中战役中在艾森豪威尔手下工作过的英国军官。英国军官们赠给艾森豪威尔一个镌刻着他们名字的银盘，作为纪念品。

艾森豪威尔极为高兴。他对金钱不感兴趣，也不是一名艺术品的鉴

诺曼底登陆前，艾森豪威尔在前线视察

艾森豪威尔在视察中和他的坦克部队在一起。

赏家；但是他欣赏贵重的礼物。艾森豪威尔不好意思地接受了众人的礼物，并骄傲地拿在手中向大家展示。在赠送礼品后，坎宁安发表了一通演说，他回忆了众人在艾森豪威尔手下工作的日子，并说："没过多长时间，我们就发现我们的司令是一位正直、诚实和坦率之人……假如我说，没有人比他为促进盟国的事业做过更多的工作的话，一定不会有人反对。"

坎宁安此话未免有阿谀奉承之嫌，但倒也基本属实。艾森豪威尔在处理各方关系之时是非常老道的，对维护美英两军的团结起到了很大的作用。次日，艾森豪威尔对坎宁安说："大家送我的礼物，再加上海军上将的话，简直让我手足无措！"

为实施"霸王"行动这一大规模的战役，盟军集结了多达288万人的部队。业已部署到位的陆军共36个师，其中23个步兵师，10个装甲师，3个空降师，约153万人。海军投入作战的军舰约5300艘，其中战斗舰只包括13艘战列舰、47艘巡洋舰、134艘驱逐舰在内约1200艘，登陆舰艇4126艘，还有5000余艘运输船。空军作战飞机13700架，其中轰炸机5800架、战斗机4900架、运输机和滑翔机3000架。除此之外，还有四五十个师正从美国乘船赶往英国，准备参加战斗。

由于集结部队需要时间，盟军统帅部决定在6月初实施这一计划。但在具体的日期和时间上却很难统一。这是一个复杂的协同问题，各军兵种根据自己的需要提出不同要求，陆军要求在高潮时上陆，以减少部队暴露在海滩上的时间；海军要求在低潮时上陆，以便尽量减少登陆艇遭到障碍物的破坏；空军要求有月光，便于空降部队识别地面目标，最后经认真考虑，科学拟定符合各军种的方案，在高潮与低潮间登陆，由于5个滩头的潮汐不尽相同，所以规定5个不同的登陆时刻，登陆日则安排在满月的日子，空降时间为凌晨1点，符合上述条件的登陆日期，在1944年6月中只有两组连续三天的日子，6月5日至7日，6月18日至20日，最后选用第一组的第一天，即6月5日。

战役目的是横渡英吉利海峡，在法国北部夺取一个战略性登陆场，为开辟欧洲第二战场最终击败德国创造条件。战役企图是在诺曼底登陆，夺取登陆场，在登陆的第12天，把登陆场扩展到宽100公里，纵深100公里。计划在登陆场右翼空降2个美国伞兵师，切断德军从瑟堡出发的增援，并协同登陆部队夺取"犹他"滩头，在左翼空降1个英国伞兵师，夺取康恩运河的渡河点，然后首批8个加强营在5个滩头登陆，建立登陆场，在巩固和扩大登陆场后，后续部队上岸，右翼先攻占瑟堡，左翼向康恩河至圣罗一线发展，掩护右翼部队的攻击；第二阶段攻占冈城、贝叶、伊济尼、卡朗坦，第三阶段攻占布勒塔尼，向塞纳河推进，直取巴黎。

随着日期临近，艾森豪威尔的压力也逐日增加。远征军司令部的气氛越来越紧张了。为了提高部队的士气，艾森豪威尔花了很多时间去视察部队。他要让尽可能多的士兵见到他。他设法亲自和成千上万的士兵谈话。从2月1日到6月1日的4个月时间里，他视察了26个师、24个机场、5艘战舰和无数的仓库、工场、医院以及其他设施。他会让士兵们在他作简短讲话时，不按队列聚集在他的周围，然后绕场一周和他们握手。

如此庞大的作战部队需要50多个师一级的指挥官。艾森豪威尔不插手英国或加拿大的将军们的挑选，但是他坚持要由他挑选美国将军。他认为师一级的指挥在战争中是最重要的。在他看来，这个位置比军或集团军一级的指挥，负有更大的责任，更能有所作为。

除此之外，他对美国的两个集团军的司令人选也十分关注。在他的大力推荐之下，马歇尔推选布雷德利为美国第一集团军司令。艾森豪威尔挑选巴顿为后续部队的第三集团军司令。这些将领英勇善战，在"霸王"行动中发挥了重要作用。

5月15日，艾森豪威尔手下的司令官们在古老的圣·保罗学校开会。这次会议实际上是一次战前动员大会。蒙哥马利的第二十一集团军群总部就设在这所学校里。会议的规模不大，但却十分隆重。艾森豪威尔以盟国远征军最高司令的身份向英国军政要员发出了精致的请帖。出席会议的有英王、首相、元帅等。艾森豪威尔致简短的欢迎词，接着由地面部队司令蒙哥马利主持会议。

蒙哥马利向大家介绍了敌军的情况。1944年5月，德军在西线的法国、比利时、荷兰，只有归西线总司令陆军元帅龙德施泰特指挥的58个师，其中33个海防师，15个步兵师，8个装甲师，2个伞兵师。即使再加上由希特勒亲自指挥的作为战略预备队的2个装甲师，总共才60个师，约76万人。

西线司令部所属的58个师，编为两个集团军群，共4个集团军。B集团军群由陆军元帅隆美尔指挥，驻守法国北部，共39个师，是西线德军的主力。下辖第十五集团军，司令是萨尔穆特上将，驻加莱，拥有包括14个海防师，4个步兵师，5个装甲师在内共23个师；第七集团军，司令是多尔曼上将，驻布列塔尼半岛，拥有包括8个海防师，5个步兵师，1个装甲师在内共14个师。

G集团军群，由布拉斯科维兹上将指挥，驻守法国卢瓦河以西地区，共有19个师。下辖第一集团军，司令为谢瓦莱里中将，驻比利时，共10个师；第19集团军，司令为松德施泰因中将，驻法国南部，共9个师。

西线德军装甲部队总共有10个装甲师和3个重型坦克营，其中6个装甲师是由希特勒亲自指挥的，而且德军统帅部认为坦克不适合在海滩使用，所以部署在海滩附近地区的装甲部队仅有驻卡昂的第二十一装甲师，只有127辆坦克和40辆自行坦克突击炮。

美军的道格拉斯A-20歼击轰炸机对战术制高点的德军防御工事发动了一次进攻前的袭击。战术制高点是一个从诺曼底的方形原野和灌木篱墙突出的小半岛。在诺曼底登陆日前的五个星期里,这支空军部队飞行了大约53800架次,袭击敌人的海岸防御工事和通讯目标,总共投弹约30700吨。

海军兵力为驱逐舰5艘,潜艇49艘,远洋扫雷舰6艘,巡逻舰116艘,扫雷艇309艘,鱼雷艇34艘,炮艇42艘,总共才561艘中小军舰,实力非常弱小。空军为第三航空队,作战飞机约450架,其中战斗机160架。与盟军作战飞机数目相比,处于1∶30的绝对劣势。

诺曼底地区守军为第七集团军所属的6个师外加3个团,其中3个海防师,战斗力较弱;2个步兵师,1个装甲师,战斗力稍强;3个团是2个独立步兵团和1个伞兵团,总兵力约9万人。

防御工事也比较薄弱,只构筑了若干钢筋混凝土的独立支撑点,大部分工事都是野战工事,纵深也只设置了少量防空降障碍物。1942年7月20日,希特勒下令从挪威北部至西班牙海岸构筑由1.5万个坚固支撑点组成的防线,也就是所谓的大西洋壁垒,希特勒要求在1943年5月1日之前完成,但直到1944年5月,除加莱地区外,在960公里广阔海岸线上,只修筑了少数相距遥远的零星支撑点,在塞纳—马恩省河以东地区完成了68%,塞纳—马恩省河以西地区仅完成了18%。

海岸炮兵方面,德军部署在法国西部沿海地区的大口径火炮主要有:格里角地区有4门280毫米和3门381毫米岸炮,维梅纳地区有3门305毫米岸炮,桑卡特西部地区有3门406毫米岸炮。而由于盟军情报机关的卓越努力，使德军最高统帅部认为挪威将是盟军优先夺取的地区，反而投入大量人力物力，在挪威沿海修建了350座可部署88毫米到381毫米火炮的炮台。此外，德国还有一项优先建设的工程是海峡群岛设防工程，至1944年共建成11座配备38门210毫米至305毫米火炮的炮台，这一工程在战略上毫无意义，却浪费了大量宝贵的人力物力。

因此被德国宣传部门大肆渲染的大西洋壁垒，实际只是徒有虚名而已。倒是隆美尔就任B集团军群司令后，非常重视对沿海地区的防御建设，亲自率领特派代表团实地视察了从丹麦、荷兰、法国的沿海防御情况，并特别要求前沿防御要前推至海中，从高潮线开始，在深海中布设水雷，在浅海中设置障碍物，这些斜插入海的木桩被盟军称为"隆美尔芦笋"，海滩上则是锯齿状的混凝土角锥、坦克陷阱，其间还布设大量地雷，在能俯视海滩的制高点构筑隐蔽火力点，海滩后面的开阔地区，则布设了大量防空降的木桩，布置这些爆炸物和障碍物，工程浩大，直到盟军发起登陆时，仅仅完成了一部分，即使这样也给盟军登陆造成了不小的损失。

蒙哥马利讲话后，英王和首相分别作了简短的讲话。这次会议进一步鼓起了将士们的勇气，驱散了丘吉尔长期以来的疑虑。直到1944年5

艾森豪威尔与丘吉尔在一起（1944年5月）

月初，丘吉尔还怀疑横渡海峡的进攻是否明智。有一次，他跟艾森豪威尔共进午餐。分手之时，丘吉尔含着眼泪，激动地对艾森豪威尔说："我和你一起把这件事做到底。如果失败了，我们一起下台。"

圣·保罗会议之后，丘吉尔告诉艾森豪威尔："我对这一事业正变得坚定起来。"

三

顺利登上诺曼底

1944年5月底，盟国空军对法西斯德国最重要的交通线中心进行了密集轰炸，炸毁了82个具有战略意义的铁路枢纽。如此一来，德国人就无法迅速调配后备队和向告急的地区派出增援部队了。

在轰炸进行的同时，盟军在普利茅斯、波特兰、朴次茅斯，以及英国的许多其他大小港口开始准备登陆艇。为了保证登陆成功，一切准备工作都得考虑周详。艾森豪威尔也确实是这样做的，用他自己的话来说，就是"强大的军队像卷着的弹簧一样绷得紧紧的，等待着释放它的能量和飞越英吉利海峡的时刻到来。"

不过，有一个因素却不是考虑周详便可以解决的。这个无法控制的因素便是天气。从3月开始，艾森豪威尔就进行针对性的登陆演习。每星期一，他都要向气象站了解星期三的天气预报。然后，他便向空军司令、海军司令和其他军事人员征求意见，假如在星期三登陆，要对计划做哪些修改，以适应天气状况。到5月底，艾森豪威尔已经积累了大量的经验，知道该如何修改计划以应对天气变化了。但在此过程中，艾森豪威尔也明白了一个道理，天气预报的不准确给登陆作战带来了很大的不便。

6月初，海峡上的天气状况糟糕透了。一种让人焦虑的低气压笼罩着整个不列颠，实施空中行动的条件突然恶化。天空中阴云密布，海上的大风更是在海峡上掀起了数米高的巨浪。艾森豪威尔知道，这种天气对登陆作战是极其不利的。飞机无法正常起飞，巨浪也会让登陆士兵们头晕脑胀以致无法正常作战。6月2日，艾森豪威尔以极其忧郁的心情下令低速攻击舰起航。

6月3日，天气仍然没有好转。天气预报的消息也很糟糕。当晚，艾森豪威尔在索斯威克别墅的餐厅会见他的司令官们和皇家空军斯泰格上校,后者是艾森豪威尔的主要气象情报人员。斯泰格上校向艾森豪威尔汇报了一个十分糟糕的消息——计划登陆日有暴风雨。更糟糕的是,天气在很快恶化,因而24小时以上的预报是非常不可靠的。艾森豪威尔决定推迟下达命令时间。但必须把命令下达给运送布雷德利的部队到奥马哈和犹他滩头的美国海军,因为他们的航程最远。

司令部成员在是否按计划实行"霸王"行动上产生了分歧。空军司令特德说,天气太坏,空中支援有困难。蒙哥马利却一再主张马上动手。艾森豪威尔有些犹疑不定,他驱车回到了自己的别墅,阅读起了星期日的报纸和最新的西部小说,借以转移和缓和自己的焦急心情。当天下午,已经出发的登陆艇大部分都回到了港湾,在等候总司令的新命令。

所有人都在焦躁不安中等待着,艾森豪威尔显然是最焦躁的一个。6月4日上午,艾森豪威尔在别墅里会见他的部下。斯泰格上校说,海上的情况将比预期的略为好转,但是空军仍然无法出动。蒙哥马利仍然坚持说,无论怎样都应当干下去。

艾森豪威尔指出,"霸王"行动是由并不占压倒优势的地面部队来进行的。之所以可以实行这次战役行动,主要是因为盟军在空军方面占据优势。如果空军无法出动的话,登陆就太冒险了。随后,艾森豪威尔同大家商议决定,将登陆时间推迟24小时。

6月4日晚,盟军的高级军官都聚集在艾森豪威尔的别墅餐厅里,安静地坐在椅子上喝着咖啡。餐厅的墙上挂着一张巨大的军事地图,地图上满是大头针、箭头和标出盟军和德军位置的其他符号。

所有的人都和艾森豪威尔一样,在静静地等待着斯泰格上校关于天气的最新汇报。9点30分,斯泰格上校终于带着最新的天气预报走了进来。他说对众人:"天气出现转机!"

盟军的高级军官们听到这个消息居然像孩子一样,兴高采烈地欢呼起来。斯泰格上校继续汇报说,大雨将在两三个小时以内停止,接着是36小时好转的天气,风力中等。虽然受到云层的妨碍,但轰炸机和战斗机可以在6月5日至6日间的晚上出动。

听完这个消息之后,艾森豪威尔背着手,低着头,不停地踱来踱去。

所有人的目光都注视在他的身上。大家都明白，无论此时做出什么决定，都是有风险的。天气预报的不准确性很可能毁掉整个战役行动。如果"霸王"行动失败了，盟军将不得不再花几个月的时间来准备一次相同规模的战役。显然，这要消耗盟军更多的人力和物力，而且打垮德国法西斯的时间也很可能要向后延迟一年。

想到这里，艾森豪威尔抬头看了看参谋长史密斯。大家在一起共事两年之久，参谋长史密斯对艾森豪威尔的心思了如指掌。他迎着艾森豪威尔的目光，神情凝重地说："这是一场赌博！不过，这可能是一场胜算非常大的赌博。"

艾森豪威尔点了点头，将目光移向了地面部队总司令蒙哥马利，问道："星期二不进行，你认为怎样？"

蒙哥马利挺直了身子，盯着艾森豪威尔的眼睛，毫不犹豫地答道："不，我要干下去！"

空军司令特德再次表达了自己的意见，他不同意这样做。艾森豪威尔收住脚步，环视了一下众人，问道："问题是，你们还能把这一战役在树梢上挂多长时间？"

窗外风雨交加，艾森豪威尔充耳不闻。他陷入了沉思，在冷静地衡量各个方案的可行性。9点45分，艾森豪威尔抬头看了看大家，坚定地说："我确信必须下达命令。好，让我们干！"

盟国远征军最高总司令说要下达命令，原本犹疑不决的将军们都坚定了信念，点了点头，要跟艾森豪威尔一起干下去。于是，艾森豪威尔便以盟国远征军最高统帅部的名义，向全军下达了进攻的命令。

命令发出后，各路司令官们从椅子中一跃而起，匆匆赶往他们的指挥部去了。餐厅里只剩下了艾森豪威尔一个人。30秒之前，他似乎是世界上权力最大的人，可以决定千百万人的命运。但命令一旦下达了，他又似乎变成了世界上最没有权力的一个。在以后两三天内，他除了听取作战汇报之外，似乎什么也改变不了。无论是他，或任何人都不能使进攻停下来。此时，一个带领士兵冲锋陷阵的排长似乎都比他的权力大！

命令发出去不久，艾森豪威尔便乘坐汽车来到了索思西南的帕拉德皮尔码头。他想看看部队上船的情况。但美国士兵并不在这里上船。艾森豪威尔多少有些失落。不过，士兵们仍然高声呼喊着"好心的老艾克"这样的口号。由此可见，艾森豪威尔是很受下级军官和士兵们爱戴的。

时间在一分一秒之中过去了，登陆艇已经越来越靠近诺曼底了。下午6点，艾森豪威尔来到了纽伯里附近的3个飞机场。泰勒将军率领的第一〇一空降师将从这里起飞，前去支援地面部队的登陆行动。看到士兵们井然有序地登上飞机，艾森豪威尔感到十分欣慰。当时，他乘坐的汽车上印有标志着自己军衔的小五星。为了避免被认出来，他已经让人把这些小星星遮起来。但士兵们还是认出了他。不知谁喊了一声："看，好心的老艾克来了！"

机场上顿时爆发出了一阵欢呼，但士兵们的队形并没有乱。艾森豪威尔干脆走下汽车，在一大堆背包、枪炮和其他各种装备之中绕行，与士兵们交谈了起来。艾森豪威尔对士兵们说："不要担心，我们有最好的装备和指挥官。"

士兵们个个信心满满，一名中士回答说："将军，我们才不担心呢！现在该是德国佬担心的时候。"

一名二等兵兴高采烈地高声呼喊道："嗨，希特勒，我们来了！"

眼前的景象让艾森豪威尔异常激动。他知道，这些年轻人中将会有一大部分在战争中失去生命。但他们的牺牲是值得的，尽管人们无法一一知道他们的姓名，但全世界的人民都会记住他们共同的名字——反法西斯战士！

6月6日上午，艾森豪威尔不停地在自己的指挥所里踱来踱去。各种消息不断从前线传来，其中有好消息也有坏消息。艾森豪威尔的情绪也随着收到的情况报告而波动着，一会儿高兴，一会儿不安。盟军在大部分地点的登陆都比较顺利，但在奥马哈滩头登陆的部队则遭到德军顽强的抵抗。猛烈炮火轰击让负责在此登陆的美军第一师、第二十九师等部队遭受了沉重的伤亡。不过，总体情况还是比较好的。至6日晚，已有23000名空降部队空投到诺曼底，57500名美军和75215名英、加军队士兵也先后登陆。这样一来，第一天就有156000名盟军士兵已经突破希特勒大肆吹嘘的"大西洋壁垒"。"霸王"行动的第一步已经顺利完成了。

四

想方设法提高士气

6月6日晚，艾森豪威尔得到前线发来的消息，盟军已经在诺曼底登陆，但未能向前推进。艾森豪威尔决定亲自到滩头阵地去视察，以提高部队的士气。次日一早，他便登上了英国布雷舰"阿波罗号"，来到了战斗最为激烈的奥马哈滩头。"阿波罗号"紧靠奥马哈滩头下了锚。第一集团军司令布雷德利向艾森豪威尔汇报了战况。战况对盟军较为有利，部队正在稳步向前推进。德军虽然仍在顽强抵抗，但由于盟军的空军破坏了重要的桥梁和铁路，德军无法对诺曼底进行快速增援。艾森豪威尔对这一状况十分满意。

6月12日，美军总参谋长马歇尔等人在艾森豪威尔的陪同下也来到了奥马哈滩头视察。马歇尔对艾森豪威尔的胆略和指挥艺术十分满意。但他并没有当面称赞这位老部下，他在给罗斯福总统的电报中说："艾森豪威尔和他手下的人冷静而自信，以非凡的效率完成了无比巨大和复杂的任务。"

在关于天气的赌博上，艾森豪威尔胜利了。6月19日，一场强烈的暴风雨袭击了法国海岸，摧毁一座人工港湾，使装卸工作陷于停顿。这给盟军的进攻带来了极大的不便。不过，值得庆幸的是，艾森豪威尔当初并没有推迟"霸王"行动，避免了在最危险的时刻登陆。气象专家斯泰格上校在此时写信对艾森豪威尔说："如果将军在6月5日决定把进攻日期推迟到6月19日的话，我想，我们肯定会遇上这20年来最坏的天气。"

艾森豪威尔在这封信底下草草地写了几行字："谢谢。感谢战争之神，我们在该出发时出发了！"

盟军冒着恶劣的天气，以暴风雨般的进攻突破希特勒的"大西洋壁垒"之后，向前推进的速度迅速慢了下来。德军步步为营，稳扎稳打，使得盟军每前进一步都要付出血的代价。更为要命的是，由于诺曼底附近河网密布，田地也大多被灌木篱笆所隔断，公路更是被破坏得不成样子，盟军的坦克部队根本无法展开，地面部队的行动受到了很大的阻碍。蒙哥马利曾答应，他们会在6月6日当天攻下卡昂，但是到6月底，还没有攻下来。

疯狂的希特勒为了挽回被动的局势，将刚刚研制成功的V-1导弹投入了战场。这种新型武器的杀伤力极大。一时间，伦敦遭到了前所未有的破坏。美国空军司令阿诺德将军在查看了这种新型武器的爆炸现场后，在笔记本上面写道："这种新型武器造成的恐怖、忧虑将破坏整个英国的正常生活秩序，并打乱我们的作战部署。没有人能预料它们将要打击哪里。你能听到它们呼啸着飞来，但却很难躲避它们。"

> 在卡昂和法莱士被炸毁的公路上，卫生员正在护理一个加拿大士兵，在他们几码以外就是一辆燃烧的德军坦克。1944年8月，加拿大第一集团军为突破德军坚固防线，在从卡昂至法莱士21英里长的公路上，连续进行了9天的激烈战斗。

艾森豪威尔对德国人的这种新型武器也有些恐惧。这些日子以来，盟军在诺曼底的受阻已经够让他焦虑的了。V-1导弹对伦敦的空袭更是让他烦躁不安。更为要命的是，艾森豪威尔司令部所在地刚好在这些导弹飞行路线的右方。第一次空袭警报持续了一整天。起初，艾森豪威尔还能保持镇静。但后来，他对来回往掩体跑已经失去了耐心。有一次，空袭警报在凌晨1点响了起来，艾森豪威尔当时正躺在床上看书。他的副官布彻催促他赶快进入掩体，艾森豪威尔不耐烦地回答他说："好了！

我宁愿呆在这儿也不愿意整晚来回折腾。"

结果，他的话刚说完，一声巨大的爆炸声便响起，整座建筑物都抖了起来。非常明显，这枚导弹是在附近爆炸的。艾森豪威尔不敢再掉以轻心了，他急忙从床上爬起来，进入了掩体，在冰冷的水泥地上过了一夜。丘吉尔对德国人的这种新型武器也极为关注。6月19日，他拉住艾森豪威尔谈了90分钟，请他务必想办法破坏德军的发射基地。此时，盟军方面已经得到消息，德国正在研制V-2导弹，而且马上就要成功了。这种导弹比V-1导弹的破坏性更大。

由于6月19日那场风暴和德军V-1导弹的破坏，致使盟军在诺曼底的军事行动更加缓慢了。由于部队不能快速向前推进，大量的部队都挤在诺曼底这片狭小的海滩之上。此时，加拿大第二军团等部队仍在多佛附近待命渡海，开往滩头阵地。行动的延期让所有的士兵都感到十分不快，尤其是在付出了血的代价之后。战士们亲眼看着自己的战友被德军的机枪射倒，被敌人的炮弹炸飞，恨不能马上冲到敌人的阵地上把他们撕碎了！但随着时间的推移，这种杀敌的勇气逐渐被恐惧代替了，部队的士气受到了很大的影响。

英军第四十九师的一个营在一次非常猛烈的迫击炮和榴弹炮的轰击下，完全被打垮了。两个星期后，该营军官只剩下12名，营长以下的军官大部分都被炸死了。有两个连队里甚至只剩下了一名军官。大部分士兵在听到炮声之时都会歇斯底里地尖叫，甚至在友军大炮开火时也是这样。这种歇斯底里病迅速在部队中蔓延开来。一名中校营长向蒙哥马利报告说："我有两次不得不站在一条道路的尽头，拔出我的左轮手枪对着往后败退的人。三天前，我开枪打死了一名逃跑的少校。在敌人的迫击炮火密集之时，我命令他阻止士兵乱跑，而他自己却逃跑了。"

蒙哥马利想安慰他，但他顿了顿说："我拒绝再去断送那些好端端的生命了。部队里的大部分下级军官都是这种想法，他们不愿意开枪打死自己的士兵。但在战场上又不得不执行军队的纪律。"

艾森豪威尔非常担心，如果部队长期停滞不前的话，盟军很有可能瓦解。他三番五次地催促地面部队司令蒙哥马利，快速采取行动。6月25日，英国第三十军团终于在卡昂区开始取得了有限的进展。但由于贻误了战机,德军不但派来了援军,还挖了战壕,第三十军团的进攻不得不沿维莱博卡日到卡昂一线停顿了下来。同时发起的第三师对卡昂北部的进攻也在6月27日停止了。

艾森豪威尔对此十分不满,但他却能克制自己,没有大发雷霆。他不赞成蒙哥马利处理问题的方法,但他在诺曼底不发布强制的命令。给战术指挥官以高度的独立性是美国军队的传统之一,艾森豪威尔对此坚信不疑。作为最高统帅,他只能指出大的方针政策,而不是指挥具体战斗。于是,在整个6月后半月和7月,他时刻关注着战场上的形式,并一再催促蒙哥马利进攻卡昂,但他并没有发出强制命令。

蒙哥马利不断允诺,将马上发动进攻,但他的豪言壮语并没有化为有力的行动。艾森豪威尔对此很不高兴。蒙哥马利把进展不力的责任归咎于布雷德利。他说美军应同时进攻北面的瑟堡和南面的古当斯。他指责布雷德利不想冒险,并说自己推迟进攻是为了给美军留下充足的时间让他们去作战前准备。有军事史学家认为,这纯粹是美英两国高级将领之间的权力斗争引起的。也有人认为,蒙哥马利所以迟滞不前,主要目的是想保存实力,让美军去承受登陆初期的巨大伤亡。

为了设法提高部队的士气,敦促司令官们下达向前推进的命令,艾森豪威尔于7月1日再次赶赴诺曼底。他只带了一床铺盖、一名副官和一名勤务兵。他甚至对布雷德利说:"我只需要一条遮着一块油布的战壕"。

士兵们对艾森豪威尔的到来都感到十分兴奋。他的吉普车开到哪里,哪里就会响起士兵们的欢呼声。但军官们显然对他的到来不甚满意。因为他们的军、师司令部都是德军零星炮火的轰炸目标。艾森豪威尔的老朋友、第十五军军长韦德·海斯利普干脆要艾森豪威尔离开。他说:"不要认为我担心你可能死亡。我只是不想让人说,是我让最高统帅在我这个军的阵地上遭到了不幸。你想被打死,请别死在我的阵地上。"

艾森豪威尔并没有被军官们的恐吓吓到。有一次,他征调了一辆吉普车,由他的英国副官詹姆士·高尔特和一名勤务兵陪同,亲自驾车在乡间转来转去,竟然开到了德军防线的后方转了一圈。他当时并不知道自己已经深入到了德军的后方,直到他抵达第九十师的师部,别人才告诉他到过什么地方。

有一次,他在一个机场得悉,空军要执行一次飞行任务。艾森豪威尔说,他想一道去,从空中看看这个国家。布雷德利将军坚决反对,但艾森豪威尔还是爬上了一架野马式战斗机。他在战斗机上对布雷德利喊道:"好,布雷(布雷德利的昵称),我不飞往柏林去。"

艾森豪威尔驾驶着飞机和其他飞行员一起飞越了德军的防线。第二天,《纽约时报》对此写了一篇特别报道,标题是:《艾森豪威尔飞越纳粹防线》。艾森豪威尔的这种冒险行为虽然让将军们感到不安,但却极大地激发了战士们的士气。

五

"霸王"行动的胜利

艾森豪威尔英雄主义式的行为并没有让司令们命令部队勇往直前。蒙哥马利在7月18日发动了一次代号为"快活林"的攻势。艾森豪威尔答应他让空军全力配合，但蒙哥马利却在遭受损失之后下令停止了进攻。艾森豪威尔对此甚感不快，他愤怒地说："扔了7000多吨炸弹，部队才向前推进了11公里，每公里要损耗600多吨炸弹。如果都像这样的话，我们根本没有希望越过法国。"

特德指责蒙哥马利要对"英军这次失败"负责，而远征军最高司令部的军官们也嚷嚷着说："为什么不把蒙哥马利封为贵族，送进上议院，或者让他当马耳他总督？"

在史密斯和特德的敦促下，艾森豪威尔给蒙哥马利写了一封信，再次敦促他恢复进攻。许多美国军官认为，蒙哥马利之所以踌躇不前，是由于英国人力紧张，他们无法补充第二集团军的人员损失。艾森豪威尔认为，现在发动进攻从长远来看会减少伤亡，并指出美国在欧洲的部队最终会比英国多，承受的损失可能也要比英国大。实际上，艾森豪威尔已把突破前沿阵地的任务，寄希望于布雷德利身上了。

进入7月以来，布雷德利将军率领的第一集团军在潮湿的乡间小树林里顽强地战斗着。部队付出了惨重的代价，伤亡人数已达62000余人，但进展却十分缓慢。整个阵地上排满了尸体，等待着穿黑衣服的收尸队来埋葬。为了打破这种僵局，布雷德利计划用饱和轰炸的方法让柯林斯领导的第七军团在敌人的阵地上开辟出一条路来。布雷德利和柯林斯将这一行动命名为"眼镜蛇"计划。

按照这一计划，第一集团军将投入4个步兵师和两个装甲师进行地面攻击。与此同时，出动2000架飞机，连续对敌人约6500米宽、4500米长的阵地进行轰炸。3个步兵装甲师将穿过这个矩形阵地和美国阵地之间形成的空隙地带进行强攻。他们可以加固两侧兵力，来对付敌人的反攻，而两个装甲师则齐头并进穿越那个空隙地带，向南驰骋进入法国的开阔地区。艾森豪威尔批准了这一计划。布雷德利原计划在7月19日实施该计划的，但因天气恶劣而推迟了。

就在"眼镜蛇"计划紧锣密鼓地进行之时，蒙哥马利实施的代号为"赛马场"的计划却再一次遭到了失败。这让艾森豪威尔感到十分沮丧。美英两国的民众对蒙哥马利的表现也十分不满。就在这个时候，美国陆军部长亨利·史汀生在视察了瑟堡的美国部队之后，就战局的发展同艾森豪威尔商谈了半个多小时。史汀生告诉艾森豪威尔，他必须想办法来对付美国民众的下列看法，即美国现在被迫承受着不必要的损失，甚至是在孤军作战，或者说主要是在为英国利益而战斗。而最有效的方法就是把远征军的司令部向前推进，直接加强对战斗的干预，以消除国内对蒙哥马利的批评。否则的话，美国民众绝对不会善罢甘休的。

战斗陷入了僵局，艾森豪威尔忧心如焚。他想尽快打破这种局面。当时，盟军除了在空军方面占据绝对优势之外，在其他方面并不占优势。如果这种僵局继续下去，"霸王"行动很可能会失败。于是，他把希望寄托在了布雷德利的"眼镜蛇"计划上。他打算，一旦布雷德利突破德军的防线，便马上立即将部队从英国调来，正式成立巴顿的第三集团军，并派该集团军急赴布列塔尼，打开那里的港口。

综合各种条件，布雷德利计划在7月21日实施"眼镜蛇"计划。当天，艾森豪威尔乘坐B-25飞机飞往诺曼底。天气很糟糕，阴沉沉，空中只有他乘坐的飞机在飞行。抵达布雷德利的司令部时，雨已经下得很大了。布雷德利沮丧地告诉他，由于天气太恶劣，进攻不得不取消了。

艾森豪威尔听到这个消息也十分沮丧，但谁也无法控制天气的变化。这时，布雷德利突然对老同学狠狠地说："艾克，你这个家伙，简直不要命了！在这样的天气里还敢飞行！"

艾森豪威尔扔掉湿透的纸烟，微笑着说："布雷，你难道不知道吗？我担任最高统帅的唯一乐趣就是，从来没有人能不让我飞行。"

说完，艾森豪威尔便陷入了沉思。他瞅着一刻不停的大雨，忧怨地说："如果我死在战场上，你们应该在雨天保存我的尸体，然后在暴风雨中把我埋葬。这样的鬼天气真要了我的命！"

雨一直在下，并没有停下来的迹象。在不得已的情况下，艾森豪威尔又飞回了伦敦。在等待晴天的日子里，他不断打电报给布雷德利，催促他说："当天气许可时，一定要全力出击。在这个时机突破，会使总的损失减少到最低限度。"

7月24日，战斗终于打响了。艾森豪威尔给布雷德利发了一封电报，敦促他全力发动进攻。而后，他便飞到了蒙哥马利的司令部，要求蒙哥马利同时向德军发动全线进攻。蒙哥马利虽然不满，但依然执行了命令。随即，盟军对德军阵地的大规模轰炸开始了。2500架轰炸机投下了4000多吨炸弹，德军被炸得晕头转向。但由于投弹不准，轰炸也造成好几百名美国士兵的伤亡。在前线视察的美国地面部队司令莱斯利·麦克内尔将军也不幸遇难了。但要命的是，地面部队的进攻却依然十分缓慢。艾森豪威尔伤心极了。

当天晚上，艾森豪威尔飞回伦敦之后，布雷德利发来电报，对说他："我确信，部队在第二天将有重大进展。"

临睡前，艾森豪威尔写信给布雷德利说："你已经得到堆积如山的物资，我们必须使敌人一刻也不能喘息，直到我们达到目的。然后，将他们粉碎。"

布雷德利将柯林斯的第七军摆在了关键的位置上。柯林斯有胆有识，果然没有辜负布雷德利的信任。他在第二天的战斗中就把预备队全部投入到了战场。他率领部队勇往直前，很快便突破了德军的防线。到7月27日，柯林斯的第七军已推进到了古当斯。米德尔顿指挥的第八军也在柯林斯的右翼突破了德军的防线，并攻克了格朗维尔和阿弗朗什。

艾森豪威尔决定抓住这一有利时机，发动全线进攻，不让德军恢复他们的防线。他对一直抱怨自己的英军总参谋长布鲁克将军说："时间对我从来没有这样重要。我们不应等待天气或诸事齐备。我强烈地感觉到，现在用3个师进攻要比5天后用6个师进攻更为有利。"

于是，他催促蒙哥马利一个小时也不要浪费，马上发动全线进攻。

由于美军抢在了英军的前头，蒙哥马利也有了迫切感。他命令部队，要不怕伤亡，随时随地尽可能骚扰、攻击、袭击敌人。

艾森豪威尔与手下三名干将：巴顿、布雷德利和霍奇斯

巴黎解放时，人们追赶着德军俘虏，使他们跑得上气不接下气，狼狈不堪。曾几何时，那种不可一世的傲慢劲儿再也不见了。

8月1日，艾森豪威尔将刚刚组建起来的第三集团军投入到了前线。布雷德利升任为由第一、第三集团军组成的第十二集团军群司令，考特内·霍奇斯将军将接任第一集团军司令，巴顿任第三集团军司令。表面上，布雷德利仍然接受盟军地面部队司令蒙哥马利的指挥，但美军的实际指挥权已经被艾森豪威尔抓在了手里。铁血老将巴顿的出动迅速改变了战局。美军第三集团军在巴顿的指挥下，横扫布列塔尼。死水一潭的前线恶梦结束了。

巴黎人在涂抹希特勒的画像。终于可以向痛恨已久的人出气了

一个美国士兵用绳索绑住希特勒像的脖子，用来装饰美军新造的浮筒桥

当英国的第二集团军和美国的第一集团军继续进攻、牵制和消灭诺曼底的德军时，巴顿的第三集团军快速前进，在8月3日攻占雷恩，并

在5天后推进到了离巴黎差不多只有一天路程的勒芒。艾森豪威尔十分高兴，他命令空军尽力支援第三集团军，封锁敌人的交通线。

天生喜欢打仗的巴顿将军给德军带来了严重的威胁。德军元帅隆美尔在盟军的轰炸中受伤，希特勒命根瑟·冯·克鲁格接替隆美尔，指挥增派部队。希特勒亲自指挥整个战役。由于希特勒无法到前线指挥，他不得不使用无线电。于是，盟军便截听到了希特勒的全面计划和大部分具体细节。当克鲁格于8月6日夜进行攻击时，艾森豪威尔已经对他的兵力和行动了如指掌了。于是，艾森豪威尔迅速布置了一个陷阱，等待德军往里面钻。

8月7日，艾森豪威尔把司令部搬到了诺曼底。随后的几天里，盟军向前推进的速度不断加快。8月13日，艾森豪威尔以盟国远征军总司令的名义，向全军发出通报，号召他们英勇顽强，坚决歼灭敌人。艾森豪威尔在命令中说："由于只有用最大限度的热情、决心和快速行动才能抓住这个机会，所以我向你们提出最紧急的呼吁。我要求所有飞行员担负起自己日夜不停地打击敌人，不能给他们任何喘息的机会；我要求所有水兵保证不让任何一部分敌军从海上逃跑或从海面上获得增援，并且保证供给我们陆地上的战友所需要的一切战略物资；我要求所有步兵，向敌人发动最猛烈的进攻，牢固占领每一寸已经攻占的土地，不让一个德国兵逃跑！"

盟军士兵在艾森豪威尔的号召下顽强作战。德军钻进了艾森豪威尔为他们设置的陷阱里，德军损失惨重。在华莱士战场上，到处都是德军被击毁的装备以及士兵和牲口的尸体。以至于，盟军在通过这片区域时付出了很大的努力，因为道路完全被阻塞了。艾森豪威尔在巡视战场时说："那里的景象只有但丁才能形容。你可以完全在死尸和烂肉堆上一气行走几百米而不会踩到任何别的东西。"

继法莱士战役之后，盟国远征军席卷法国。蒙哥马利的第二十一集团军群沿着海岸线向比利时长驱直入，而第一和第三集团军向东直指巴黎。巴黎是一块磁铁，吸引着每一个人。每个师、军和集团军的指挥官都想得到解放巴黎的光荣。出于政治上的考虑，艾森豪威尔于8月21日命令雅克·勒克莱克将军所统率的法国第二装甲师和美国第四步兵师进入巴黎。1944年8月25日，勒克莱克将军奉命光荣地接受了德军的投降。从此，被德国占领达4年之久、有法兰西荣誉之称的这座伟大的城市解放了。

巴黎的解放标志着"霸王"行动的结束。德国第七集团军和第五坦克集团军遭到决定性的失败，第一和第十九集团军大部分战斗力也被击溃。从盟军登陆之日算起，德军高级指挥官中有3个陆军元帅和1个集团军司令被撤职或受伤，1个集团军司令、3个军长、15个师长和1个要塞司令被击毙或被俘。到8月底，西线德军已损失近50万人，其中多半是被俘的。盟军共缴获或击毁敌人坦克1300辆，军车2万辆，迫击炮500门，野炮和重炮1500门。纳粹德国的失败已经无可挽回了。

·第十章·

纳粹德国的覆亡

一

将军之间的分歧

随着战局的发展，德国法西斯的失败已经是可以预见的。在这种情况下，英、美之间的矛盾和争论也愈来愈多了。丘吉尔希望尽量拖延战争的进程，让德国和苏联在东线战场上拼个你死我活，削弱这两个欧洲大国的实力，而英国则趁机进入巴尔干半岛，以便使英国在战后成为欧洲的霸主。但美国却希望尽快结束这场可恶的战争，减少伤亡，恢复生产，提高国内人民的生活水平。

于是，艾森豪威尔作为盟军总司令便陷入了与英国首相丘吉尔无休止的争论之中。为了尽快结束战争，艾森豪威尔在作战问题上始终没有向丘吉尔妥协。这使得丘吉尔多次向罗斯福总统抱怨，企图改变艾森豪威尔的想法。

美军在挖掘埋在废墟中的战友。1944年7月25日，在被称为"眼镜蛇"行动的提前空袭中，他们被自己人误炸，造成600余名美军伤亡。

与此同时，盟军内部也因为荣誉和指挥权等问题产生了纠纷。蒙哥马利向艾森豪威尔提出，他应像"霸王"行动开始时一样，保持对全部地面部队的战术协调控制权。艾森豪威尔断然拒绝了他的要求。此时，美国的报纸已经在抱怨说，英国人统治着盟国远征军，因为英国人领导着主要的陆海空部队，而艾森豪威尔不过是一个傀儡罢了。

马歇尔对报纸上的报道极为不满，他在给艾森豪威尔的一封电报中说："陆军部长史汀生和我，以及所有的美国人民，强烈地认为，你负责直接指挥美国部队的时候已经到来。美国地面部队不能再受英国人的指挥和制约了。"

正是基于这种考虑，艾森豪威尔才于实施"眼镜蛇"计划的前后，接管了美国地面部队的指挥权。8月19日，艾森豪威尔告诉蒙哥马利和布雷德利，他打算在法国设立具有适当通讯设备的前进指挥所之后，立即亲自指挥陆上作战。艾森豪威尔还拟订了一个作战计划，派遣蒙哥马利的第二十一集团军群向东北，朝安特卫普和鲁尔进发；派遣布雷德利的第十二集团军群从巴黎向东直指梅斯。

蒙哥马利对此极为不满。8月22日，他派自己的参谋长弗雷迪·德·基恩甘去见艾森豪威尔，对这两个决定提出了抗议。蒙哥马利对艾森豪威尔说，结束战争最快的办法就是把巴顿留在巴黎。另外，他还要求将新近运来的补给品，大部或全部交给他的第二十一集团军群使用。他甚至以警告的语气对艾森豪威尔说："在取得巨大胜利之后，现在来改变指挥系统，只会延长战争时间。"

由于艾森豪威尔始终没有作出妥协，蒙哥马利邀请艾森豪威尔在第二天到他的战术司令部共进午餐。第二天的讨论理所当然地又成了蒙哥马利对艾森豪威尔大发牢骚的争吵。但不管他怎么说，艾森豪威尔始终没有动摇接过地面部队指挥权的决心。不过，艾森豪威尔也在一些方面对蒙哥马利做出了让步。蒙哥马利希望巴顿按兵不动，由自己来指挥空降集团军和第一集团军；自己的部队必须得到一切可以得到的补给品；自己的部队要越过加莱海峡，向安特卫普和布鲁塞尔挺进，直捣德国的工业中心鲁尔。

艾森豪威尔在这些方面上做了让步。布雷德利和巴顿对此大为不满。

布雷德利将军气得发疯，他大声嚷道："这算什么最高统帅！"

巴顿对蒙哥马利更是深恶痛绝。在"霸王"行动中，由于巴顿的第三集团军一出场就取得了辉煌的胜利，巴顿的名字在一夜之间就传遍了全世界。各国报纸的头版头条几乎都是对这位传奇将军的报道。这让蒙哥马利很不舒服。双方也因这种细枝末节的荣誉问题而发生过争执。巴顿认为蒙哥马利要从安特卫普和布鲁塞尔向进军，直捣鲁尔，这是一件吃力不讨好的事情。那里水网密布，不利于装甲部队的展开。他向布雷德利建议，他们以辞职来威胁艾森豪威尔，让他收回对蒙哥马利做出的妥协。他说："我认为这样摊牌后，我们会取胜，因为艾克不敢将我们解职。"

布雷德利是一个稳重的人，并不像巴顿那样容易冲动。他劝说巴顿以大局为重，不要影响两国关系。蒙哥马利并没有因此次的胜利而放弃与艾森豪威尔争夺指挥权，这让艾森豪威尔十分头疼。如何处理自己与蒙哥马利的关系，并协调美英两军的作战等问题，让艾森豪威尔忙得喘不过气来。

9月2日，艾森豪威尔飞到凡尔赛，会见了布雷德利和巴顿，并与他们讨论了未来的战局。此时，巴顿已经把战线推进到了巴黎以东160公里处。但由于缺乏汽油，坦克无法继续前进，巴顿不得不停止了他"旋风式"的进攻。之所以造成汽油短缺的情况，主要是因为的部分补给调拨给了蒙哥马利的第二十一集团军群。

艾森豪威尔本来打算狠狠地批评巴顿一顿的，因为他"旋风式"的进攻已经把战线拉得太远了，给后勤补给造成了困难。不过，这位老朋友在会见开始的时候就抓住了机会，先抱怨了艾森豪威尔一通。他说："艾克，如果你给我正常的物资供应，我能推进到德国边界，突破那条该死的齐格菲防线！我愿意以我的名誉打赌。"

看着眼前这个口无遮拦的老朋友，艾森豪威尔淡淡地说："乔治，小心点！你的名誉值不了多少钱！"

巴顿嬉皮笑脸地回答说："嗨，艾克，你错了！我的名誉现在相当不错！我的部队在前方，机会好得不能再好，希望阁下开恩，同意拨给第三集团军一些汽油，保障我的军队继续前进！"

巴顿打了大胜仗，他的部队士气高昂，不给他物资补给是没有道理的。经过讨价还价，艾森豪威尔允许巴顿继续向曼海姆和法兰克福进攻。此外，他还同意了布雷德利的请求，把第一集团军部署在阿登以南，以保障巴顿第三集团军左翼的安全。

这个消息被蒙哥马利得知以后，他勃然大怒，多次向艾森豪威尔提出了抗议。9月7日，他再次向艾森豪威尔提出抗议说，他的第二十一集团军群并没有得到补给优先权，并列举了大量的数据来证明自己的观点。在这封抗议电报的最后，他说："在这份电报中很难把问题说清楚。我不知道，你能不能来布鲁塞尔见我。"

蒙哥马利向自己的顶头上司提出这样的要求似乎是不合适的。不过，在整个战争期间，只有一次他主动到盟国远征军总部去见艾森豪威尔，除此之外，他总是坚持要艾森豪威尔去见他。不过，他在9月7日提出这样的要求是非常不合适的，因为艾森豪威尔在9月2日遭遇了一场事故。

在凡尔赛会见布雷德利和巴顿后，艾森豪威尔乘坐B-25型飞机飞回盟军总部。途中，飞机的一个消声器坏了，他不得不转乘一架L-5型飞机。这是一种航程有限，而且只可以乘坐一人的小型飞机。不巧的是，他们遇到了暴风雨，驾驶员迷了路，找不到跑道。在燃油快用完之时，他们在沙滩上迫降了。

艾森豪威尔跳下飞机，帮助驾驶员把飞机推过潮水线。在潮湿的沙滩上，艾森豪威尔一不小心扭伤了膝盖。他的膝盖在西点军校之时就受过伤，这次扭伤对那条倒霉的膝盖来说简直就是雪上加霜。驾驶员好不容易才扶着他，走过盐滩，来到公路上。幸运的是，一辆路过的美军吉普车发现了他们，把他们送到盟军远征军司令部所在地格朗维尔。

他的膝盖又红又肿，痛得要命！两名副官把他抬到了床上，并打电话给医生。一名医生从伦敦飞来，给他做了仔细的检查。医生处理完之后，叮嘱他要卧床一个星期，不要随便活动受伤的膝盖。在此期间，艾森豪威尔的心情相当糟糕，经常发脾气。他已经54岁了，膝盖上的伤再也不会像年轻时候好得那样快了。一个星期之后，他的膝盖上仍然打着石膏。

蒙哥马利明明知道艾森豪威尔身上有伤，但仍然坚持要艾森豪威尔去见他。9月10日下午，艾森豪威尔带伤登上了飞往布鲁塞尔的飞机。膝盖上的伤让艾森豪威尔登上飞机已经很困难了，根本没有可能再从飞机上走下去。在这种情况下，作为下级的蒙哥马利才拿着艾森豪威尔最近发出的一些命令登上飞机来见他。蒙哥马利激动地挥舞着手中的文件，指责艾森豪威尔在欺骗他。言外之意是说，根本不是艾森豪威尔在指挥地面部队，而是巴顿在指挥。因此，他要求艾森豪威尔把地面指挥权归还给他，并且宣称，两面出击最后将导致失败。

艾森豪威尔压制着自己的怒火，等蒙哥马利停下来时才说："冷静点，蒙蒂（蒙哥马利的昵称）！你不能这样对我说话，我是你的上司。"

蒙哥马利这才嘟囔着说了几句道歉的话，接着便提出由第二十一集团军群单独地通过阿纳姆，直插柏林，并要求得到他所需的补给。艾森豪威尔拒绝了他的要求。后来，艾克在他的工作日记中写道："蒙哥马利的要求很简单，就是把什么都给他！他简直发了疯！"

作为妥协，艾森豪威尔最后同意了一项代号为"市场花园"的计划。蒙哥马利宣称，这项计划会带来重大战果。计划用空降集团军和英国第二集团军在荷兰的阿纳姆渡过下莱茵河。但这一计划存在明显的缺点，在实施中遭到了严重的挫折。蒙哥马利再次将责任推诿给别人。他要求艾森豪威尔用有约束性的命令使巴顿停止前进，把一切力量都投入到左翼，配合自己部队的行动。

此时，艾森豪威尔已经把盟国远征军总部迁到了凡尔赛。9月22日，他在凡尔赛召开了军事会议。除蒙哥马利由他的参谋长德·基恩甘代表外，盟军所有的高级将领都出席了这次会议。在会议开始之前，艾森豪威尔口授了一封给蒙哥马利的信，要求他占领安特卫普。因为"占领安特卫普是最后进军德国的先决条件"。在这次军事会议上，艾森豪威尔也宣布了这一计划。但蒙哥马利并没有理会艾森豪威尔的命令，继续实施自己的"市场花园"行动，组织部队向阿纳姆推进。结果，"市场花园"行动失败，安特卫普没有及时打通。

二

德军的疯狂反扑

1944年的秋天让艾森豪威尔异常苦闷。阴雨连绵的天气、部队迟缓的进展以及与蒙哥马利之间的争端，都让他烦躁不安。唯一使他宽慰的是，美国参议院批准晋升他为五星上将。五星上将相当于元帅军衔。这就使得艾森豪威尔可以跟英国陆军元帅蒙哥马利（1944年9月晋升为元帅）同级了。

整个秋季，艾森豪威尔都在与蒙哥马利争论关于进攻安特卫普的问题。艾森豪威尔在百般无奈之下，对蒙哥马利说，他向盟国参谋长联席会议报告，解除蒙哥马利对第二十一集团军群指挥权。蒙哥马利这才赶紧发电报给艾森豪威尔，保证百分之百地按照盟军总司令的命令行动，并在电文的署名上签上了"您非常忠诚的下属，蒙蒂"的字样。

圣诞节过后，艾森豪威尔命令蒙哥马利向德军凸出部位进军之时，蒙哥马利再次提出了异议。他在给艾森豪威尔的信中再次要求让他全权指挥地面作战。他甚至草拟了一份指示，让艾森豪威尔签字。

艾森豪威尔再也不愿忍受这位自大的英国元帅了。他在回电中，用简明而有力的文字发出了自己的命令。他命令蒙哥马利仔细阅读他的命令。如此强硬的措辞在艾森豪威尔的命令中是不多见的。艾森豪威尔对他说："我很难过，我们之间产生这样一条不可逾越的信念方面的鸿沟，以致我们将不得不把我们的分歧提到盟国参谋长联席会议上去。"

艾森豪威尔

艾森豪威尔已经意识到，一味妥协并不能满足蒙哥马利的虚荣心和权力欲。他不想陷入与蒙哥马利的争吵之中，因为这样势必会损害反法西斯同盟内部的团结，从而对战争进程带来负面影响。

盟国远征军最高司令部的大部分成员都对蒙哥马利十分反感，都认为他必须离职。蒙哥马利却不以为然，他对集团军群参谋长说："让我离职，谁能代替我呢？"

弗雷迪·德·基恩甘回答说："听说已经安排好了，他们想要亚历山大接替你。"

蒙哥马利听到这句话，顿时着慌起来。亚历山大的能力和威信在英军之中并不比他低，他焦急地问弗雷迪："我该怎么办？怎么办？"

他的参谋长拿出了一份已经拟好的电报，让蒙哥马利签字。蒙哥马利看了看，表情有些尴尬！弗雷迪说："签吧！当前唯一的办法是向艾克承认错误，并撤回或撕毁你要求单独指挥地面部队的那封信。"

蒙哥马利终于向艾森豪威尔低头了。尽管他还不能完全符合艾森豪威尔的要求，但比从前好多了。

随着战局的发展，法西斯德国已经深陷两线作战的境地而不能自拔。为了挽回败局，疯狂的希特勒再次大规模地征召士兵。他规定，凡是15岁到60岁之间的男子必须扛起枪去阻击盟军和苏联红军。德国法西斯已经走到了穷途末路。新征召的士兵由于年龄太小或太大，战斗力十分低下，而且兵员补充的速度也远远赶不上前线的伤亡数字。另一方面，由于大批的技术工人被征召入伍，军工生产的速度也慢了下来。此时，无论是从部队规模，还是从战略物资储备上来看，盟军都已经占了绝对优势。

但困兽犹斗的法西斯德国仍然在1944年的秋冬季节给盟军造成了极大的压力。1944年秋，美、英军逼近德国西部边境，并多次进攻齐格菲防线。为了扭转战局，希特勒决定孤注一掷。德军最高统帅部秘密制定了代号为"莱茵河卫兵"的作战计划。这个计划的主要内容是：集中优势兵力，迅速从美军防守薄弱点突破盟军防线，强渡马斯河，夺取盟军的主要补给港口安特卫普，把盟军一分为二，并制造第二个敦刻尔克，迫使英美两国单独和德国媾和。然后，德军再转头，集中所有的力量来对付苏联。

12月16日拂晓，在密集炮火准备后，德军兵分三路，突然向盟军阵地发动突袭。总攻前，德军还实施了两个特别行动以配合正面进攻。一是代号"鹰"的空降作战行动，目标占领美军后方的公路交通枢纽；另一代号"格里芬"行动则由德军特种部队——第150装甲旅执行。他们装扮成美军，在德国大部队到来之前潜入盟军阵地，尽可能地制造混乱和破坏，占领战略要地。

阿登战役打响的第二天，美军第一〇六师的两个团7000多人被德军包围了，而后投降，成为美军在欧洲战场上遭到的最严重失败。第三天，中路德军第五装甲集团军逼进公路交通枢纽巴斯通；右翼党卫军第六装甲集团军占领了马斯河渡口；左翼第七集团军渡过奥尔河。

到12月20日，德军已撕开美军防线，形成一个宽约100公里、纵深30公里至50公里的突出部。22日，德军交给坚守巴斯通的美军第一〇一空降师一封劝降信，希望他们放弃抵抗。第一〇一空降师代理师长麦考利夫准将只回答了一个字："呸！"

面对德军的优势兵力，艾森豪威尔沉着冷静地应对着。12月25日，他决定对德军发动新的攻势。美军第二装甲师在塞勒斯与德军第二装甲师展开了激战。一战下来，德军阵亡2500人，被俘1050人，所有坦克损失殆尽。美军第二装甲师由此获得了"活动地狱"的绰号。

12月26日，美军第四装甲师先头部队终于杀开一条血路，冲进了巴斯通，加强巴斯通的防御力量。由于天气转好，盟军空军也开始支援地面作战，给德军第五装甲集团军以致命打击，德军强渡马斯河的希望落空。

1945年1月1日，德军出动1000多架飞机，对法国、比利时和荷兰境内的盟军机场进行空袭，炸毁盟军飞机260架。与此同时，德军的地面部队趁机向阿尔萨斯北部发起了进攻。

3日，盟军在艾森豪威尔的指挥下发动了大规模反攻。巴顿的第三集团军和坚守阿登地区的第一集团军同时出击。从这一天开始，敌我双方在阿尔萨斯展开了阿登战役中最激烈的一场战斗。经过数日的血战，盟军终于击退了德军，并给其造成了惨重的损失。

1945年1月6日，丘吉尔向斯大林求援。第二天，斯大林就复电，表示要加紧准备工作，尽早从东线发动进攻。1月12日，苏联红军提前发动了维斯瓦—奥德河战役，重创德军。希特勒不得不于1月22日将原本在西线战场的党卫军第六装甲集团军调往东线。如此一来，盟军的压力就大大减轻了。与此同时，艾森豪威尔下令盟军发动反击战。在德军党卫第六装甲集团军调往东线之后，盟军的追击速度明显加快。到1月28日，德军被全部赶回了阿登战役发起前的位置。至此，整个阿登战役结束。

　　阿登战役是西线规模最大的一次阵地反击战，有60多万名德军和近65万名盟军参战。美军伤81000人、亡19000人，英军伤1400人、亡200人，德军则有超过10万人伤亡、被俘或失踪，损失了1600架飞机、6000辆汽车、600辆坦克和重炮。阿登战役使德国消耗了最后的精锐部队，再也没有后备力量可以补充，因而成为在西线德军发动的最后一次进攻。

　　法西斯德国在阿登战役中的失败不仅使西线的失败不可避免，而且也葬送了东线的德军，因为希特勒将他的最后的后备力量投入到了这场战役之中。在东线战场上，苏联红军以占绝对优势的兵力和装备迅速向西推进。到1月27日，朱可夫元帅率领的白俄罗斯第一方面军已经抢占了奥得河的登陆场，在20天内连续向前推进了500多公里，已经推进到德国本土，离柏林只有150公里了。德国法西斯的灭亡就在眼前了。

三
向德国本土进军

1945年2月初，盟军首先清除了阿尔萨斯莱茵河西岸的科尔马敌军阵地，迫使德军退守河东的齐格菲防线。而后，艾森豪威尔向各个集团军下达了命令，令他们扫除莱茵河西岸的残敌，准备渡河，直接进攻齐格菲防线。此时，法西斯德国在西线的兵力形式上还有66个师，但人员缺额很大，而且武器装备也很差，其中有24个师甚至连反坦克炮都没有。在这种情况下，艾森豪威尔决定，令布雷德利的第十二集团军群和蒙哥马利的第二十一集团军群全力向夺取莱茵河，向德国本土进军。

为了保障渡河的顺利进行，艾森豪威尔仔细研究了渡河的方案。他对参加这一战役的指挥员说："莱茵河是一个可怕的军事障碍，其北端尤其如此。这条河不仅河身很宽，而且水势难测，甚至水位和流速也变化无常，因为敌人能打开沿这条大河东面的那些支流的闸门。我们必须

1945年初，美军高级将领合影。前排中为艾森豪威尔，巴顿（左二），布雷德利（右三）

组织专门的侦察和警戒部队，随时监视敌人的行动。由于莱茵河这个障碍的性质，我们这次渡河很像是一次对滩头的突击。当然，我们的部队不是从船上向岸上攻击，而是从岸上向岸上攻击。"

美第3集团军司令巴顿将军自豪地站在吉普车上，雄赳赳气昂昂地穿过莱茵河上的浮桥。当天晚些时候，他在给艾森豪威尔的一封电报里幽默地形容当时的情形："亲爱的艾克，今天我向莱茵河里吐了一口口水。"

2月8日，排山倒海之势的进攻开始了。战役一开始，蒙哥马利元帅和巴顿将军便暗暗较起了劲，他们集中全部精力向德军发起了进攻，看谁能够抢先渡过莱茵河。在开始阶段，形势对巴顿十分有利。当面德军的防守十分薄弱，巴顿的第三集团军以秋风扫落叶之势迅速向前推进。被裹在美军第三集团军和第一集团军之间的11个师的德军部队，除了一小部分设法逃过莱茵河之外，其余的全部被歼灭。蒙哥马利遭到了德军顽强的阻击，部队攻到克勒弗以后便停顿了下来，而且伤亡惨重。

在蒙哥马利的第二十一集团军群受阻之时，巴顿的先头部队已经推进到了莱茵河西岸。到3月12日，巴顿的第三集团军已经切断了德军向莱茵河东岸后退大部分渡口，德军的撤退很快就变成了溃逃。他们纷纷朝着莱茵河上唯一尚存的渡口施佩耶尔逃窜。巴顿指挥部队，兵分三路，迅速将溃逃的德军分割成了无数个小块。在空军的配合之下，德军两个集团军的大部被歼，8万多人被俘。到3月21日，第三集团军作战区域的德军除被歼的外，全部被赶过了莱茵河。

战场上的形势瞬息万变，在巴顿扫除莱茵河西岸的残敌之时，蒙哥马利的部队在3月12日抵达了莱茵河西岸。但谨小慎微的蒙哥马利并没有命令部队迅速渡河，而是指挥35个师的庞大军队，为强渡莱茵河做准备工作。就其准备的规模和喧嚷程度而言，这次代号为"劫掠"的渡河战役似乎仅次于"霸王"行动。蒙哥马利集中了优势兵力，并调集了大量的战略物资和武器装备，准备同希特勒在西线尚存的精锐部队进行一次大决战。

丘吉尔、英国总参谋长布鲁克和盟军远征军总司令艾森豪威尔都亲自到莱茵河畔视察了蒙哥马利的准备工作。丘吉尔曾生动地描述过这次规模庞大的准备工作。他在日记中写道："我们将投入所有的力量。百万大军前面8万人的先头部队将猛扑过去。大量的船只和浮桥都已准备就绪。在河的对岸，是据守在战壕里并配备有各种现代化火器的德军。"

然而，一次意外的收获几乎使蒙哥马利的"劫掠"行动成为多余的举动。3月7日，沿着艾弗尔北边推进的美军第一集团军第九装甲师的部队，发现雷马恨的鲁登夫铁路桥仍然完好无损地横跨在莱茵河上。布雷德利指挥部队几乎不费吹灰之力就抢占了这一桥头堡，成为盟军远征军建立的第一个桥头堡。

巴顿接下来的举动更显得蒙哥马利的谨慎是多余的。在战斗中，他根据德军与盟军刚一接触便缴械投降的状况判断，德军已经失去了抵抗意志，眼下完全可以派部队强渡莱茵河。他对部下说："再也没有比现在更好的时机了，我们还在等什么？"

于是，巴顿在没有空中支援，没有地面炮火准备，没有在敌军防线后方空投空降部队，甚至没有真正得到上级授权进攻的情况下，发出了开始攻渡莱茵河的信号。巴顿命令一下，整编第五师即以两个营的兵力于3月22日晚上11点开始渡河。部队几乎没有遭到任何抵抗，便顺利地抵达了莱茵河东岸。到3月23日黎明时分，巴顿的第三集团军已经有6个营顺利地抵达了东岸，而且伤亡人数只有34人。在这种情况下，巴顿当机立断，随后又把一个师的兵力运过河去，从而建立了美军第二个桥头堡阵地。

起初，巴顿对这次行动保持了沉默。直到3月23日上午，他才打电话对集团军群司令布雷德利说："嗨，布雷，我已经渡过了河，但先不要声张。"

布雷德利惊讶地说："什么？你说什么？你是说渡过了莱茵河？"

巴顿洋洋得意地回答说："是的，昨天夜间，我让一个师悄悄地渡过河。对岸德军部队少得很,他们现在还不知道呢。所以先不要声张,先保守秘密,然后再看看情况会如何发展。"

当晚,巴顿又给布雷德利打电话。这次他并没有要求布雷德利帮他保守秘密,而是大声嚷嚷着,要让全世界知道,他在蒙哥马利之前强渡了莱茵河。随后,巴顿的第三集团军便以旋风式的速度向德国本土推进,蒙哥马利也紧随其后。这突如其来的情况让德军最高统帅部大吃一惊。

艾森豪威尔根据当时的战局,命令布雷德利和蒙哥马利迅速从南北两面包围德国主要工业区鲁尔以及退守那里的德军B集团军群。3月27日,包围圈马上就要合拢了。蒙哥马利向艾森豪威尔和英军总参谋长布鲁克报告,他将命令英国第一集团军和美国第九集团军必须以最快的速度和干劲向易北河猛进,直指从汉堡到马格德堡一线。第九集团军属于布雷德利的第十二集团军群的建制,在阿登战役中被划归蒙哥马利指挥。蒙哥马利这一命令的用意非常明确,他是要部队抢占沿途的机场,为盟军向柏林进军准备条件。

艾森豪威尔同意了蒙哥马利的这一计划,但在第二天又改主意了。这主要是由于战局发展变化而引起的。当时,苏联红军在东线战场已经清除了进攻柏林的主要障碍,朱可夫元帅指挥的白俄罗斯第一方面军距离柏林仅仅60公里,而蒙哥马利的部队距离柏林尚有480公里。也就是说,盟军想抢先攻占柏林几乎是不可能的了。

在斯大林和罗斯福的照片和向美第一军表示敬意的横幅下,苏美军官们与红军中的女兵跳舞。

一名美国士兵得到苏联传统式的欢迎，一次能挤碎骨头的大力拥抱。

于是，艾森豪威尔于3月28日直接同斯大林取得了联系，让盟军在西线的作战行动同苏联红军的作战计划协调起来。随后，他下令给蒙哥马利，同意蒙哥马利在鲁尔东面同布雷德利会师，但马上要将美国第九集团军的指挥权转交给布雷德利。另外，他还特别郑重地对蒙哥马利说，盟军的主要突击方向不是柏林，而是莱比锡和德累斯顿。

消息传出去之后，丘吉尔和英国军界人士极为恼火，纷纷指责艾森豪威尔越权与斯大林直接联系。实质上，他们的指责不在于艾森豪威尔同斯大林进行了直接联系，而在于他改变了计划，不让蒙哥马利担任主要突击力量去攻占柏林。柏林是法西斯德国的大本营，攻占柏林是莫大的荣誉。英国人不愿意将这个荣誉让给苏联。但这主要是政治上的考虑，包括艾森豪威尔在内的美国人并不赞同这种看法。

丘吉尔多次写信给罗斯福，希望他能让艾森豪威尔改变主意。此时的罗斯福已经病入膏肓，距离逝世之日仅10余天的时间，所有的军事大权都握在参谋长马歇尔的手中，而马歇尔又极力支持艾森豪威尔的计划。就这样，丘吉尔始终未能改变盟军的战略计划。

实际上，艾森豪威尔做出这样的决定是正确的。首先，从军事上来讲，盟军根本不可能赶在苏联红军之前攻克柏林。

其次，柏林是法西斯德国的大本营，希特勒势必会部署重兵把守，而且势必会拼死抵抗。在这种情况下，要强攻柏林，肯定要付出重大的伤亡代价。布雷德利将军回忆说："假设即使我们能在朱可夫元帅强渡奥德河之前到达易北河，那么易北河离柏林反正还有 80 公里的低地带。在柏林西部一带地区，湖泊棋布，河网纵横。艾森豪威尔问我，据我看，从易北河冲到柏林，我们要付出多大代价？对这个问题，我说，我估计我们大约要损失 10 万人。"

艾森豪威尔是一个十分珍惜士兵生命的统帅，他绝对不会用 10 万人的生命去换取这样的胜利。

而且，苏、英、英三国首脑已经在雅尔塔会议上划定了各自在德国的占领区，柏林是在苏联占领区内，但柏林市将由盟军与苏联红军共同驻守。也就是说，盟军如果要攻克柏林，必须先帮苏联红军打几仗，占领柏林之后还要退出来。这从军事角度来讲是极不合算的事情。于是，艾森豪威尔极力坚持自己的意见，不愿为了政治上的威望而付出军事上的牺牲。

四

纳粹德国的覆亡

1945年4月初，德军在西线尚有3个集团军群的编制，号称60个师，但实际兵力还不到半数，装备的缺口也很大，有些团一级的建制甚至只有几十个人。这样的部队，其战斗力是可想而知的。与此相对应的是，盟军远征军已增加到93个师，458万人，拥有飞机17000多架。无论是在兵力上，还是在装备上，盟军都占据着绝对的优势。除了少数党卫队还在负隅顽抗之外，大部分德军刚和盟军接火就会放下武器走出战壕，纷纷向盟军投降。盟军的进军速度有了极大的提高。

4月1日，盟军合拢了在鲁尔地区的包围圈，把德军B集团军群的

1945年4月，美军与苏军在柏林以南约75英里的易北河相遇。照片中是在易北河第一次会面的盟军将领。由瑞哈德特将军同卢萨科夫将军领路，一起去参加一个即兴的庆祝活动。

18个师牢牢地压缩在了一个狭小的包围圈内。10天之后，美军又从中间穿插，将包围圈分割成了东西两个部分。4月16日，东半部德军瓦解了。两天之后，西半部德军也投降了。在整个鲁尔战役中，美军俘敌32.5万人，德军B集团军群最高指挥官莫德尔也失踪了。后来，人们说他自杀了。

鲁尔战役还没有结束，美第一集团军和第九集团军便把肃清残敌的任务交给了新建立的美第十五集团军，他们则日夜兼程，每天以50～80公里的进军速度继续向东挺进。4月11日，美第九集团军的先头装甲部队便抵达了易北河畔。东线的朱可夫元帅也在加紧准备强渡奥德河，向柏林推进。德国法西斯已处在最终灭亡的前夕。反法西斯的战火正从东西两面猛烈而迅速地向着德国中心地区燃烧。

4月16日凌晨5点，苏联红军开始强渡奥德河。经过4个昼夜的激战，苏联红军连续突破了德军的3道防线，逼近了柏林防御圈。希特勒被迫把全部预备队都投入了战斗，但已经毫无办法抵挡苏联红军摧枯拉朽般的攻势了。

4月20日，苏联红军开始炮击柏林。次日，朱可夫元帅指挥的白俄罗斯第一方面军从东面、北面，乌克兰第一方面军从南面和东南面向柏林突击，在郊区展开激战，并冲入市区。4月25日，朱可夫指挥白俄罗斯第一方面军转入了市内战斗。德军利用城内密集的建筑、纵横交错的防空通道等一切有利条件，组成了严密的防御体系。在巷战中，红军付出了惨重的代价。为了尽量减少伤亡，朱可夫命令，在步兵和坦克发起冲击之前，都必须先用炮兵和航空兵对德军据点进行轰炸。从4月21日到5月2日，白俄罗斯第一方面军11000门火炮向柏林发射了180万发炮弹，相当于36000吨钢铁重量，整个柏林几乎被夷为平地。在红军的猛烈攻击下，柏林的防御终于土崩瓦解了。

在生死存亡的最后一刻，希特勒命令党卫军向柏林南郊的苏联人发动全面反攻。他要求柏林的所有德军必须全部投入战斗。在命令中，他发狠道："所有按兵不动的司令，都要在5小时内被处决，保证只剩最后一个人也要投入战斗！"

但是德军大多数官兵在最危险的时刻没有选择同希特勒一起走向灭

亡，他们选择了逃生。大量的德军官兵纷纷乔装出逃，甚至连他身边的指挥官也跑得无影无踪了。希特勒在这一刻绝望了，他尖叫道："这就是末日了！每个人都背叛了我。除了背叛、撒谎、腐化和怯懦之外，没有别的。一切都完啦！"

希特勒决心留在柏林，同他的第三帝国一起走向灭亡。尽管有人劝他离开柏林，到南方去，因为那里还有大量完整的集团军，还可以组织抵抗。但希特勒已经没有这个勇气了，他叫来秘书，当场面授指示：元首将要留在柏林，保卫到底。他命令把这一指示立即向德国和全世界广播出去。

让希特勒没有想到的是，在危难时刻，第三帝国的第二号人物戈林和最忠诚的党卫队总队长希姆莱都背叛了他。4月23日，戈林从上萨尔斯堡给希特勒拍了一封电报，探问他现在能不能替代希特勒，接管德国的全部领导权。希特勒看到这封电报，气得浑身发抖，戈林分明是在逼他下台。疯狂的希特勒立即下令解除了戈林的职务，并命令党卫军就地逮捕他。希姆莱也在背地里悄悄跟美国方面联系，表示德国愿意投降。

希特勒真的疯了，他冲着人群不断喊叫："把他们统统枪毙！把他们统统枪毙！"

整个地下室除了希特勒的尖叫声之外，剩下的便是几个女人低低的啜泣声。在生命的最后几天里，希特勒完全是在焦躁不安中度过的。自愿与他共存亡的军官和女人们也都是在焦躁不安中度过的。

4月28日晚，希特勒在地下室里收到消息：朱可夫的部队已经离总理府只有一条街了，可能在30小时以后，即4月30日早晨发起突击。希特勒意识到，他和第三帝国的末日来临了。希特勒作出了他一生中最后的决定——在黎明时与他的情妇爱娃·布劳恩结婚。

结婚仪式非常简单，气氛也非常凄凉。希特勒回顾了自己的一生，大大斥责了一番那些背叛的朋友和支持者，最后又凄惨地说："我一直认为婚姻会阻碍我把全部的精力献身于我们的党，影响领导我们的国家称霸世界。现在这一切都不存在了，我的生命也要结束了，我决定与我有过多年真诚友谊，自愿在柏林已遭围困之时来到这里与我同生共死的女人结婚。她自愿作为我的妻子同我一道死去。这就弥补了由于我服务于人民，投身于工作而给我们两人所带来的损失。"

4月30日早晨，希特勒指定海军元帅邓尼茨作为他的继承人，组建新政府。此时，他已经做好了自杀的准备。希特勒像往常一样，细嚼慢咽地吃了早餐。但与往日不同的是，他吃完早餐后把新婚妻子叫到了身边，与她一道同周围的人道别。凄凄惨惨的告别结束之后，希特勒带着爱娃·布劳恩回到了自己的卧室。

戈培尔、鲍曼等希特勒的死党守在元首的卧室外。下午3点30分，卧室里传来一声枪响。他们等待着第二声枪响，但是却久久没有动静。过了一会，他们轻轻地走进元首的房间，他们看到希特勒的尸体趴在沙发上，还在流血。他是对着自己的嘴开了一枪。他的新婚妻子躺在他的身旁，手中还有残留的毒药。

众人把希特勒和爱娃的尸体搬到花园里的一个弹坑中，然后浇上汽油点燃。当火焰升起时，在场的纳粹党徒们纷纷举起左手向他们的元首行告别礼。但仪式还没结束，红军的炮弹又落在了花园里。纳粹们纷纷四散逃命。对此，英国首相丘吉尔曾这样说："希特勒的火葬柴堆，和越来越响的苏联红军炮火的轰鸣，构成了第三帝国的悲惨结局。"

就在希特勒自杀的这个早晨，朱可夫指挥部队向国会大厦发起了突击。库兹涅佐夫上将指挥的第三突击集团军攻占了大厦的主要部分，但装备精锐的德国党卫军部队却异常顽固，拼死抵抗。即使在红军占领了大厦下面各层楼以后，在上面楼层守备的德军仍不肯投降。红军只好逐层与其搏斗，直到夜间，红军才在大厦的主楼圆顶上升起了苏联的旗帜。

亲自指挥这一历史性战斗的库兹涅佐夫将军再也抑制不住自己激动的心情，他拿起电话机，兴高采烈地向朱可夫报告："国会大厦上升起了红旗！元帅同志，乌拉！"

朱可夫的心情也十分激动，他一直盼望着的这个历史性时刻终于到来了。沉默了一会，朱可夫尽量平静地说："亲爱的库兹涅佐夫，衷心祝贺你和你的士兵们所取得的光辉胜利。苏联人民将永远不会忘记这一具有历史意义的功勋。"

5月1日，邓尼茨组织的新政府派代表跟红军谈判，要求红军停战。红军代表根据斯大林的指令，拒绝了德国的要求，同时声明：德国政府

1945年5月7日德军战败，阿尔弗雷德·约德尔将军在艾森豪威尔的总部签署投降书

只能无条件投降。山穷水尽的邓尼茨政府无可奈何，终于在次日下午3点停止了一切抵抗。德军柏林城防司令魏德林将军也在此时率残部投降。至此柏林战役结束。

在第二次世界大战欧洲战场最后一场大战役中，红军消灭了德军100多万人，俘虏80多万人，缴获和摧毁6000架飞机、1.2万辆坦克和自行火炮、2.3万门野战炮以及不可计数的枪支弹药。但在这场战役中，红军也付出了惨重的代价。苏联自己公布的数字是伤亡30多万人。

5月2日清晨，德国境内的战火逐渐平息下来。由于意识形态和地缘的因素，德军宁愿向盟军投降，也不向苏联红军缴械。5月7日，德国政府代表约德尔由弗雷德堡海军上将和一名副官陪同，来到兰斯西方盟军司令部。在这里，德国代表们向美英苏代表签署了无条件投降书。签字后，艾森豪威尔向盟国联合参谋总部拍发了一封电报。电报说："盟军的任务在1945年5月7日当地时间2点41分完成。"

斯大林对兰斯的投降仪式不满意，因为他认为苏联红军是战胜德国法西斯的主力，又攻克了柏林，德国在盟军驻守的兰斯签订无条件投降书有损于苏联的威望。所以苏联政府与美英政府商讨之后决定：兰斯投降仪式只当作投降仪式的预演，正式的仪式将在柏林举行，并将由苏方主持。5月8日24点，苏、美、英三国代表又在柏林再次接受德国法西

1944年，欧洲盟军司令艾森豪威尔（右三）看望士兵

斯的投降。无条件投降书规定，从1945年5月9日零时起，该协议正式生效。第二次世界大战欧洲战场的战事至此结束了。

五
声名显赫的总司令

法西斯德国投降后，艾森豪威尔作为统率数百万大军的盟国远征军总司令，成为欧战中最著名、最成功的将军之一。各种荣誉和赞赏像雪片一样从四面八方飞来。5月9日，美军总参谋长马歇尔将军以国家、盟邦以及美军的名义，给艾森豪威尔发来了一封热情洋溢的电报。

马歇尔在电报中说："你以战争史上最伟大的胜利完成了你的任务；你出色地指挥了历史上从来没有出现过的盟军部队；你成功地解决了各国因利益而引起的一切可以想象到的困难；处理了国际政治关系中前所未有的复杂问题。自从3年前到达英国以来，你在所有这些方面都取得了巨大的成功，你在行动上是无私的，你的判断总是正确的和容纳各方面意见的、你在军事决策中的勇气和智慧完全令人钦佩。你创造了历史，为了人类的幸福创造了伟大的历史，你代表着我们对美国军队最杰出的军官所希望和钦佩的一切。这是我对你的敬意和我个人对你的感激。"

英国总参谋长艾伦·布鲁克元帅也对艾森豪威尔赞赏有加。他说："如果发生另一场战争，我们将把我们的全部人力和物力都交给你调遣。"

作为盟国远征军总司令，艾森豪威尔受到了前所未有的欢迎。甚至连他自己都没有想到自己的知名度如此之高！5月15日，当他在英国的一家剧院公开露面之时，无论是演员还是观众，都纷纷起立向他表示欢迎。此后，无论他走到哪里，人们都高呼着他的名字，用热烈的掌声对他致以敬意。

6月12日，英国将在伦敦市政厅举行盛大的庆祝会，业已辞去战时内阁首相职务的丘吉尔坚持邀请艾森豪威尔参加这一正式庆祝活动。艾森豪威尔答应了,但要求"不要过分突出我在盟国合作取得的胜利中所起的作用"。不过,人们的注意力仍然集中在他的身上,要求他发表一次演说。

当艾森豪威尔知道将在市政厅这样一个富有历史意义的建筑物内向英国军政界要员发表演说,还要接受英国历史上著名的将领威灵顿公爵曾用过的宝剑时,他受宠若惊,认真准备了很久。一连几个星期,他都利用晚上的时间来准备演讲稿。为了使演讲更加成功,他在布彻的建议下将演讲稿背熟了,还向身边的人预先表演了一番。

6月12日上午,艾森豪威尔在市政厅接受了威灵顿公爵的宝剑。接着,他便向在场的人发表了一场热情洋溢的演说。他说,给他这样崇高的荣誉,使他忧喜交加,"任何受到欢呼的人必须永远谦虚,因为这种欢呼是他的同伴用鲜血、他们的朋友们牺牲生命换来的"。他讲到伟大的盟军合作队伍,他坚持认为,他只不过是一个象征,他所得到的奖赏和欢呼属于全体人员,属于那些在反法西斯战场英勇奋战的将士们。

接下来,他又说:"我来自美国的中心,我出生于阿比伦一个农民的家庭。在历史长短和面积大小上,阿比伦和伦敦虽有差异,但却有着共同的渊源。一个伦敦人要为自己的信仰自由、言论自由和行动自由而战斗,一个阿比伦的公民也会这样做。当我想到这些事情时,泰晤士河流域和堪萨斯的农场就靠得更近了。"

接着,他再一次地提到他所领导的盟国远征军的队伍。他说:"单独一个人决不可能赢得胜利。即使我有马尔伯勒(英国历史上的著名军事统帅)的军事才能,所罗门(西方历史上最著名的君主之一)的智慧,林肯(美国历史上的著名总统)的理解力,但是如果没有千百万英国人和美国人的忠诚、远见和慷慨大度,我还是无能为力的。"

艾森豪威尔讲到这里,大厅里响起了经久不息的、暴风雨般的掌声。丘吉尔把他带到阳台上,向聚集在街道上的数万人挥手致意。艾森豪威尔对人群说:"不知道你们知道不知道,我现在是一个伦敦人。我有权利像你们一样走到人群当中欢呼。"

继英国之行后,艾森豪威尔又应邀到法国、捷克斯洛伐克和其他欧洲国家访问。无论他走到哪里,都受到了英雄般的礼遇。

1945年6月下旬，艾森豪威尔回到了阔别已久的美国。他刚下飞机就被人群围住了，人们向他欢呼，要他随便说点什么。在那些日子里，艾森豪威尔似乎一下子成了演说家。政要、富豪、知名人士和著名大学的校长纷纷向他发出邀请，请他去演说。

在此期间，他发表的最著名的一场演说是在国会两院联席会议上讲的。演说开始之前，马歇尔给了他一份演讲稿。这位细心的上司担心艾森豪威尔不知道该如何向一群政治家讲解军事上的胜利。但艾森豪威尔并没有接受马歇尔的讲稿。他说，他喜欢不要讲稿，即席发表演说。

在这次演讲中，艾森豪威尔讲的尽是些平淡无奇的老生常谈，但他讲得如此生动，如此真诚，深深地打动了听众。那些挑剔的议员们纷纷向他报以热烈的掌声。人们说，这几乎是国会历史上时间最长的一次欢呼。

在故乡阿比伦，艾森豪威尔更是受到了前所未有的欢迎。当天，有两万人在城市公园集会，欢迎他回到故乡。这个数字是小镇居民人数的4倍。大部分人都是从别的地方赶来的。他们都想一睹这位叱咤风云的盟军远征军总司令的风采。

艾森豪威尔异常激动，他对人们说："我有幸，也可以说不幸，在这个世界上，我到过很远的地方，但是这个小镇始终在我的心中，在我的记忆中。"

尽管艾森豪威尔受到了前所未有的欢迎，但他的妻子玛丽却十分不快。因为丈夫到处去演讲，自己简直没有时间单独跟他一起呆一会。直到6月25日，她得到机会，和丈夫带着儿子约翰一起去白硫磺温泉安静地过了一星期。

在祖国呆了一段时间之后，艾森豪威尔便匆匆地赶往德国，去处理战后的一些事务。7月下旬，他前往柏林。美国总统杜鲁门、国务卿和其他官员也都聚集柏林，准备参加波茨坦会议。波茨坦会议讨论的问题比较多，主要是确定德国在战后的基本政治、经济原则以及战争赔款，对德国各仆从国的处理以及确定各战败国的疆界等问题。另外，结束对日作战的条件和对日本战后处理的方针也是这次会议的重要议题。

在会议上，苏、美、英等国的领导人虽然表面上客客气气，但暗地里却在为了各自国家的利益而较上了劲。苏联和美国的军备竞赛,尤其是核竞赛在这次会议之后表现得尤为明显。在这场竞赛中,美国人取得了胜利,并于1945年8月6日和9日分别在日本的广岛和长崎投下了一颗原子弹。这两颗原子弹的爆炸对促使日本投降起到了很大的作用。

朱可夫、蒙哥马利、艾森豪威尔、塔西厄在柏林

斯大林返回莫斯科之后,向美国发出了正式邀请。邀请艾森豪威尔以朱可夫客人的身份访问苏联。两个国家虽然在军备上展开了竞赛,但并没有影响朱可夫和艾森豪威尔两人之间的私人友谊。艾森豪威尔访问苏联期间,朱可夫一直陪伴左右。朱可夫向艾森豪威尔讲述了许多他在战争时期的事情。

艾林豪威尔对这位传奇人物赞赏有加,他后来写道:"由于朱可夫元帅若干年来在红军中所处的特殊地位,他作为一位指挥若干重大战役的负责首长的经历,比我们时代的无论哪一个人都长。无论哪个在当时看来是具有决定意义的俄国战区,都要派他去指挥,这似乎已是一种习以为常的做法。"

在苏联体育节检阅那天,艾森豪威尔还被邀请登上列宁墓的检阅台,跟苏联大元帅斯大林一起检阅了苏联红军。这是一种极高的荣誉,连时任美国驻苏大使哈里曼也不得不承认:"这可是一次破例的盛情邀请,我从未听说有哪一位外国人被邀请登上列宁墓。"

8月15日晚,美国驻苏联大使哈里曼为艾森豪威尔举行了一场欢送宴会,艾森豪威尔在次日就要离开莫斯科到柏林去了。在宴会上,日本宣布无条件投降的消息传来了。苏联和美国参加招待会的人士，异常热烈地谈论这一消息。从此，人类历史上最残酷的战争便宣告全面结束了。

随着战争的结束，艾森豪威尔在军界的仕途也结束了。实际上，他在军界已经不可能再得到晋升了。他已经是五星上将了，这是美国军界最高的军衔，相当于其他国家的元帅军衔。此时，艾森豪威尔产生了退伍的念头。他对童年时代的朋友黑兹利特说："我没有比退伍更强烈的愿望了。"

11月11日，艾森豪威尔奉命飞回华盛顿，出席参议院军事委员会会议。11月20日，杜鲁门接受了马歇尔总参谋长的辞呈。杜鲁门任命艾森豪威尔接任总参谋长一职，并同时担任参谋长联席会议主席。同年12月3日，艾森豪威尔正式走马上任，成为二战后美军第一位总参谋长。

·第十一章·

美国第三十四任总统

一
哥伦比亚大学校长

从1945年11月到1947年2月，艾森豪威尔一直担任军队参谋长兼参谋长联席会议主席。由于战争已经结束，他的工作十分轻松，与战时相比简直就像度假一样。对这种状况，艾森豪威尔非常满意，他甚至为自己的未来做好了打算。他曾对亲近的朋友们说："我已经得到了想要的全部荣誉。我想担任一所大学的校长，同时种些地，了却余生。"

1946年4月2日，艾森豪威尔应邀在纽约大都会艺术博物馆发表演说。在听众之中有一个叫汤姆·华生的人，此人是哥伦比亚大学的董事会成员之一，正在物色校长的人选。演讲结束之后，华生借机问艾森豪威尔："将军，请问你是否愿意担任哥伦比亚大学的校长一职？"

担任大学校长是艾森豪威尔乐意做的事情。不过，他并没有从教的经验，更不知道如何管理一所大学。他顿了顿，回答说："哥伦比亚大学找艾森豪威尔去当校长是找错人了。你们应该去找像米尔顿之类的人，他是富有经验的教育家。"

艾森豪威尔之所以这样说，是因为他的弟弟米尔顿此时正担任堪萨斯大学的校长，而且在教育界颇有建树，口碑很好。

华生说："不，将军！哥伦比亚大学需要你！"

艾森豪威尔笑了笑，回答说："华生先生，我差不多要两年之后才能离开部队，现在我无法考虑你的建议。"

此事过后，艾森豪威尔便把这件事情忘到了脑后。因为，民主党与共和党都已经将目光锁定在了这位昔日盟军远征军总司令的身上，希望提名他为各自党内的总统候选人，参加1948年的大选。两万多具有选民资格的美国公民也纷纷写信给他，要求他答应这一邀请。国防部长福雷斯特尔就曾问："艾克，让你当总统，你干不干？"

艾森豪威尔并没有给出明确的答复，但他已经在认真考虑这件事情了。尽管他不喜欢政治，但他并不缺乏政治才能。在当总参谋长期间，他所表现出来的政治手腕让他自己都感到惊讶。

在这种情况下，美国东部大财团的显贵们也将目光锁定在了艾森豪威尔的身上。20年前，艾森豪威尔和玛丽住在华盛顿之时，他们的交际圈子里都是一些默默无闻的军官和他们的妻子。从1946年到1948年，他们的社交生活中几乎已无一名军人。喜欢打桥牌的艾森豪威尔发现，此时他的搭档要么是哥伦比亚广播公司的总裁，要么是美国钢铁公司董事会主席，或者是标准石油公司的总裁。这些人都是百万富翁。

但艾森豪威尔思考了一段之间之后便拒绝了他们的邀请。他不属于任何党派，没有任何政治经验，更为重要的是他怀疑"艾森豪威尔热"的真实性。他认为，人们之所以希望自己出来竞选总统，完全是因为自己在第二次世界大战中曾经出任盟军远征军总司令。这种疯狂的崇拜会在战争结束后随着时间一点点地淡去的。如果真是这样的话，他竞选总统必然无法得到广泛的支持。届时，他将自取其辱！

曾经在农业部工作过的米尔顿成了哥哥的顾问。艾森豪威尔觉得弟弟米尔顿简直就是政治天才，对他总是言听计从。米尔顿也认为，政客们需要的是艾森豪威尔这个风云一时的名字，而不是他本人。因此，艾森豪威尔家族的大多数成员都反对他参加总统竞选。

艾森豪威尔判断错了。这股"艾森豪威尔热"并不是单纯因为他曾经担任过盟军远征军总司令才掀起的。民主党和共和党之所以同时将目光锁定在了他的身上，主要是因为他几乎是当时唯一一个没有党派成见的知名人士。艾森豪威尔从来不表示他喜欢哪一个政党，甚至连对他最亲密的朋友也没透露过。民主党人和共和党人都自然而然地把他看做是自己党的党员。一旦涉及国内的政治问题时，他总是小心翼翼。作为一名职业军人，他总是对政治问题保持着一种天然的沉默。但是，这并不代表他没有自己的意见，他的观点在政治上始终是属于中间路线的。

1947年春季，艾森豪威尔不得不为自己将来的出路做打算了。到该年10月，他57岁了，这是一个不得不与军界说再见的年龄了。当时，无数的机构向他发来了邀请信。许多东部的大公司希望他出任总裁或董事长，一些民间机构也希望他能出任主席。很显然，这些机构都希望借助艾森豪威尔的名声来谋取利益。艾森豪威尔都一一拒绝了。他不愿担任那些因出卖名声而谋取私人利益的职务。

就在此时，哥伦比亚大学的校董华生先生再次拜访了他，再度邀请他担任哥伦比亚大学校长。艾森豪威尔发现，这几乎是他一生中第一次不得不自己对与自己直接相关的事情做决定。经过一番思考之后，他决定接受这项邀请。此时，他已拥有世界许多大学的名誉学位。不过，他和周围的人一样，都十分清楚，那些大学授予这些学术上的荣誉并不是因为他对某一门科学的发展作出了贡献，而是出于对他在第二次世界大战中所做的军事贡献的尊敬。

艾森豪威尔接受哥伦比亚大学邀请的消息传出去之后，出乎意料的事情发生了。一些学术界的代表人物纷纷反对他出任校长。他们认为像哥伦比亚大学这样的著名学府应当由学者来主持，而不是由一位只会打仗的将军来当校长。艾森豪威尔听到这种议论，心里并不痛快。

但是，他有一套处世本领，因而这次他又想出了摆脱困境的妥善办法。1947年6月，艾森豪威尔到任之后，在和学校教授们第一次见面时就宣布，他不追求学者的桂冠，因而在处理学术问题时，将主要听取教授们卓有见地的意见。这让那些学究们顿时安静了下来。

在哥伦比亚大学期间，艾森豪威尔虚心好学，他经常和学生们一起听讲。他对历史和物理特别有兴趣。他把较年轻的历史学家们召集在一起，跟他们交流经验。

艾森豪威尔最喜欢的课程是物理，因为他对原子能极感兴趣。在日本广岛和长崎爆炸的那两颗原子弹造成的破坏性给他留下了深刻的印象。他和诺贝尔奖金获得者伊西多·拉比建立了亲密的关系。当普林斯顿大学的高级研究所向拉比提出聘请时，艾森豪威尔使尽他浑身解数，挽留拉比。艾森豪威尔对他说："哥伦比亚大学需要你，我本人也需要你。如果你离开，哥伦比亚大学的声誉会遭到十分沉重的打击。"

最终，这位著名的物理学家被艾森豪威尔说服了。这对哥伦比亚大学显然是一个极大的收获。

此外，艾森豪威尔当校长期间还兼任了一些民间著名组织的主席，并为美国社会的发展与进步积极地努力着。这些努力自然也给他所在的哥伦比亚大学带来了极大的荣誉。艾森豪威尔还非常善于筹集基金。他从不直接要求捐款，但是，他给他的有钱朋友和熟识的人们写了很多信，解释哥伦比亚大学各方面计划的情况。他向他们清楚表明，如果他们捐款"通过帮助哥伦比亚来帮助美国"，他会认为这是对他个人的支持。

有了钱之后，艾森豪威尔制订了许多新的研究计划。为了提高农产品产量而创设的研究土壤计划便是一个极为成功的典范。他利用私人关系，把一些国家的领导人也拉进来参与其中。在短短的几年任期内，艾森豪威尔在开展新的计划方面的成就，比大多数校长在10年中的成就还大。

在哥伦比亚大学任职期间，艾森豪威尔一面主持校务，一面撰写回忆录。1948年，他的回忆录《远征欧陆》第一版问世了。这部书在当时引起了巨大反响，也给他带来了一笔不菲的收入。到1966年底，《远征欧陆》一书在美国销售量达170万册，还被译成了22种文字。

二

共和党的总统候选人

第二次世界大战结束之后,美、苏两个超级大国为争夺世界霸主地位而进行的军备竞赛愈演愈烈,终于走向了"冷战"之路。这是一场没有硝烟的战争,两国之间在外交和政治上进行了一系列的对抗,但两国均小心翼翼,以免爆发战争。不过,这并不代表两国放弃了军备竞赛。1949年4月,在美国庇护之下,北大西洋公约组织成立了。根据参加国首脑们的一致意见,艾森豪威尔将军是领导这个组织的最合适的人选。

1950年12月18日,美国总统杜鲁门将北约成员国首脑们的一致意见告诉了艾森豪威尔。将军后来回忆说:"这一要求引起我一种失望的感觉,必须重新改变已经走上正轨的生活习惯,动身去欧洲。"

不过,艾森豪威尔对这一任命还是非常高兴的,因为他喜欢部队。更为重要的是,他和大多数西方人一样,对共产主义抱着强烈的怀疑,甚至是敌视态度。

1951年1月7日,艾森豪威尔辞去了哥伦比亚大学校长的职务,来到巴黎,出任北约武装部队最高司令。出于政治上的考虑,艾森豪威尔聘请了与他一向不和的蒙哥马利元帅担任副司令。这样做的目的主要是突出英、美两国在新的政治军事同盟中的团结。

为建立这个政治军事集团的武装部队,艾森豪威尔倾注了大量心血。和大多数西方的政治家和军事家一样,他不断强调,只有西方的政治军事统一,才能使资本主义世界免遭苏联的威胁。1949年8月29日,苏联第一颗原子弹爆炸成功之后,艾森豪威尔就曾宣称:"现在,美国人在历史上第一次被迫生活在受到完全毁灭危险的条件下。"

这种对苏联的敌视主要是由于意识形态方面的原因引起的。苏联等社会主义国家的发展和壮大，让以美国为首的资本主义国家异常恐慌。为了自己的政治和经济利益，美国决定积极遏制苏联及其他社会主义国家的发展。

担任北约武装部队的最高司令是艾森豪威尔政治生涯中的重要阶段。这时期的活动巩固了他在美国右翼政治集团中的地位。美国的政客们都相信，这个职务已经为艾森豪威尔入主白宫开辟了道路。因此，当艾森豪威尔在巴黎忙于北约事务时，美国国内已经在为1952年的大选造势了。许多政治领袖都认为，艾森豪威尔的时代已经来临了。

此时，杜鲁门在政治上已经完全破产了。第二次世界大战已经结束了，但杜鲁门并没有把美国的经济转入和平轨道，并没有裁减军备，反而把美国带入了另外一场战争。在朝鲜半岛，美军打着联合国军的旗号，陷入了战争的泥潭。杜鲁门政府在内政和外交上陷入了双重危机。美国民众要求杜鲁门下台的呼声越来越高。

因此，不管是民主党，还是共和党，都希望艾森豪威尔上台。但是，要搞清楚艾森豪威尔属于哪个党派，是很难的。他在当选总统之前从来没有投过票，从没有公开发表言论对两党中的一党表示好感或反感。另外，他作为北约武装部队的最高司令，已经表现出了出色的领导才能。在北约成员国之中，再也没有哪一位将帅能够像他一样把各国紧密地团结在一起了。北约成员国的领导人担心，一旦艾森豪威尔辞去这个集团武装部队最高司令的职务，北约是否还能存在都成问题。蒙哥马利就曾公开宣称，如果艾森豪威尔回国竞选总统，他就要到美国去进行反竞选宣传。

但是，这一切活动并没能阻止美国国内提名艾森豪威尔作为总统候选人的运动。堪萨斯城的出版人罗伊·罗维尔特斯肯定地说，他在30年前就知道，艾森豪威尔是"堪萨斯的优秀共和党人"。参议员约翰·斯巴克曼则在亚拉巴马宣称，他将争取让艾森豪威尔作为民主党候选人。

艾森豪威尔选择了沉默，他并没有公开表示自己的态度。是否参加竞选，或者作为哪一个党派的候选人参加竞选在美国民众看来都成了很难破解的谜团。杜鲁门总统两次派遣原驻苏联大使约瑟夫·戴维斯去见艾森豪威尔，希望能够说服他以民主党候选人的身份竞选总统。杜鲁门通过戴维斯向艾森豪威尔保证，如果他以民主党候选人的身份参与竞选，自己将全力支持他。

在经过仔细的思考之后，艾森豪威尔终于开口了。他对戴维斯说："我不能接受以民主党候选人参加竞选的建议，因为我好像是共和党人。至少，我身上共和党人的成分要比民主党人的成分多一些。"

艾森豪威尔的回答意味着他不但准备竞选总统，还打算接受共和党的提名。1951年11月4日，共和党的领袖之一亨利·凯波特·洛奇飞抵巴黎，与艾森豪威尔会面。洛奇对艾森豪威尔说："现在，很多组织已经展开了宣传，准备提名你为总统候选人。"

艾森豪威尔问："你在政界享有盛名，为什么你自己不参加竞选呢？"

洛奇毫不踌躇地回答说："因为我不可能当选。"

在接下来的交谈之中，洛奇始终强调，艾森豪威尔是唯一能被共和党选作总统候选人的人。在分别之时，洛奇一再请求艾森豪威尔同意在即将到来的预选中积极活动。艾森豪威尔已经差不多被打动了，他答应洛奇，他将"认真考虑这件事"。

1952年2月11日，美国著名的社会活动家杰奎琳·科克伦飞到巴黎，动员艾森豪威尔动起来，为竞选造势。科克伦带来了一部长达两小时的记录片。在这部记录片中，艾森豪威尔看到了令他极为震动的画面。在麦迪逊广场花园里举办的一场拳击比赛结束之时已经是午夜了。但艾森豪威尔的朋友们和"拥护艾森豪威尔公民协会"的成员们仍然聚集在广场花园里举行了一次拥护艾森豪威尔的集会。据科克伦说，尽管完全得不到这个城市的官员合作，还是有大约15000人参加。在影片中，艾森豪威尔完全可以看到，汹涌的人群一边挥动着"我喜欢艾克"的标语牌，一边齐声高喊着："我们要艾克！我们要艾克！"

艾森豪威尔和妻子玛丽在卧室里静静地看着纪录片。在两个小时的时间里，他们一句话也没有说，他们完全被片中的画面震动了。影片结束之后，艾森豪威尔给科克伦、玛丽和自己各斟上了一杯酒。当他们举起酒杯时，玛丽情不自禁地脱口而出："为总统干杯！"

听到妻子的这句话，艾森豪威尔的眼泪夺眶而出。他太激动了。抹去眼角的泪珠，艾森豪威尔谈起了自己的父母，说起了自己的兄弟们。他断断续续地谈了一个多小时，才停下来。

艾森豪威尔的妻子，美国前第一夫人　　　　艾森豪威尔

科克伦对他说："将军，你应表明你的态度。假如你不表明你的态度，塔夫脱就会得到提名。"

塔夫脱是共和党人准备提名的另外一位候选人。当然，他们打算在艾森豪威尔拒绝提名之后再提名他。艾森豪威尔沉思了一会儿，最后表态说："你回去可以告诉朋友们，我准备参加竞选。"

第二天上午，艾森豪威尔口授了好多封信给他最亲密的朋友们，表示自己将辞去北约武装部队最高司令的职务，回国参加竞选。朋友们又惊又喜，谁也没有想到艾森豪威尔会改变主意，参加竞选。艾森豪威尔之所以会改变主意，是因为他看了那长达两个小时的纪录片之后，确信"艾森豪威尔热"并不是民众的三分钟热度，他们是真心支持自己的。也就是说，只要自己站出来竞选，一定会当选为美国第三十四任总统。

两个月之后，白宫批准了艾森豪威尔的请辞信，决定从1952年7月1日起解除他北约武装部队最高司令的职务，并从军队退役。1952年6月1日，艾森豪威尔回到了美国。

6月7日至12日，共和党在芝加哥举行的全国代表大会上选举总统候选人。艾森豪威尔虽然是一个最有希望的总统候选人，却不是唯一的。麦克阿瑟便是他最有力的竞争者。两人分别是"大西洋英雄"和"太平洋英雄"，都是战功卓著的五星上将。共和党内部就究竟选举谁为总统候选人展开了激烈的争论。麦克阿瑟这位刚愎自用，爱慕虚荣的将军还没有等到投票，便在争论中败给了艾森豪威尔。

接下来，能够与艾森豪威尔一争高下的唯有塔夫脱了。不过，艾森豪威尔的胜算似乎要大一些，他既是"头号"战争英雄，又获得了工商界大亨们的积极支持。那些大企业家们通常不会亲自参加党的全国代表大会，而是在幕后左右风云。但在1952年共和党的全国代表大会上，"汽车大王"福特二世和"通用汽车公司"董事长查尔斯·威尔逊等垄断集团的头目都出席了，并积极支持艾森豪威尔。

第一轮投票结束后，艾森豪威尔获得了595票，塔夫脱获得了500票。根据规定，艾森豪威尔距离当选候选人还差9票。这时，明尼苏达州代表团团长突然站起来宣布，该州代表票的19票改投给艾森豪威尔。这样，艾森豪威尔在第一轮投票结束之后就顺利地当选了共和党总统候选人。

三

胜利当选为总统

芝加哥代表大会结束之后，艾森豪威尔立即投入到了竞选造势的活动之中。两位著名的政治活动家洛奇和亚当斯成了他最有力的竞选助手。共和党芝加哥全国代表大会提出加利福尼亚州年轻的参议员理查德·尼克松为副总统候选人。尼克松在当时是一个很不显眼的小人物，在战争年代没有建立卓著的功勋，在政治舞台上也没有多高的威望。不过，他的政治活动表明，他是一个狂热的反共分子。这在冷战的时代大背景之下是非常重要的。共和党的战略家们分析，艾森豪威尔所需要的副总统候选人正是一个有这种名声的人。也就是说，艾森豪威尔与尼克松组合获胜的机率远比民主党候选人史蒂文森组合要高。

在竞选过程中，艾森豪威尔访问了45个州的232个居民区。那段时间，他的行程足以做两次环球旅行。除此之外，他每到一处都要会见、演说、答记者问、谈话，并和选民握手，日程排得满满的。

到了晚上，他脸上的一道道皱纹更加明显可见，身体感到异常沉重，嘴唇不断抽搐，眼神中充满了疲惫。有一次，助手在傍晚的时候告诉他，还有一次约好的谈话要进行。艾森豪威尔咬牙切齿地说："全国委员会的这些白痴！他们想选举一个死人才高兴吗？"

不过，他在稍事休息后又说："走！他们想叫我干什么，我就干什么！"

就这样，艾森豪威尔几乎跑遍了整个美国，宣传了自己的执政主张。在这次竞选中，朝鲜战争是一个十分敏感的问题。艾森豪威尔说，他没有结束朝鲜战争的秘密方法，但他愿意为"体面的停战协定"而努力。因为他明白，朝鲜战争一旦扩大化，打着联合国军旗号的美军进攻中国，

· 227 ·

将是一次对外政策的冒险。如此一来,美国势必会陷入战争的泥潭而不能自拔。1952年10月1日,艾森豪威尔宣称,朝鲜战争的主要担子应当由南朝鲜人自己承担,而不是美国人。他说:"我们不想让亚洲把西方的白种人看成是自己的敌人。假如那里必须进行战争,那就让亚洲人打亚洲人吧,而我们只要支持捍卫自由事业的一方就可以了。"

另外,他还明确表示,自己尽管坚决反对共产主义,但决不赞成和社会主义国家爆发直接的军事冲突。他说:"苏联和中国是不可能占领的。即使共产党撤退,让出了地盘,美国也无法去填补这些真空地带。"

他还担心,如果真的和以苏联为首的社会主义国家爆发战争,西欧国家是否能给美国以有效的军事援助,是非常值得怀疑的。因此,他说:"在现代战争中,取胜的唯一途径便是制止发生战争。"

艾森豪威尔的这些主张得到了美国民众的支持。如此一来,美国一方面可以堂而皇之地退出朝鲜战争;另一方面,他们仍然可以冠冕堂皇地继续宣称自己将继续为自由事业战斗!艾森豪威尔这种政治伎俩果然发挥了作用。11月4日,投票结果出来了。艾森豪威尔获得了33936234张选票,而民主党总统候选人史蒂文森则获得了27314992张选票。也就是说,艾森豪威尔以55.1%的选票对史蒂文森的44.4%的选票。艾森豪威尔以明显优势当选为美国第三十四任总统。

1953年1月20日上午,艾森豪威尔一家由36位亲属和大约140位即将参加政府的成员陪同,在全国长老会教堂做礼拜。当他们回到他们下榻的斯塔特勒饭店后,艾森豪威尔对妻子说:"你对这类事情总是做得特别得体。你认为我是否应当在我的就职演说中包括一段祷告呢?"

玛丽十分赞同丈夫的这个提议。于是,艾森豪威尔就花了10分钟写了一份简短的祷词。然后,他乘车去白宫会见杜鲁门夫妇。当汽车抵达白宫的门廊时,杜鲁门总统的助手邀请他到白宫里去喝杯咖啡。但艾森豪威尔拒绝了,他就坐在汽车内等杜鲁门出来,以示自己与杜鲁门是完全对立的。

据杜鲁门回忆,他们完全在冷冰冰的气氛下坐在一辆汽车里前往国会的。在抵达国会之前,艾森豪威尔冷冷地说:"1948年,我没有去参加您的就职典礼,完全是为您考虑,因为我一旦出席,就会完全从您那里把众人的注意力吸引过去。"

杜鲁门瞧了艾森豪威尔一眼，也冷冷地回敬了一句："艾克，如果你在那里的话，我是绝对不会邀请你参加的！"

来到国会之后，艾森豪威尔和杜鲁门一起走过圆形大厅，来到国会东面的平台。这个平台是为举行总统就职仪式临时搭建起来的。那天到场的人特别多，据说是美国历史上参加总统就职仪式人数最多的一次。中午12点32分，大法官弗雷德·文森主持了宣誓仪式。

随后，艾森豪威尔发表了就职演说。那一天，他穿着一件深蓝色双排扣的大衣，脖子上围着一条白色的围巾，十分引人注目。走到演讲台之后，他脸上的严肃与坚定变成了大家熟悉的笑容。他把手高举过头，手指作了一个"V"字形，表示胜利。

人群当中立刻爆发出了狂热的欢呼声。艾森豪威尔举起右手，掌心朝下，向下压了压，示意大家安静下来。紧接着，他从容不迫地宣读了自己在上午写的那篇短小的祷告词。他说："请求全能的上帝使我们能全心全意为在场的人和全国各地同胞服务。但愿我们能合作，在宪法的指导下合作。但愿这能成为不同政治信仰的人们追求的共同目标，从而让大家都能为我们亲爱的祖国工作，为上帝的光荣效劳。阿门。"

祷告结束之后，他便开始了自己的就职演说。他的就职演说并没有什么新意，不过是回忆了第二次世界大战，以唤起人们对他在战争中的功劳的记忆。然后，他又重申了自己对共产主义的观点，污蔑共产主义是一种侵略成性的社会形态。在专门谈到外交政策时，他答应他的政府"既不会妥协，也不会厌烦，更不会停止去寻求世界范围的体面和平"。艾森豪威尔的这段话是专门针对朝鲜战争而言的。此外，他还宣布了自己的政治、经济和外交等其他方面的执政方针。

艾森豪威尔政府的成员非常有特色，当时的人们称之为"八个百万富翁和一个自来水工人的政府"。劳工部长马丁·德尔金是芝加哥劳联的水电工人联合会主席，也是内阁成员中唯一一个民主党人。国务卿和其他几位部长都是实业界有名的富翁。这反映了垄断集团在艾森豪威尔的政府中有决定性的作用。

入主白宫之后，虽然工作十分繁重，可谓千头万绪，但艾森豪威尔的生活却很有规律。每天6点整，他便会悄悄地起来，以免惊醒妻子玛丽。吃过早点后，他便快速地将当天的报纸浏览一遍。他通常看华盛顿出版的报纸，如《纽约时报》和《先驱论坛报》。杜鲁门在总统任期内经常会给批评政府政策的报纸编辑寄去一封表示愤怒的信件。艾森豪威尔则不同，他通常会给报社捎去几句表扬话，以赞扬他们某一篇文章或某一栏目对政府的支持。对那些批评自己的栏目或报道，他从来不会当众表现出愤怒，顶多将这种愤怒告诉身边最亲密的朋友。大多数时候，他都会选择一声不响地将愤怒忘在脑后。

上午8点，艾森豪威尔会准时来到办公室，一直工作到下午1点。然后，他便会埋头吃午饭。吃饭的时候，他也不让自己的大脑停下来，仍然会和工作人员讨论工作的事情。他的这个习惯让妻子玛丽十分不放心，因为他从来不管食物的好坏，而且不讲究进食的节奏。无论什么东西摆在他的面前，他总是囫囵地将其吞下去。午饭过后，他再次回到办公室，一直工作到下午6点，有时还要晚一些。

艾森豪威尔吃晚饭比较慢，因为他总是一边吃饭一边看电视新闻。晚饭后，如果没有讲演或其他约会，他就研究文件、报告、建议，直到深夜11点，然后在上床前画一个小时的画。上床之后，他会随手在床头拿起一本西部小说，津津有味地看上一会。细心的玛丽总是能把那些最新出版的西部小说搜集到手，放在丈夫躺在床上随手可以取到的地方。和战争年代一样，艾森豪威尔读这些小说纯粹是为了放松自己紧绷的神经。因为这些小说的情节简单，而且结局也一目了然，根本不需要思考，对艾森豪威尔来说简直就是催眠剂。

四

签订朝鲜停战协定

艾森豪威尔当选总统之后即开始寻求一个体面的方法，让美国从朝鲜战争的泥潭中解脱出来。朝鲜半岛位于亚洲东部，北隔鸭绿江和图们江与中国相接，东北一隅与俄罗斯接壤，南隔朝鲜海峡与日本相望。西、南、东分别被黄海、朝鲜海峡、日本海环绕，地理位置非常重要。

第二次世界大战结束之后，在朝鲜半岛上相继成立了两个政权，以三八线为界，南部于1947年8月15日成立大韩民国，北部于1948年9月9日成立了朝鲜民主主义人民共和国。

1950年6月25日，南北朝鲜爆发战争。在战争的开始阶段，朝鲜人民军节节胜利，打得韩国军队毫无招架之力。战争爆发的第二天，美国总统杜鲁门即命令驻日本的美国远东空军协助韩国作战。6月27日，他又命令美国第七舰队驶入中国台湾省的基隆、高雄两个港口，在台湾海峡巡逻，阻止中国人民解放军解放台湾。

与此同时，美国还操纵联合国成立了以美军为主体的联合国军，开赴朝鲜战场，直接对朝鲜作战。杜鲁门任命麦克阿瑟将军为联合国军总司令，指挥部队作战。联合国军的参战使得在装备上处于劣势的朝鲜人民军遭受了重大损失。到了9月初，美军和李承晚的部队已到达离与中国接壤的新义州只有20公里的地方了。疯狂的美帝国主义居然不断向中国东北开火。

华尔街的大老板们公开叫喊，要把新生的社会主义中国"扼杀在摇篮里"。几条指向中国沈阳的粗大而醒目的进攻箭头，已不再掩饰地出现在五角大楼的军事地图上。麦克阿瑟扬言："鸭绿江并不是中朝两国不可逾越的障碍。"

新成立的中华人民共和国受到了严重的威胁。在这种情况下，中国共产党人决定组成中国人民志愿军，奔赴朝鲜半岛，帮助朝鲜反抗侵略，并解除美军对中国东北的威胁。1950年10月25日，中国人民志愿军在彭德怀的率领下跨过鸭绿江，与朝鲜人民军并肩作战。

在中朝部队的合力打击之下，美军和李承晚部队被迅速从鸭绿江边逐回到了三八线附近。美国舆论界为之哗然，把这次失败称之为珍珠港事件后美国最惨的军事败绩。到1950年12月中旬，朝鲜民主主义人民共和国的领土被收复，局势已开始明朗，战争对美国将是旷日持久和前途暗淡的。麦克阿瑟将军恼羞成怒，坚决要求对中国实施核打击，并计划和盘踞在台湾岛的蒋介石部队一起对中国大陆进行登陆作战。

麦克阿瑟此言一出，世界舆论为之哗然，连美国国内爱好和平的民众也纷纷站出来指责他。美国垄断集团的头头们也担心，胆大妄为的麦克阿瑟一旦使用核武器，就会挑起同中国甚至和苏联的战争，由此而产生的一切严重后果是无可挽回的。在舆论的压力之下，杜鲁门于1951年4月11日撤掉了麦克阿瑟联合国军总司令的职务。

第二次世界大战结束之后，美国大力援助包括西德及日本等挑起战争的国家在内的诸多国家的重建，企图建立世界霸权。朝鲜战争爆发后，美国本来指望它的这些盟友会派来所需要的"炮灰"。届时，美国只要派少量的地面部队进入朝鲜半岛作战，就可以发挥军火库和指挥棒的作用，赢得这场战争。但事与愿违，不管美国方面如何施加压力，盟国都不愿意向朝鲜半岛派遣大量的士兵。于是乎，美国不得不在整个战争中承担战争的军事、经济、政治和道义上的主要担子。

就这样，美军陷入了朝鲜战争的泥潭而不能自拔。1951年7月10日，陷入军事政治困境的美国，在世界和美国舆论的强大压力下，被迫开始了关于朝鲜停战的谈判。然而，谈判困难重重，直到1952年美国总统大选开始前，谈判实际上毫无进展。因此，美国民众对杜鲁门政府极为不满，并纷纷要求新上任的总统尽快将美国从战争的泥潭中解脱出来。一位普通的美国民众在艾森豪威尔的信中说："请想一想，朝鲜战争所造成的苦难和不幸。我相信，假如是我们自己的孩子在忍受这种痛苦，我们定要设法终止这场战争。"

实际上，艾森豪威尔的儿子约翰也曾到朝鲜半岛作战。在开赴战场之前，艾森豪威尔同儿子进行了长时间的严肃谈话。这次谈话的内容非常广泛，谈到如何安排约翰妻子的生活，由谁照看他的小孩。然而主要还是艾森豪威尔对儿子的临别赠言，他告诫儿子，无论在什么情况下，都不能当俘虏。

因此，艾森豪威尔也和子女在战场上的所有父亲一样，希望尽早结束这场战争。在竞选之时，他就承诺要尽量寻找一种体面的方法来结束这场战争。不过，美军在这场战争中实际上是处于失败者的地位，如何才能保留住面子呢？这是一个十分棘手的问题。

出路只有一个，就是尽快签订和平协定。但李承晚和美国的右翼势力都叫嚣着要彻底消灭共产党，这就使得谈判工作陷入了僵局。当艾森豪威尔入主白宫之时，这个僵局依然没有丝毫的改变。但为了寻求"体面的办法"，艾森豪威尔当上总统之后，依然坚持以谈判的方式来化解僵局。

于是，艾森豪威尔便就谈判问题进行了大量的工作。在经过一系列的努力之后，僵局终于被打破了。4月11日，交战双方在板门店达成了关于交换病、伤战俘的协议。随后，板门店谈判取得了一些进展。当李承晚顽固地站出来搅和谈判之时，艾森豪威尔写信耐心地对他进行了劝导，并派助理国务卿罗伯逊当面开导他。

就这样，双方终于在1953年7月26日签订了朝鲜停战协议。得知这个消息之后，艾森豪威尔立即通过广播向全国民众发表了讲话。在讲话开始之前，一个摄影记者问他："你有些什么感想？"

艾森豪威尔回答说："战争过去了，我希望我的儿子不久就能回家来。"

他的这次讲话非常简短，他表示对战争的结束非常高兴。但他同时提醒美国民众："我们仅在一个战场上赢得了停战——而不是世界和平。我们现在不能放松警惕，也不能停止我们对和平的追求"。

· 第十二章 ·

不得人心的外交政策

一

推行艾森豪威尔主义

1955年秋季,艾森豪威尔带着妻子玛丽和几个朋友一起到科罗拉多州弗雷塞牧场度假。9月23日,艾森豪威尔和朋友玩了一天,十分尽兴,直到晚上10点多才回卧室上床睡觉。24日凌晨1点30分,胸口一阵剧痛袭来,艾森豪威尔从睡梦中被痛醒了。在无边的黑暗中,艾森豪威尔双手紧紧地捂住胸口,咬牙忍受着。他不想把妻子玛丽惊醒。

但胸口痛得实在太厉害了,他的身体不由得扭动起来。玛丽被惊醒了。她轻声问道:"艾克,怎么了?"

艾森豪威尔已经痛得说不出话来。玛丽感到情形不对,马上打开了台灯。只见艾森豪威尔脸色苍白,双手死死地抓住胸口。玛丽吓坏了,马上打电话给医生。半个小时后,医生赶到了。医生给艾森豪威尔服了药,并给注射了麻药。艾森豪威尔醒来的时候已经是中午了。他睁开眼睛,发现很多人围在自己的窗前,一脸的茫然,他不知道发生了什么事情。

随后,众人把艾森豪威尔送到了医院。经过检查,人们才得知,艾森豪威尔得了心脏病。情况虽然不算太糟糕,但也不容了乐观。艾森豪威尔的助手问道:"总统先生,你准备让公众知道你生病的事情吗?"

艾森豪威尔陷入了沉思。医生并没有向他隐瞒自己的病情,作为总统,他也不应该向公众隐瞒。何况,如果向公众隐瞒病情的话,很有可能还会加重自己的病情。1919年,时任总统的威尔逊得了中风,由于向公众隐瞒了病情,他不得不拖着病体参加各种会议和活动。结果,他的病情便严重恶化了。艾森豪威尔不想这种事情发生在自己的身上。他对助手说:"公众有权知道总统的身体状况。要谈真相,全部真相,不要隐瞒任何情况。"

正是因为艾森豪威尔向公众说了真相，他才得以从繁重的工作脱身，安心养病。一个月之后，他的病情便有了明显的好转。10月25日，他在妻子的陪同下走出了病房。这是他住院以来第一次出去散步。10天之后，医生告诉他，他可以出院了。不过，医生们同时告诫他，他必须坐在轮椅上下飞机，要完全恢复健康，还需要一个星期的时间。

艾森豪威尔遵照医生的嘱咐，精心地调理着。到1955年的圣诞节，他的身体已经完全恢复了健康。艾森豪威尔觉得他已经完全可以恢复全天候的工作了。经过精心检查，医生们宣布："从医学上讲，总统完全可以胜任5到10年的高节奏生活。"

医生的结论给了艾森豪威尔十足的信心。他又投入到了紧张的工作之中。此时，时间已经来到了1956年。美国将再次举行大选，选举下一届总统。艾森豪威尔信心十足地宣布："我，德怀特·艾森豪威尔将参加下一届总统的竞选！"

艾森豪威尔的这一声明等于是得到了提名。根据惯例，在职总统一旦宣布参与下一届总统的竞选，就会被自动提名为候选人。1956年2月25日，艾森豪威尔正式开始了竞选活动。他在电视上向公众介绍了自己的病情，并把医生的话告诉了大家。公众最担心的就是总统的健康问题。既然他的健康没有问题，那么他当选为下一届总统也就没有问题了。

如此一来，人们便把关注的焦点转移到了副总统候选人的身上。当时，副总统候选人呼声最高的是尼克松。人们猜测，艾森豪威尔很有可能会在下一届总统期满前因病退下来。届时，副总统将顺理成章地成为总统。于是，副总统候选人就显得尤为重要了。记者们追问艾森豪威尔，尼克松会不会成为他的竞选伙伴。艾森豪威尔十分谨慎，他既没有肯定，也没有否定。直到共和党全国代表大会确定尼克松为副总统候选人，人们才得知这一消息。

随后，艾森豪威尔和尼克松这一组合再次掀起了竞选热潮。美国民众依然像4年前一样支持他们。11月6日，艾森豪威尔以3558万张的得票击败了史蒂文森。史蒂文森仅仅获得了2573万张选票，比艾森豪威尔少将近1000万张。这个差距几乎是4年前的两倍。这说明艾森豪威尔在

上将总统 艾森豪威尔

第一届任期内的工作表现是深得人心的。

在连任总统的就职典礼上，艾森豪威尔并没有摒弃他一贯的作风，依然视共产主义为威胁。当时，中东、北非和南太平洋的一些小岛刚刚经历民族解放运动，亟待国家建设。这些地方尚且属于"政治真空地带"，因为他们未被西方资本主义或以苏联为首的社会主义国家所影响。因此，艾森豪威尔将目光转向了这些地区，企图以政治和军事援助的幌子，控制这些地区，加强与苏联对抗的筹码。同时，这一举措还能为美国获得新的原料产地和倾销市场。

他在就职典礼上冠冕堂皇地说："现在，新兴力量和新兴国家正在全世界崛起，他们正为了自由而斗争。从北非的沙漠到南太平洋的岛屿，有三分之一的人类进入了一场争取新的自由——摆脱极度贫困的历史性斗争。如果其他国家不繁荣，美国的繁荣甚至也不能维持下去。"

艾森豪威尔的这种主张被称之为艾森豪威尔主义。正如中东地区一些公众舆论所指出的那样，艾森豪威尔主义实际上是一个奴役新近走上独立发展道路国家的人民的大规模计划，"是地地道道的殖民主义，是一种新的侵略工具。"

1956年7月26日，埃及政府宣布将苏伊士运河公司收归国有。苏伊士运河的战略地位非常重要。它连接地中海与红海，是提供从欧洲至

艾森豪威尔在白宫与家人合影（1956年）

印度洋和西太平洋附近土地的最近的航线。19世纪后期,英国以其强大的经济和军事实力从埃及手中夺去了运河的股份。从此,苏伊士运河沦入了帝国主义之手。

1952年,以纳赛尔为首的"自由军官组织"推翻了亲英的法鲁克王朝。次年夏季,埃及废除了君主制,建立了共和国。随后,埃及新政府就苏伊士运河的归属与管理权等问题同英国展开了谈判。在国际舆论的压力之下,英国于1954年被迫放弃对苏伊士运河的控制权,并于1956年6月将最后一批驻军撤离。在这种背景下,埃及政府遂于7月26日宣布,将苏伊士运河收归国有。

这一举动,在西方世界引起了震惊。英、美、法三国抛开它们之间的矛盾,迅速地纠结起来,准备报复埃及。这些国家的首脑们认为,埃及把苏伊士运河公司收归国有是对整个西方世界的挑战,是对摇摇欲坠的殖民主义体系的又一次打击。一些报纸也在此时大发厥词说,谁能担保其他国家不会仿效埃及,谁能担保整个殖民主义体系的环节不会发生"连锁反应"?实际上,"连锁反应"才是美国最担心的事情。当时,美国控制着巴拿马运河的管理权。巴拿马运河是连接大西洋与太平洋的最短航道,其战略位置不亚于苏伊士运河。一旦巴拿马效仿埃及,美国的利益势必会受到严重的损害。

另外,中东是世界上最重要的石油产地。美国所需要的石油大部分都是从中东通过苏伊士运河运到美国本土的。埃及将苏伊士运河收归国有,势必会影响石油这种战略物资的运输。1956年10月,《纽约时报》就曾露骨地写道:"英国失去什么,我们也就失去什么。英国并不仅仅是我们主要的盟国。它和我们分享着中东丰富无比的石油财富的主要部分。"

正是在这种背景下,以美国为首的资本主义大国采取了种种卑劣的手段,恐吓和威胁埃及,希望能迫使纳赛尔总统取消将苏伊士运河收归国有的计划。8月16日至23日,美国国务卿杜勒斯将苏伊士运河问题提交到了伦敦会议上,提出的所谓"杜勒斯计划",其实质在于禁止埃及管理运河并把运河永远交归某种国际机构管理。其目的是恢复中东殖民主义秩序,为冲突制造借口。"杜勒斯计划"遭到埃及的反对,纳赛尔说:"对苏伊士运河的国际管制,这是一种新式的帝国主义,集体的帝国主义。"

当"杜勒斯计划"遭到彻底失败之时,美国政府又制订了一个挑衅方案,即建立"苏伊士运河使用国协会"来接收苏伊士运河公司的一切权利。与此同时,美国发表声明,它要参加这个"协会"。这个计划再次遭到了埃及人民的反对。

苏伊士运河的问题最终导致了第二次中东战争。英、法联合以色列于1956年10月29日,对埃及发动了突然袭击。美国虽然没有直接参加这次行动,但却是幕后主使之一。埃及军民英勇作战,并利用美、苏和英、法之间的矛盾,展开了反抗斗争。在全世界人民声援下,英、法、以于11月6日深夜被迫同意停火和撤军。

除了苏伊士运河,美国还通过在中东地区扶植亲美的政权来加强对该地区石油的控制权。不仅在中东,美国在拉丁美洲以及在亚洲一些国家也积极推行艾森豪威尔主义,以加强自己对那里的统治。艾森豪威尔主义是艾森豪威尔任期内为了美国的利益而推行的一种侵略政策,遭到了全世界爱好和平与自由人士的反对。可以说,这是艾森豪威尔执政期间的败笔之一。

二

小石城的种族冲突

艾森豪威尔在第二届任期内的工作并不轻松。在外交方面，他就既要想方设法地推行"艾森豪威尔主义"，又要与以苏联为首的社会主义国家对抗，防范"万恶的共产主义"；在内政方面，他既要想方设法促进经济发展和就业，又要解决当时甚嚣尘上的种族矛盾。

美国的种族矛盾由来已久。美国在历史上曾经是英国的殖民地，北方是工业中心，南方则是农业基地。随着种植园的扩张，劳动力严重不足，于是欧洲殖民者不得不寻找劳动力来源，非洲的黑人便成了他们猎取劳动力的主要对象。

最先从事奴隶贸易的是葡萄牙人，其后西班牙、荷兰、英国、法国都先后卷入这种惨无人道的奴隶贸易活动中。在奴隶贸易的初期，殖民者曾组织所谓的"捕猎队"亲自掠奴，偷袭黑人村庄，烧毁房屋，把黑人捆绑着押往停泊在岸边的贩奴船，往往一夜之间把和平宁静的黑人村庄踏为荒无人烟的废墟。殖民者的野蛮暴行，遭到了非洲人民的反击。

后来，殖民者改变了方式，采取以枪支、火药诱骗某些沿海地带的部落酋长，唆使他们向内地袭击，挑动部落之间的战争，以便在交战中俘虏对方部落的人，出卖给欧洲的奴隶贩子。由于欧洲殖民者的挑动，这种部落间的"猎奴战争"，在400年的奴隶贸易过程中，始终没有停止过，造成非洲黑人的大量死亡。

运到美洲的黑奴，在种植园主或矿山主的非人待遇下，有三分之一的黑人奴隶在移居美洲的前三年死去，大多数人活不到15年。在长达400年奴隶贸易中，估计从非洲运到美洲的奴隶大约为1200万～3000万。整个非洲大陆因奴隶贸易损失的人口至少有1亿多，相当于1800年非洲的人口总数。

在独立战争时期，美国著名的政治家富兰克林和杰弗逊等人就提出废除奴隶制。美国独立后，北方各州先后废除黑人奴隶制。但南方诸州由于棉花种植业的迅速发展，种植园奴隶制不断扩大，威胁着美国人民的民主权利。19世纪20年代前后，废奴运动的组织在美国开始出现。随后，美国国内掀起了废奴运动。与此同时，南方的种植园主和矿山主为了自身的利益，极力反对废奴。因此，大多数南方的黑人依然没有改变奴隶的身份，被种植园主或矿山主当成牲口一样对待。

废奴与反废奴的势力就这样此消彼长地对峙着，终于在1861年导致了南北战争的爆发。结果，主张废除奴隶制的北方获得了胜利，奴隶制最终被以法律的形式废除了。制度虽然被废除了，但人们的观念却没有什么改变。由于黑人缺乏教育，劳动技能低下，仍然生活在社会的最底层。白人也因此而歧视黑人，认为他们天生低人一等。这便是美国种族歧视的由来。

20世纪中期，美国的种族歧视依然十分严重，黑人不能同白人一起工作，也不能同他们坐在一起吃饭，甚至不能共乘一辆车。1957年，美国联邦法院颁布了一项法律，宣布在公立中学中取消种族隔离制度。

1957年9月4日，艾森豪威尔带着妻子到罗得岛的纽波特海军基地度假。刚从繁重的工作中脱身的艾森豪威尔显得异常轻松，他在当地的招待会上说："我向你们保证，没有一次休假会像这一次这么顺利。我们期待着我们生活的美好时刻。"

艾森豪威尔太过乐观了，这次休假不但不顺利，而且还成为了他历次休假中最糟糕的一次。当天，他便收到了消息，说南方的阿肯色州州长奥瓦尔·福巴斯完全蔑视法院的命令，调集了阿肯色州的国民警卫队，荷枪实弹地部署在小石城中央中学的周围，下令部队阻止10多名黑人学生进入该校。

艾森豪威尔非常同情南方白人，对黑人抱有强烈的偏见，这是众所周知的事情，但是作为总统，他不得不维护国家和社会的稳定。所以，他并不能公开表示自己对待黑人的态度。福巴斯州长的举动无疑将艾森豪威尔推到了风口浪尖之上。艾森豪威尔立即给福巴斯发了一份电报，要求他撤离国民警卫队，用合法的手段来解决问题。他在电报中向福巴斯保证："我唯一能向你保证的是，我将以我们所掌握的一切合法手段，来维护联邦宪法；而且，无人打算逮捕州长，或窃听他的电话。"

艾森豪威尔的电报并没有起到任何作用，国民警卫队仍然包围着中央中学，阻止9名仍想进入学校的黑人孩子。各种法律努力在继续进行。联邦法官定于9月20日召开关于福巴斯行动是否合法的听证会。

艾森豪威尔意识到了事态的严重性。9月14日，艾森豪威尔在纽波特海军基地召见了福巴斯。在总统休假的小办公室内，艾森豪威尔和福巴斯单独举行了一次会谈。福巴斯申辩说："我是一个守法的公民，每一个人都知道联邦法律高于州的法律。"

艾森豪威尔没有说话，眼睛盯着福巴斯，听他继续说了下去。福巴斯表现出一副怀旧的模样，眼光紧紧地盯着艾森豪威尔，动情地说："第二次世界大战时，在欧洲我曾在您的部队作战，当时我是陆军少校，并受了伤。想必您应该记得吧。"

艾森豪威尔的思维也回到了战争年代，他沉思了一会回答说："唔，这个我清楚。"

福巴斯趁机说："目前我面临的局面，都是形势和压力所迫。"

艾森豪威尔点了点头，对他说："好吧，我给你一条摆脱困境的办法。你不必撤走国民警卫队，你可以指示国民警卫队在准许黑人学生上学时维持和平。如果你这样做的话，司法部将请求法院同意你不出席听证会。你看怎么样？"

福巴斯默默地点了点头，回答说："好的，我想我应该改变给国民警卫队下达的命令。"

福巴斯回到小石城之后，并没有按照他向艾森豪威尔允诺的那样，改变命令，仍然让国民警卫队阻止黑人学生进入学校。

艾森豪威尔对福巴斯的表现也非常恼火。他说，"我讨厌使用部队。如果这种行动蔓延开来的话，将不可避免地出现暴力事件。"

艾森豪威尔担心的事情到底发生了。9月23日上午，一群狂热的种族主义者聚集在中央中学的周围，叫嚣着反对取消种族隔离。根据目击者宣称，当时至少有数百人突然对两位黑人记者发动袭击。

疯狂的种族主义者将两名黑人记者打倒在地，不停地用拳头和皮带袭击他们。9名黑人学生趁着混乱从学校的边门溜了进去。种族主义者得知这一消息后，更加疯狂了。他们冲过了警察设置的路障，要打进学校去，并大声嚷着："绞死黑鬼！绞死黑鬼！"

为了平息这场风波，小石城的市长命令警察进入学校，将这些黑人学生带出来。3个小时之后，已经进入中央中学的9名黑人学生被警察带离了学校。取消种族隔的法律在小石城仅仅持续了3个小时。

一时间，小石城乌烟瘴气，恶浪滚滚。种族主义者高喊着"绞死黑鬼"的口号，聚集在中央中学周围不肯离去。局势很快失去了控制，堵在街上的人越来越多。种族主义者已经控制了各条街道，警察已经完全无法控制局面了。

此时，艾森豪威尔发表了一个声明。他说："联邦法律不能听任任何人触法而不受罚，或任何极端主义暴徒的藐视。我决心使用包括任何武力在内的手段来执行联邦法院的命令，并阻止任何阻碍法律的行动。"

中午12点，艾森豪威尔决定使用美国陆军部队，同时调集阿肯色州国民警卫队与正规部队一起，执行联邦政府的任务。15分钟之后，他向泰勒将军下达了命令，要求他迅速出动部队，以显示陆军能够迅速作出反应。

几小时之后，泰勒将军已派出第一〇一空降师的500名伞兵到达小石城。另外500名士兵也将在日落前到达。小石城的局面终于得到了控制。

下午3点30分，艾森豪威尔不得不取消休假，匆匆飞回华盛顿。在飞机上，他潦草地写下几行字："部队不是强制执行取消种族隔离，而是阻止采取暴力反对法院的命令。"

当天晚上，艾森豪威尔便发表了一通电视讲话。在讲话中，他强调："绝大多数南方人民，其中包括阿肯色州和小石城的人民是善意的！他们不同意取消种族隔离制度，而且正在努力维护和尊重法律。"

安抚了南方的白人之后，艾森豪威尔用沉重的语调说："美国在全世界的舆论面前受到严厉的指责。外国人对于必须调军队来护送十几名的孩子上学这件事都诧异不已。苏联人幸灾乐祸地盯着此事，并且利用它到处歪曲我们整个国家。"

艾森豪威尔哀婉的劝说并没有起到什么作用。不过，第一〇一空降师的士兵可不是吃素的。他们很快便驱散了种族主义者，恢复了中央中学的秩序。黑人学生进入了学校，并在军队的保护下开始上课。

随后，艾森豪威尔与福巴斯展开了谈判，希望他能撤离国民警卫队。谈判进展缓慢，直到 10 月 14 日，局势才最终稳定下来。艾森豪威尔下令撤走一半的第一〇一空降师的士兵。

10 月 23 日，黑人学生不需要部队保护就可进入中央中学了。11 月，第一〇一空降师最后一批士兵被撤离了小石城。至此，小石城风波总算是平息了下来。

这件事情让艾森豪威尔焦头烂额，健康状况也一度恶化了。11 月 25 日午后，艾森豪威尔突然晕倒在了办公室。医生赶到后，对艾森豪威尔进行了全面检查，初步诊断是轻微中风。尽管他在几个小时之后便清醒了，但说话仍有困难。

几天后，艾森豪威尔恢复了语言功能，又开始了他繁忙的工作。从表面上看，艾森豪威尔似乎没有什么变化，不过他自己知道，他原来一直吐字发音清楚准确，现在却会将一个多音节词的各音节颠倒过来。这说明，这场轻微中风给他留下了后遗症。

三

推行扶蒋反共政策

艾森豪威尔中风的消息传出去之后，民间议论纷纷。人们都对这位业已 67 岁高龄的总统能否完成他第二届任期余下的 3 年任务产生了怀疑。人们普遍担心，万一艾森豪威尔倒下了，副总统尼克松是否有能力来对付"可怕的社会主义国家"。

在执政期间，艾森豪威尔一直奉行与社会主义国家对抗的政策。"扶蒋反共"便是其中最臭名昭著的政策之一。蒋介石政权逃到台湾之后，依然做着"收复大陆，重返金陵故都"的美梦。他高喊："一年准备，两年反攻，三年扫荡，四年成功。"

不过，随着时间的推移，蒋介石发现他的这个春秋大梦根本无法实现。于是，他便悄悄地摘掉了"军事反攻"的招牌，而代之以"政治为主，军事为从"的口号。为了遏制社会主义的发展，美国政府一直奉行扶蒋反华的反动政策。在朝鲜战争期间，美国的第七舰队曾奉时任美国总统杜鲁门的命令，开赴台湾海峡，阻止中国人民解放军解放台湾。

艾森豪威尔上台之后，继续推行这种不得人心的政策。1954 年 12 月 2 日，艾森豪威尔政府公开和蒋介石订立了"共同防御条约"。美国在太平洋的海军部队将矛头指向了中国大陆，企图帮助亲美的蒋介石反攻大陆。与此同时，美国间谍机关"西方企业公司"也积极地在中国沿海金门、马祖、大陈等岛设立特务机关，向大陆派遣特务，破坏中国的统一大业。艾森豪威尔派向台湾的军事顾问团甚至直接帮助蒋介石在中国沿海岛屿构筑了"反攻大陆"的前哨阵地。英国路透社的著名记者兰金曾据此判断："看来，美国要在亚洲大陆上和中国共产党作战了。"

12 月 8 日，中华人民共和国发表声明，指出蒋介石与美国政府签订的伪《中美共同防御条约》是非法的、无效的。为了维护中国人民的尊严和国家主权，中国人民解放军于这个声明发表后的40天，即1955年1月18日，奉命向大陈岛的前哨——一江山岛发起了进攻。激战53小时之后，中国人民解放军解放了该岛。

美国并没有根据伪《中美共同防御》条约的规定同中国人民解放军作战。为了避免更大的损失，美国国务院不得不于2月5日下令第七舰队和其他美国部队"协助"蒋军从大陈、南鹿、渔山列岛等海岛撤退到台湾。

一江山之战结束后，台湾军队中几乎没有人再相信蒋介石能打回去的神话，而且解放军矛头所向，已直指大陈岛。在艾森豪威尔的"劝逼下"，蒋介石急派蒋经国来到大陈岛，执行撤退大陈岛居民的"金刚计划"。2月8日，岛上33777军民在在美军第七舰队的保护下，乘着各式各样的船只，开始分批撤离。

大陈岛撤退之后，蒋介石反攻大陆的春秋大梦算是彻底结束了。

艾森豪威尔与蒋介石签订的旨在吓唬中国共产党人的伪《中美共同防御条约》遭到了失败。但他并没有由此醒悟，反而继续执行不得人心的扶蒋反共政策。1958年8月25日，艾森豪威尔正在北卡罗来纳州的山中视察美军一年一度的军事演习。美国中央情报局局长杜勒斯向艾森豪威尔汇报，台湾蒋介石集团和中国人民解放军在金门和马祖发生了冲突。台湾国民党当局一直在不断增加他们在金门、马祖的兵力，到1958年8月已达到10余万人之多，占国民党总兵力的三分之一。中国人民解放军抗议这一挑衅行动，但不起作用。8月24日，解放军开始炮击金门和马祖两个岛屿。台湾海峡的局势再度紧张起来。

艾森豪威尔听了杜勒斯的汇报，认为有危险的远不止是金门和马祖。他预言，一旦金门和马祖失守，中国人民解放军将会趁机解放台湾。如此一来，美国在日本、菲律宾、泰国、越南的利益很有可能受到威胁。实际上，艾森豪威尔这种论调不过是为自己推行扶蒋反共政策寻找借口，他不能忍受由一个社会主义政权来统一海峡两岸。

8月29日，艾森豪威尔急急返回华盛顿，下令驻守在地中海的第六舰队调出两艘航空母舰驶过苏伊士运河，加入在台湾海峡的第七舰队，阻止中国人民解放军解放台湾。艾森豪威尔甚至声称,如果中国共产党真的企图攻占金门和马祖,他将考虑批准"对共产党中国的机场使用战术核武器"。

实际上,艾森豪威尔对使用核武器这一大规模杀伤性武器是存有顾虑的。如此一来,他将不得不承受政治和心理上的双重压力。9月6日,周恩来总理就艾森豪威尔的反动举动发表了声明,义正辞严地谴责了美国政府对中国的侵略行为,并表示,中国人民不惧怕美帝国主义的恐吓。

美国一些政界人士和报纸也对美国政府在台湾地区的冒险活动感到不安。他们不同意美国政府对中国的挑衅,担心这会使美国陷入一场战争之中。美国统一独立社会党竞选委员会给艾森豪威尔发了一封电报。他们在电报中说:"我们的部队驻在中国的领土上是对全世界和平的威胁。我们呼吁立即从金门和马祖以及这些岛屿四周的海面上撤出美国军队,以防止把美国和整个世界卷入第三次世界大战。我们要求艾森豪威尔政府不再干涉中华人民共和国的内政。"

一些著名的民主党人组成的"美国人民主行动协会"也写信给艾森豪威尔,希望政府从台湾撤军,以防将美国卷入与中国的战争之中。民主党参议员莫尔斯要求美国国会立即召开特别会议来制止艾森豪威尔的外交政策。他说:"美国无权保卫像金门和马祖这些岛上的中国国民党人。如果我们去保卫他们,我们就会被斥为侵略国,而且事实上也的确是这样。"

面对着美国侵略者的挑衅,毛泽东主席于9月8日在最高国务会议上发表讲话,说明了中国人民的决心和信心。他指出:美国侵略者的这一套,只能征服那些时刻准备着向美国的原子弹、氢弹和美国的小麦、美元屈膝投降的机会主义者,但对正在创造着新历史的中国人民毫无作用。中国人民不会惧怕美帝国主义的恐吓与威胁。

毛泽东主席发表讲话之后,中国人民纷纷响应号召,组织了规模空前的反对美帝的大示威。在短短的几天之内,参加示威的人数超过了2亿人。中国人民的斗争赢得了全世界人民的同情和支持。苏联部长会议主席赫鲁晓夫于9月7日写信给艾森豪威尔,警告他必须悬崖勒马,否则必将招致恶果,中国6亿人民是强大而不可战胜的。9月19日,赫鲁晓夫再次给艾森豪威尔写信，警告他说："对中国的侵略就是对苏联的侵略。美国不撤离台湾、远东就没有和平。核讹诈吓不倒苏联，也吓不倒中国。如果美国竟然对中国发动核进攻，必将立即遭到同类武器的反击。"

当时，中国尚没有核武器，但苏联已经成功研制了原子弹。因此，赫鲁晓夫对艾森豪威尔的警告让他不得不三思而后行。

中国政府在这场斗争中，做到了有理有利有节，掌握分寸，恰到好处。10月6日，中华人民共和国国防部长彭德怀元帅，向台湾、金门、马祖军民同胞发表文告，建议国共双方举行谈判，和平解决争端。随后，彭德怀元帅下令暂停炮击，让岛上的军民补充物资，同时也给蒋介石集团以反思的机会。

然而，停止炮击后，台湾当局毫无悔悟。他们坚持顽固态度，拒不接受和谈，加紧战争准备，高叫反攻大陆。于是，彭德怀元帅于10月20日，命令前线恢复炮击，以示惩罚。中国人民解放军的高调行动让台湾当局和美国陷入了混乱之中。

当时，美国国务卿杜勒斯正奉艾森豪威尔之命，前往台湾与蒋介石秘密谈判，进一步实施"美蒋条约"。金门的炮声让正在赶赴台湾的杜勒斯惊慌失措，美国政府不得不承认他们的计划已被英勇的中国人民打乱了。

杜勒斯急忙打电话给艾森豪威尔，请示该如何应对这一新情况。他们在电话中谈了十几分钟。艾森豪威尔指示他，继续赶往台北。但这一举动不过是艾森豪威尔为保存颜面而作出的权宜之计罢了。此后，他的扶蒋反共政策始终没有得逞。

四

美、苏之间的大竞赛

第二次世界大战结束之后，美国人想当然地认为他们的国家不仅是世界上最富裕、最自由和最强大的国家，同时也是教育最好、技术最先进的国家。让美国人造成这一心理的主要原因是，英国、法国、德国和苏联等强国在第二次世界大战中都遭受了严重的破坏，但美国本土却没有遭受战争的劫难。所以，当各国在战后面对千疮百孔的家园，思索如何重建之时，美国的工业依旧欣欣向荣。也就是说，美国的强大并不是技术因素带来的，而是地理因素形成的。当然，美国在技术上在当时也是世界上数一数二的国家，因为西欧各国的许多科学家都在战争中移民美国了。

艾森豪威尔任期内所推行的外交政策主要是与苏联对抗。这种对抗最直接的反映便是在航空航天的竞赛上。1957年10月4日，苏联成功发射了世界上第一枚人造卫星"伴侣1号"。赫鲁晓夫得意洋洋地宣称：美国武器，包括当时最先进的B-52远程轰炸机在内，都该进博物馆了。赫鲁晓夫的这句话过于武断，但苏联成功地发射了世界上第一枚人造卫星的事实表明，苏联拥有比美国更优良的火箭和导弹。

闻知这一消息，艾森豪威尔既惊惶又气愤。他马上召开了一次国防会议，审查美国的导弹研制项目，并查找苏联在空间竞赛取胜的原因。两位陆军军官告诉艾森豪威尔，美国陆军已经研制成功了"红石"火箭。这种火箭在几个月前就可以将人造卫星送入轨道了。不过，国防部把卫星计划交给海军的"先锋"计划。海军的"先锋"计划迟迟没有成功，这才导致苏联在美国之前将人造卫星送入了轨道。

10月8日，艾森豪威尔询问副国务卿夸尔斯，"红石"火箭是否真的可以将卫星送上轨道。夸尔斯信心满满地回答说，"红石"早在两年前就可以完成这个任务了。由于国防部要把地球卫星与军事的发展分开进行，以强调卫星计划的和平性质，所以美国在这场竞赛中才失败了。

听到这个消息，艾森豪威尔异常懊恼。在他看来，这是一场原本不该失败的竞赛，但却被国防部那帮家伙给搞砸了。艾森豪威尔迅速指示有关官员，取消导弹研究部门超时工作的限制，并使"红石"纳入人造卫星的计划。

美国民众更加无法接受苏联在美国之前将人造卫星送入轨道这一事实。记者们对艾森豪威尔穷追不舍，纷纷问他："苏联发射了地球卫星，他们还说已经成功地发射了一枚洲际弹道导弹，而我们的国家却什么也没有。请问总统先生，我们对此准备怎么办？"

艾森豪威尔十分害怕回答这些问题，但又不能作出回应。于是，他总是顾左右而言他，往往首先表示卫星和洲际导弹之间并没有什么联系，并答应在1958年年底之前，发射一颗美国地球卫星进入轨道。

记者们接着提问："那么，苏联是否能利用地球卫星作为发射火箭的空间平台？"

艾森豪威尔自我解嘲地回答说："现在不会。突然间好像全部的美国人都成了科学家！"

全国广播公司的记者提问道："总统先生，根据美国人民对您的军事知识和领导水平的极大的依赖，您现在是否在说，俄国的人造卫星绕着地球飞行的时候，您并不因此而更多地担心国家的安全？"

艾森豪威尔苦笑着回答说："这是一个全美国人民都在问的问题。就人造卫星本身而言，这并不引起我的恐惧，一点也不。在此刻，在这样的发展阶段，我看不出这一发展对我们国家安全有什么影响。"

尽管艾森豪威尔一再向民众强调，美国在核武器运载系统方面处于世界领先水平，但民众根本不相信他的话，除非他们可以亲眼看到美国将人造卫星送上轨道。

于是乎，艾森豪威尔便敦促国防部加紧进行卫星计划。1957年12月，已经到了艾森豪威尔允诺将人造卫星送入轨道的时间了。在"先锋"火箭发射的那一天，众多的新闻记者携着无数的摄影机、照相机纷纷纷赶到"先锋"火箭发射基地。记者们都想把这一激动人心的伟大时刻记录下来。全国民众也欢欣鼓舞，兴奋异常地坐在电视机前，等待着观看这一动人的时刻。

发射的时间终于到了。随着指挥人员发出"5、4、3、2、1……点火！"的命令，"先锋"火箭窜向了天空。所有的人都异常激动，然而这种激动的心情仅仅维持了两秒钟。两秒钟之后，他们的心情一下子跌入了深渊。"先锋"火箭颤抖了一下，迅速淹没在浓烟之中。紧接着，天空中传来一声沉闷的爆炸声，火箭的碎片带着火花四散裂开，形成一幅凄惨而壮观的景象。

美国火箭发射失败了。这对艾森豪威尔，对美国人的自豪心理，以及进行火箭研制的预算，都是一个沉重的打击。直到1958年1月31日，美国才将第一颗人造卫星送上轨道。然而，这颗卫星几乎和"先锋"一样地令人难堪，因为这颗命名为"探险者1号"的卫星只有31磅重。但苏联在当年5月送上天的"人造卫星3号"却重达3000磅！这使美国人汗颜不止。

艾森豪威尔对此极为不满，他对国防部的人说："简直是一团糟！"

随着军备竞赛的发展，苏、美两国在财政预算都有些吃不消了。在这种情况下，两国都有意谋求和解之路。1959年7月，赫鲁晓夫突然宣布，他愿意访问美国。艾森豪威尔对这一主意产生了浓厚的兴趣，立即向赫鲁晓夫发出了邀请。

7月22日，赫鲁晓夫作了回应，他将在9月以后对美国进行为期10天的访问。艾森豪威尔宣布"赫鲁晓夫即将访美"的消息后，引起了形形色色的"冷战捍卫者"们的抗议。甚至一向"呼吁和平"的记者们也对此怀有敌意。

8月12日，艾森豪威尔在葛底斯堡举行了一场记者招待会上。在会上，有记者问他："总统先生，你想让赫鲁晓夫在美国看些什么？"

艾森豪威尔微笑着回答说："我想让他看到美国人居住的精致、小巧或朴实的房屋。另外，我还想请他到我出生的小城去，亲眼看一看我劳动过的地方。"

9月，赫鲁晓夫开始正式对美国进行访问。他送给艾森豪威尔一架月球卫星Ⅱ号的火箭模型作为礼物。在把模型递给艾森豪威尔之时,赫鲁晓夫洋洋得意地说:"月球卫星Ⅱ号刚刚完成月球之旅。"

艾森豪威尔对此无言以对,因为美国的航空技术确实比苏联落后。他只能按照原先制定的计划,陪同赫鲁晓夫乘坐直升机在华盛顿上空转一圈。在飞机上,赫鲁晓夫始终一言不发,这让企图利用这次机会与其达成和解的艾森豪威尔极度沮丧。

随后,艾森豪威尔又带着赫鲁晓夫,看了美国中产阶级的住宅,以及黄昏时从华盛顿川流不息地开出来赶往家中的汽车。看了这些能够代表美国物质生活的东西后,赫鲁晓夫一句话也没说,甚至连表情也没有改变一下。

后来,在记者们的追问下,赫鲁晓夫才说:"我注意到,美国人民似乎不喜欢他们所居住的地方,总想搬到别的地方去。所有这些住宅,无论在建筑、供暖、维修,还是四周的场地方面,其费用都要比苏联家庭居住的住宅要高。事实上,我对所有的浪费感到震惊。大量的汽车只说明时间、金钱和精力的浪费。"

赫鲁晓夫这些机智的回答让本想在他面前炫耀一下美国富裕程度的艾森豪威尔十分难堪。但他并没有因此放弃与赫鲁晓夫继续接触的念头,因为美国太需要从这场无谓的军备竞赛中脱身而出了。

实际上,赫鲁晓夫尽管奚落了艾森豪威尔和美国民众,但他同样希望苏联能够从这场竞赛中脱身。9月18日,他联合国大会的演说上便要求在以后4年内全部销毁一切武器——包括核武器和常规武器,而不规定任何监察或监督措施。他宣称,如果西方没有准备好接受这样激进的解决办法,他愿意继续进行停顿了的禁止核试验问题的谈判。

这次演讲让艾森豪威尔十分被动,因为赫鲁晓夫根本没有使用讲稿,演讲完全是即席的。演讲结束之后,他拍着口袋对艾森豪威尔说,"这里是我的讲稿,不过没有人会看到它。"

赫鲁晓夫的这次访美之旅可以说是大获成功,但艾森豪威尔从他的言谈中也发现,他和自己一样,都有心结束军备竞赛。赫鲁晓夫回到苏联之后,艾森豪威尔敦促大使今后要更多非正式拜会赫鲁晓夫,以增进美苏的关系。

不过，艾森豪威尔在任期结束之前始终没能在这方面取得进展。因为美、苏之间的积怨已久，而且两种不同意识形态的对抗又无法调和。直到艾森豪威尔从总统的位子上退下来之时，美国与苏联之间的关系仍然十分紧张。

· 第十三章 ·

晚年生活

一

微笑着告别白宫

1960年1月20日，在离卸任还有一年的时间，艾森豪威尔就开始考虑退休以后的生活了。那天清晨，他对秘书安·怀特曼说："我打算在退休后写点回忆录。我想在葛底斯堡搞一个办公室，那里的气候对我的身体有好处。不知你是否愿意到那里去？"

听到艾森豪威尔突然这样问，一向对其忠心耿耿地怀特曼竟然一下子不知道怎么回答好了。她略微顿了一下，然后动情地说："总统先生，恕我直言，这是你曾说过的最愚蠢的话。我对您的忠诚十倍于我对国家的献身精神。"

怀特曼的回答让艾森豪威尔十分激动，他没有想到，自己在秘书的心中竟然会有如此高的地位。实际上，艾森豪威尔尽管有这样那样的小毛病，但他却是一个不折不扣的、具有个人魅力的男子。任何一个女子在他面前都会不由自主地喜欢上他。当然，这种喜欢并不是爱情，而是崇敬。后来，怀特曼在她的日记中写道："我愿意做他要我去做的任何事情。他曾认为，我心甘情愿地为国家牺牲了8年的时光，但他并不认为我会在他成为平民百姓后还乐意这样做。"

在卸任之前，艾森豪威尔已经把他的文件、资料都交给了政府，以便可以在艾森豪威尔图书馆内分类处理，以供学者们使用。艾森豪威尔图书馆是用堪萨斯州阿比伦的艾森豪威尔基金会的私人资金建立的。

1960年的美国大选中，民主党击败了共和党，取得了胜利。民主党候选人肯尼迪当选新任总统。这让艾森豪威尔有些意外，他原本以为共和党会继续执政的。但不管如何，这和他都没有多大的关系了。圣诞节那天，艾森豪威尔给几个亲密的朋友写了几封信。他在信中说："在我整个一生中，直到我从第二次世界大战作为一名重要人物归国为止，我的同代人都称呼我为'艾克'。现在我要求，作为我普通人的权利，你们从1961年1月21日起，用我的昵称称呼我。我不再想被剥夺我的朋友们所享有的特权。"

1961年1月间，根据国会的特别法案，艾森豪威尔重新获得他在1952年辞去的五星上将军衔。这让职业军人出身的艾森豪威尔十分高兴。

1月17日晚上8点30分，艾森豪威尔前往电台和电视台发表他的告别演说。他的演说受到极大的欢迎，很多人都为艾森豪威尔的卸任而默默流泪。第二天早上，艾森豪威尔在白宫举行了第193次记者招待会。在记者招待会上，艾森豪威尔对政府的顺利更迭作出了高度评价，并祝愿肯尼迪"工作顺利"。他还特别强调，他最大的失望是未能实现和平。

美国舆论对艾森豪威尔的告别演说也给予了高度评价。新闻记者们充满感情地评论道："这是一位战士预言家的话，这是把一生贡献给保卫自由和实现和平的将军的话。"

1月19日，艾森豪威尔邀请肯尼迪前往白宫，跟新当选的总统进行了一次亲密的会谈。艾森豪威尔把肯尼迪带到一个密码箱跟前，并戏称总统是"保管密码箱的人"。密码箱里装的是总统与战略空军司令部和导弹部队联络的通讯设备。为了给肯尼迪演示如何使用这些设备，艾森豪威尔按了一下按钮，并说："派一架直升机来。"

6分钟后，一架直升机稳稳地停在椭圆形办公室外的草坪上。肯尼迪对艾森豪威尔的热情表示了感谢。

1月20日清晨，白宫外面被皑皑白雪覆盖了。大家都说，这场雪是为艾森豪威尔而下的。因为他马上就要离开白宫了，这场雪就像是给他举行的送行典礼。上午的大部分时间，艾森豪威尔都靠着空空的保险柜，与秘书怀特曼胡乱地聊着往事。仆人们排成一行，艾森豪威尔和玛丽从他们面前走过，向他们一一道别。

快到中午的时候，肯尼迪一家和民主党的一些知名人士来到白宫。艾森豪威尔跟他们聊了一会，还喝了一杯咖啡。然后，他们便一起来到了国会，参加肯尼迪的就职典礼。同时，这也是艾森豪威尔的卸任典礼。

大法官厄尔·沃伦主持了仪式。仪式举行过后,全部的注意力、所有的镜头都集中在肯尼迪夫妇身上。艾森豪威尔终于获得了清净。他拉着妻子玛丽的手,从边门悄然退出。在走出国会大门的那一刻,艾森豪威尔微笑着对妻子说:"我们自由了。"

二

退休后的悠闲生活

卸任之后,艾森豪威尔便带着家人和一些工作人员来到了他在葛底斯堡的农场。当他跃出车门,用他苍老的大手打开厚实的铁门之时,他知道,自己获得自由了。不过,他从此之后也要自己照顾自己了。在过去的20多年里,他的衣食住行、一切的一切都有专人照料。以前,他几乎从来没有亲自给皮鞋擦过油,几乎从没有去过洗衣房、理发店、布店,或者任何零售商店。

1958年,他在葛底斯堡第一次进入商店之时还闹了一个大笑话。那天,他带着孙子戴维走进了一间运动用品商店。老人给心爱的孙子选了一套钓鱼竿,还给他挑了绕线轮、高统靴、旱冰鞋等装备。

选完之后,他对商店老板说:"把这些东西包起来。"

老板把所有的东西都包起来之后,正准备接受艾森豪威尔的付款之时,他却头也不回地领着孙子走出了商店。

老板异常诧异,尽管他为总统光顾他的小店而感到高兴,但也不能就此让他拿着价值几百美元的商品走出商店。

一名工作人员走过去,对神情慌张的店主解释道:"总统身上从不带钱。不过,请你放心。你只要把账单寄往白宫,账款就会付清的。"

老板这才露出了笑容。他怎么也没有想到,鼎鼎大名的艾森豪威尔总统居然忘记了买东西要付钱这么简单的事情。

艾森豪威尔不但忘记了买东西要付钱,对其他许多事情也都感到陌生。他不知道如何调电视的画面,不知道如何作出实际的旅行安排,甚至不知道如何使用电话。在过去的20多年里,每当他要打电话时,他吩咐秘书给他接通。

到达农场的第一天晚上,他想给儿子打个电话。他走到电话跟前,拿起电话机,对着话筒报出了电话号码。然后,他把听筒放在耳边,大声说道:"接线员!接线员!"

但是电话里除了嗡嗡声之外始终没有人回答。艾森豪威尔有些气愤,用力地敲击了几下按键,然而仍是没有回音。他"砰"的扔下听筒,沮丧极了。

这时,他看到了肯尼迪为他保留的特工人员弗洛。他大喊道:"弗洛!弗洛!过来一下!"

弗洛快步走到他的跟前。他指着电话机,对弗洛说:"来,做给我看看,怎样拨弄这个鬼东西!"

弗洛一脸茫然地看着艾森豪威尔,不知道出了什么事情。他小心翼翼地拿起听筒,拨了号码,电话便接通了。

艾森豪威尔兴高采烈地说:"啊,你原来是这样弄的!"

在接下来的几天里,他就像一个孩子一样被拨号盘转动的滴答声迷住了。他时不时地拿起电话给儿子或朋友打一个电话,其目的就是想体验一下拨电话的快感。

在农场里,艾森豪威尔几乎每天都陪在妻子的身边。他知道,自己在过去的20年里陪伴妻子的时间太少了。大部分的时间,他都在工作。因此,艾森豪威尔有一种弥补缺憾的想法。他陪着妻子呆在充满明媚阳光的走廊里俯视绿油油的田野,读书、看电视,或一起画几幅小画。

儿子约翰一家也住在农场里,不过并不住在同一栋房子里。两座房子之间相距约1500米。这让艾森豪威尔夫妇和儿子一家既能享受天伦之乐,而又不至于因为长期生活在一起而产生不快。艾森豪威尔非常喜欢独生子约翰,他认为约翰是他一生中最大的骄傲。约翰生性腼腆,不喜欢在公众场合露面。这主要是因为他有一个自己永远也无法超越的父亲。他没有机会能像大多数美国男孩,梦想着能在人生道路上超过父亲,并努力为之奋斗。但他依然为自己能够作为艾森豪威尔的儿子而感到骄傲。他辞去了工作,全力帮助父亲整理回忆录。

艾森豪威尔关于白宫的回忆录《白宫岁月》共两卷,历时4年才完成。与他回忆第二次世界大战的《远征欧陆》相比,《白宫岁月》的反响要差一些。有些评论家指出,回忆录有自我辩解的口气。不过,《白宫岁月》的销量依然不错,其中第一卷还登上了畅销书榜的第二名。

三

巨星的最后岁月

艾森豪威尔离开白宫以后，身体状况便一天天地差了起来。到葛底斯堡定居不久，约翰便写道："我对老人的举止感到吃惊和担忧。他的行动变得迟缓了，说话声音不如以前响亮了，他有时甚至在工作时也会停下来滔滔不绝地作一些在以前看来是无聊的谈话。我真为他的健康担忧。"

不过，作为一位业已70多岁，而且又得过冠心病、心脏病和中风等病症的老人来说，他的身体还算不错。他经常打打高尔夫球，到农场里散散步，日子过得倒也自得其乐。1965年11月，情况发生了变化。一天晚上，艾森豪威尔突然对妻子玛丽说："10年了，10年已经到了。"

玛丽起初一脸的茫然，但马上就知道丈夫说的什么了。1955年9月，艾森豪威尔的心脏病康复之后，医生们曾预言，他将能再积极地工作10年。如今10年已经到了，艾森豪威尔不免为自己的健康担忧起来。

巧合的是，艾森豪威尔在第二天便病倒了。他心脏病突发，晕倒在了玛丽的小房间里。很快，他被送进附近的陆军医院，两个星期后，转入沃尔特·里德医院进行治疗。经过医生的努力，75岁高龄的艾森豪威尔终于捡回了一条命。不过，他的身体再也不像从前那样硬朗了。医生虽然准许他打高尔夫球，但叮嘱说他："从此之后，你只能在小型高尔夫球场上玩玩。"

艾森豪威尔也明白，自己在人间的日子已经不多了。他喃喃地对妻子玛丽说："生命正在走向结束。"

为了迎接死神的召唤，艾森豪威尔对身后事做了一些安排。他决定要把自己安葬在阿比伦。此前，他已经在那里修建了一座取名为静思堂的小教堂。教堂简朴而庄严,是用当地的沙岩建成,与大草原上这个宁静的小镇气氛很相宜。

在生命的最后几年里,艾森豪威尔的思维在回到了他的青年时代。他经常地回忆起阿比伦的童年生活,西点军校的学员时代,或者当低级军官时的经历。相反,他对当盟军总司令和美国总统的经历却很少提及。或许,这正是他的生命走向终结的征兆。

1968年的感恩节,玛丽作了安排,要家里每个成员和丈夫一起共进火鸡宴。时任总统尼克松的女儿朱莉娅·尼克松回忆说:"玛丽以陆军操练教官的准确性,安排了每个家庭成员在艾克卧室里同他一起共进一道菜。艾克的样子凶多吉少。他盖着浅绿色军用被子,形容枯槁。"

这一年的12月,艾森豪威尔在闭路电视上观看了孙子戴维·艾森豪威尔和朱莉娅·尼克松的婚礼。一生喜欢理军人板寸头的艾森豪威尔觉得孙子的头发太长了。他喃喃地说,如果孙子愿意在结婚前把头发剪短,他愿意拿出100美元。按照当时的标准来看,戴维的头发并不算长。但为了让祖父开心,戴维还是把头发修剪了一下。

1969年2月,艾森豪威尔的健康状况已经恶化到了不可想象的地步。医生通知他要动腹部大手术。尽管医生们尽了最大的努力,但仍然没能让艾森豪威尔恢复健康。他生命的最后一个月几乎可以说是静静地躺在病床上等死。

3月24日,艾森豪威尔心脏病严重发作。他的心脏在迅速衰竭。医生开始为他的鼻孔插管输送氧气。4天之后的清晨,艾森豪威尔似乎预感到了自己的死期。他把儿子约翰、孙子戴维和妻子玛丽叫到了卧室里。

艾森豪威尔注视着他们。光线刺激他的眼睛,他说:"把百叶窗拉上!"

百叶窗拉上了,房内几乎一片黑暗。艾森豪威尔又喃喃地对约翰说:"把我扶起来。"

约翰和医生用枕头垫在他的身后,一人扶着他的一只手臂,小心翼翼地把他撑起来。艾森豪威尔突然高声叫道:"两个壮汉,再高些。"

约翰和医生又用力把他往上拉了拉。艾森豪威尔的眼睛盯着玛丽,示意她走近自己。玛丽走了过来,握住他的手。戴维和约翰木然地站在

上将总统 艾森豪威尔

艾森豪威尔的葬礼

床的两角。艾森豪威尔的视线在约翰、戴维和玛丽身上扫了一遍,然后轻声对妻子说:"亲爱的,我要走了,上帝召我去了。"

说完这句话,他的头便慢慢地垂了下去。一代军事和政治巨星的生命走到了尽头。后人对艾森豪威尔的评价是复杂的。他的名字同历史上的两件大事联系在了一起。在艰苦的战争年代,他作为盟军欧洲远征军总司令,对取得反法西斯战争的胜利作出了重要的贡献;在和平年代,他作为美国总统,又积极推行冷战政策。这些无论是功,还是过,都和他的名字一样,永远地留在了历史上。